全国高等职业教育快递专业(方向)专业课程推荐教材

Kuaidi Yewu Caozuo yu Guanli
快递业务操作与管理

国家邮政局　组织编写

人民交通出版社

内 容 简 介

本教材在详细介绍快递业务流程与操作的基础上,提出了快件收派、快件处理、快件集散及快件运输的管理方法和技巧,分析了快递信息系统管理的各种功能和作用,并针对当前快递企业的发展需要,介绍了快递企业安全管理、客户服务管理、财务结算管理以及人力资源管理的具体内容。

本书为高职教育快递专业(方向)教学推荐用书,可作为中职、本科等层次相关专业人才培养参考用书,也可供快递物流相关企业各层次管理人员、专业技术和技能型人员参考使用。

图书在版编目(CIP)数据

快递业务操作与管理 / 国家邮政局组织编写.—北京:人民交通出版社,2011.5
全国高等职业教育快递专业(方向)专业课程推荐教材
ISBN 978-7-114-08938-1

Ⅰ.①快⋯ Ⅱ.①国⋯ Ⅲ.①邮件投递－高等职业教育－教材 Ⅳ.①F618.1

中国版本图书馆 CIP 数据核字(2011)第 034554 号

全国高等职业教育快递专业(方向)专业课程推荐教材
书　　名:**快递业务操作与管理**
著 作 者:国家邮政局
责任编辑:沈鸿雁　周　宇
出版发行:人民交通出版社
地　　址:(100011)北京市朝阳区安定门外外馆斜街 3 号
网　　址:http://www.ccpress.com.cn
销售电话:(010)59757973
总 经 销:人民交通出版社发行部
经　　销:各地新华书店
印　　刷:北京市密东印刷有限公司
开　　本:787×1092　1/16
印　　张:12.75
字　　数:314 千
版　　次:2011 年 5 月　第 1 版
印　　次:2021 年 1 月　第 9 次印刷
书　　号:ISBN 978-7-114-08938-1
定　　价:27.00 元

(有印刷、装订质量问题的图书由本社负责调换)

国家邮政局快递职业教材编写委员会

主　任：苏　和
副主任：达　瓦　王　梅　安　定　张英海
委　员：韩瑞林　焦　铮　靳　兵　刘良一　张小宁
　　　　卫　明　唐守廉　吴先锋　吕　靖　陈兴东
　　　　贺　怡　郑志军

《快递业务操作与管理》编写人员

郑志军　资道根　王铁牛　方培锋　刘东卫　黄心月　李理雄

前　言

改革开放以来,快递市场逐渐成为邮政业市场最具活力的领域。自2006年邮政体制改革以来,特别是2009年新修订的《中华人民共和国邮政法》第一次明确快递企业的法律地位后,快递企业迎来了新的发展机遇,快递服务面临着广阔的发展空间。近年来,快递企业规模不断扩大,业务收入快速增长,但高层次、专业化、技能型人才匮乏。这已经成为制约企业发展的关键因素。因此,加快快递服务人才培养,努力扩大快递专业人才规模,提高人才质量和素质,是提升企业核心竞争力,促进行业可持续发展的重要前提和保证。

大力推进快递专业人才教育培养是邮政行业贯彻落实科教兴国和人才强国战略的重要工作。为了有效履行职能,根据《国家中长期教育改革和发展规划纲要(2010～2020年)》要求和国务院有关文件精神,国家邮政局发挥政府主导作用,成立了快递职业教材编写委员会,启动了快递专业(方向)课程教材的开发建设工作。

目前,全国各院校快递专业(方向)没有统一、系统和权威的专业课程教材。自2009年5月至今,我们组织编写了第一批共8本快递专业教材,以满足院校教学、企业培训和广大快递从业人员学习参考的迫切需要。这是邮政领域第一次由行业主管部门牵头,整合社会各方资源共同参与的教材建设工作。教材执笔人员为业内经验丰富,精通业务的专家、学者以及在教材编写方面具备较强优势、具有丰富教学经验的院校老师。

教材以支撑快递服务专业化人才教育培养为目标,以强化快递从业人员专业知识为导向,遵循适度超前、注重实用、科学规范的编写原则,突出系统性、权威性和实用性,贴近实际,内容全面,可用性强。

第一批系列教材分为高职和研究生两个层次。高职教材共有《快递法规与标准》、《快递客户服务与营销》、《快递业务概论》、《快递业务操作与管理》等4本,在编写上理论知识与实际操作并重,突出高职教育实际工作能力和业务技能培养的特点,强调对企业应用实例的介绍。其使用对象主要为快递专业(方向)高职层次全日制在校学生、快递物流相关企业各层次管理、专业技术和技能型人员。研究生教材共有《快递服务法规解析》、《现代快递服务科学》、《电子商务与现代快递服务》、《现代快递企业战略管理》等4本,内容侧重于快递企业经营管理、运营服务等方面系统性的理论知识介绍与分析,权威性的法律法规阐释与解读,前瞻性的服务发展趋势分析与预测,有助于拓宽视野,丰富知识,提升管理和服务能力水平。其中大量实际案例的精选和解读,对学员深入理解和掌握相关知识很有帮助。其主要面向快递企业高级管理人员和院校相关专业研究生、本科生。

  该系列教材在编写过程中,得到了各方面的大力支持和帮助:北京邮电大学、重庆邮电大学、浙江邮电职业技术学院、广东邮电职业技术学院、深圳技师学院的专家、学者分别承担了有关教材内容的具体编写任务;相关省(自治区、直辖市)邮政管理局和国家邮政局有关领导对教材的编写给予了大力支持;国家邮政局发展研究中心、职业技能鉴定指导中心相关同志在教材审阅、修订和统稿方面付出了艰辛的努力;北京、上海、广东等地的多家快递企业为教材的编写提供了许多帮助,在此一并表示衷心感谢!

  因能力水平所限,教材不足之处在所难免,欢迎提出宝贵意见。

国家邮政局快递职业教材编写委员会
2010 年 11 月

目　　录

第一章　快递业务流程与操作 ····································· 1
 第一节　快件收寄 ··· 1
 第二节　快件处理 ··· 8
 第三节　快件进出口 ·· 24
 第四节　快件运输 ·· 35
 第五节　快件派送 ·· 42

第二章　快件收派管理 ·· 48
 第一节　网点建设及管理 ···································· 48
 第二节　收派线路设计及优化 ································ 51
 第三节　收派标准化管理 ···································· 55
 第四节　收派异常管理 ······································· 57
 第五节　收派质量分析 ······································· 61

第三章　快件处理及集散管理 ····································· 64
 第一节　快件分拨管理 ······································· 64
 第二节　快件处理场地规划及布局 ·························· 68
 第三节　快件分拣封发管理 ·································· 72
 第四节　操作现场异常快件管理 ····························· 81
 第五节　作业质量指标 ······································· 83

第四章　快件运输管理 ·· 86
 第一节　快递网络介绍 ······································· 86
 第二节　网络运输干线管理 ·································· 92
 第三节　快递航空运输管理 ·································· 94
 第四节　快件公路运输管理 ·································· 98
 第五节　路由管理 ·· 103
 第六节　快件运输优化管理 ·································· 106
 第七节　运输质量分析 ······································· 109
 第八节　快递营运质量的监控及分析 ······················· 111

第五章　快递信息系统管理 ······································· 116
 第一节　快递信息系统概述 ·································· 116
 第二节　快递信息系统基本功能 ····························· 119
 第三节　快递信息系统维护及管理 ·························· 128

第六章　快递企业安全管理 ······································· 131
 第一节　人员安全管理 ······································· 131
 第二节　快件安全管理 ······································· 133

|　　第三节　车辆安全管理 …………………………………………………………… 134
|　　第四节　场地、设备安全管理 …………………………………………………… 137
|　　第五节　信息安全管理 …………………………………………………………… 138
| 第七章　快递企业客户服务管理 ……………………………………………………… 143
|　　第一节　快递企业客户服务管理概述 …………………………………………… 143
|　　第二节　快递客户服务工作标准 ………………………………………………… 145
|　　第三节　快递企业呼叫中心管理 ………………………………………………… 148
|　　第四节　快递企业客户服务部门管理 …………………………………………… 152
|　　第五节　客户服务质量管理 ……………………………………………………… 155
| 第八章　快递业务财务结算管理 ……………………………………………………… 160
|　　第一节　快递业务财务结算管理概述 …………………………………………… 160
|　　第二节　成本管理 ………………………………………………………………… 162
|　　第三节　网络结算管理 …………………………………………………………… 166
| 第九章　快递企业人力资源管理 ……………………………………………………… 169
|　　第一节　快递企业人力资源管理概述 …………………………………………… 169
|　　第二节　人力资源规划 …………………………………………………………… 171
|　　第三节　员工行为规范管理 ……………………………………………………… 174
|　　第四节　员工招聘管理 …………………………………………………………… 185
|　　第五节　员工培训管理 …………………………………………………………… 187
|　　第六节　绩效考核与员工激励 …………………………………………………… 190
| 参考文献 ………………………………………………………………………………… 196

第一章 快递业务流程与操作

快递业务流程一般包括快件的收寄、分拣、封发和派送四个主要环节。本章将详细介绍各个环节的具体操作流程和国际快件出口操作。

第一节 快件收寄

一、快件收寄业务知识

(一)概念

快件收寄是指快递业务员从客户处收取快件,包括验视、包装、运单填写和款项交接等环节。

(二)收寄形式

收寄主要包括上门收寄和营业场所收寄两种形式。

上门收寄是指快递服务人员到客户家里或办公地点收取快件,并询问、验视、封装、填写单据和收取费用的过程。

营业场所收寄是指客户到公司营业场所寄发快件,由快递服务人员进行询问、验视、封装、填写单据和收取费用的过程。

(三)收寄要求

1. 收寄时间

快递服务组织应在承诺的时限内提供收寄服务。

2. 人员着装

负责收寄的快递服务人员应统一穿着具有组织标识的服装,并佩戴工号牌或胸卡。

3. 询问与验视

快递服务人员应询问和验视内件的性质和种类:

①若是法律、法规规定的禁寄物品,应拒收并向寄件人说明原因;

②若是限寄物品,应告知寄件人处理方法及附加费用;

③向寄件人建议贵重物品宜购买保价或保险服务;

④寄件人应将交递快件的性质和种类告知快递服务人员。

4. 封装

快件的封装形式有快递服务人员负责封装和寄件人自行封装两种。

封装时应防止快件出现以下情况:

①变形、破裂;

②伤害顾客、快递服务人员或其他人;

③污染或损毁其他快件。

5.重量与规格

(1)通用规定

快件的单件重量不宜超过50kg;快件的单件包装规格任何一边的长度不宜超过150cm,长、宽、高三边长度之和不宜超过300cm。[《快递服务》(YZ/T 0128—2007)规定]

(2)各公司规定

快递包裹每件的重量以40kg为限;以能够装入2号邮袋为标准最大尺寸,最小尺寸同国内普通包裹。内为脆弱易碎、流质易溶物品的快递包裹最大重量以10kg为限。[《国家邮政局关于开办国内快递包裹业务的通知》国邮(2001)256号文件]

每件最高限重30kg,特殊情况可放宽至45kg。每件长度不超过1.5m,长度和长度以外最大横周尺寸合计不超过3m。(中速快件的收寄规格)

6.费用与单据

快递服务人员应告知寄件人服务费用。

快递服务人员应指导寄件人按照相关要求填写快递运单。

寄件人支付费用时,快递服务人员应将与服务费同等金额的发票交给寄件人。

快递运单为服务格式合同;快递运单的格式条款应符合法律规定,体现公平、公正的原则;快递运单的文字表述应真实、简洁、易懂。

快递运单应包括图1-1所示内容。

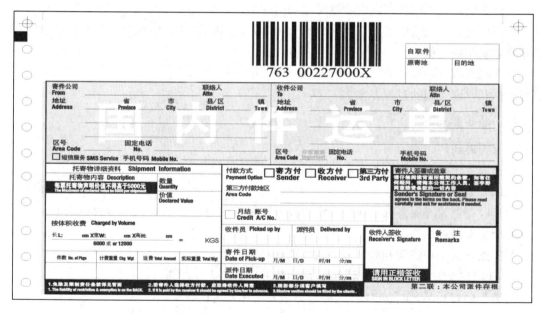

图1-1 快递运单范例图

(1)寄件人信息

主要包括:名称、地址、单位、联系电话。

(2)收件人信息

主要包括:名称、地址、单位、联系电话。

(3)快递服务组织信息

主要包括:名称、标识、联系电话。联系电话应稳定、有效,在发生变更时应及时通知有关消费者。

(4)快件信息

主要包括:品名、数量和重量、价值、封装形式。

(5)费用信息

主要包括:计费项目及金额、付款方式、是否保价(保险)及保价(保险)金额。

(6)时限信息

主要包括:收寄时间、投递时间。

(7)约定信息

主要包括:双方约定事项,包括产生争议后处理途径;寄件人对快递运单信息的确认。

(8)背书信息

主要包括:①查询方式与期限;②顾客和快递服务组织双方权利与责任,包括顾客和快递服务组织产生争议后的解决途径:顾客可与快递服务组织协商、向消费者权益保护组织投诉、向行政部门申诉、向仲裁机构申请仲裁、向人民法院起诉等;③赔偿的有关规定。

二、快件收寄作业流程

整个取件作业流程如图1-2所示。

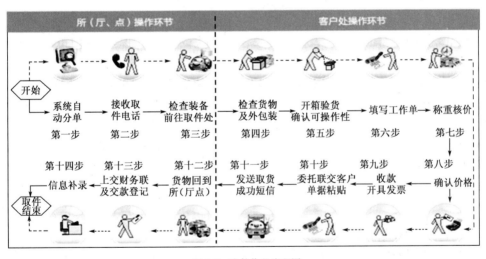

图1-2 取件作业流程图

1. 分单流程

系统自动匹配取件人员信息—人工调度模块调度手工分单。

2. 短信接收

接收取货短信—反馈异常信息—核实取货信息—1h内前往取件处—取货后发送成功短信。

3. 前往取件处需注意的事项

主要包括:操作设备、操作工具、包装材料、单、票、仪容仪表、业务资料。

4. 包装检查

(1)包装的作用

①保护功能。这是包装最基本的功能。包装不仅要防止快件物理性能的损坏（如需要防冲击、防振动、耐压等），也要防止发生各种化学变化及其他方式的损坏。

②推广功能。包装的形象不仅要体现出快递企业的性质与经营特点，而且要体现出快递产品的内在品质，能够迎合不同消费者的审美情趣。环保材料的选用更是可以向客户传达快递企业的社会责任意识。

（2）包装的原则

①适合运输原则。快件包装应坚固、完好，能够防止在运输过程中发生破裂、内物漏出、散失；能够防止因摆放、摩擦、振荡或因气压、气温变化而引起快件的损坏或变质；能够防止伤害操作人员或污染运输设备、地面设备及其他物品。

②便于装卸原则。包装材料除应适合快件的性质、状态和重量外，还要整洁、干燥、没有异味和油渍；包装外表面不能有突出的钉、钩、刺等，要便于搬运、装卸和摆放。

③适度包装原则。根据快件尺寸、重量和运输特性选择合适的外包装及填充物，不足包装和过度包装都不可取。不足包装容易造成快件损坏，过度包装易造成包装材料的浪费。

（3）包装材料的选择

①纸质类物品。厚度不超过1cm的纸质物品，使用文件封进行包装；厚度超过1cm且不易破碎、抗压类的书刊、样品等物品，可选择包装袋包装。

②质脆易碎物品，如玻璃、光碟、灯饰、陶瓷等。此类快件必须在包装内部的六个面加垫防振材料，且每一件物品单独使用泡沫或其他缓冲材料进行包装。可采取多层包装方法，即快件—衬垫材料—内包装—缓冲材料—运输包装（外包装）。

③体积微小的五金配件、纽扣及其他易散落、易丢失的物品。此类快件用塑料袋作为内包装将寄递物品聚集，并严密封口，注意内包装应留有适当的空隙。数量较少时可使用包装袋作为外包装；数量较大时可使用质地坚固、大小适中的纸箱或木箱作为外包装，并用填充材料填充箱内的空隙，使快件在箱内相对固定，同时应避免填充过满而导致内包装破裂，引起快件散落丢失。

④重量较大的物品，如机器零件、模具、钢块等。先使用材质较软的包装材料（如气泡垫等）对其进行包裹，然后采用材质较好、耐磨性能好的塑料袋包装或以材质较好的纸箱包装后用打包带加固，还可使用木箱进行包装。如快件属易碎品，还须在外包装上加贴易碎标识以作警示。

（4）快件包装的注意事项

①禁止使用一切报刊类物品作为快件的外包装，如报纸、海报、书刊、杂志等；严禁使用各种有色垃圾袋和容易破损、较薄的类似垃圾袋的包装物。

②对于价值较高的快件，建议客户使用保险或保价服务，同时采用包装箱进行包装，包装时应使用缓冲材料。快递服务人员在收件时应与客户当面清点并封箱。

③关于捆扎包装操作：一票多件的进出口快件由于海关限制，严禁寄递物品多件捆扎寄递，必须按照一票多件操作规范进行操作。

④对于重复利用的旧包装材料，必须清除原有运单及其他特殊的快件标记后方可使用，以避免因旧包装内容而影响快件的流转。

⑤用透明胶带加固时，须用剪刀等工具裁断透明胶带，不应用牙咬断胶带。

（5）检查项目

检查项目如图1-3所示，开箱验货要求如图1-4所示。

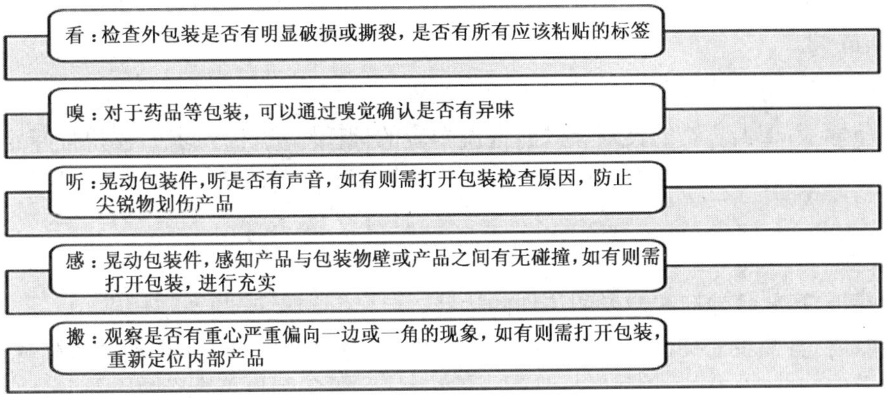
看：检查外包装是否有明显破损或撕裂，是否有所有应该粘贴的标签
嗅：对于药品等包装，可以通过嗅觉确认是否有异味
听：晃动包装件，听是否有声音，如有则需打开包装检查原因，防止尖锐物划伤产品
感：晃动包装件，感知产品与包装物壁或产品之间有无碰撞，如有则需打开包装，进行充实
搬：观察是否有重心严重偏向一边或一角的现象，如有则需打开包装，重新定位内部产品

图 1-3　检查项目图

受理的所有货物必须全部开箱验货服务范围
货物品名
货物数量
地址可操作性

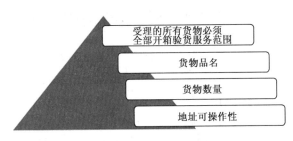

图 1-4　开箱验货要求图

5. 称重核价

(1)称重

(2)核价

称重核价注意事项如图 1-5 所示。

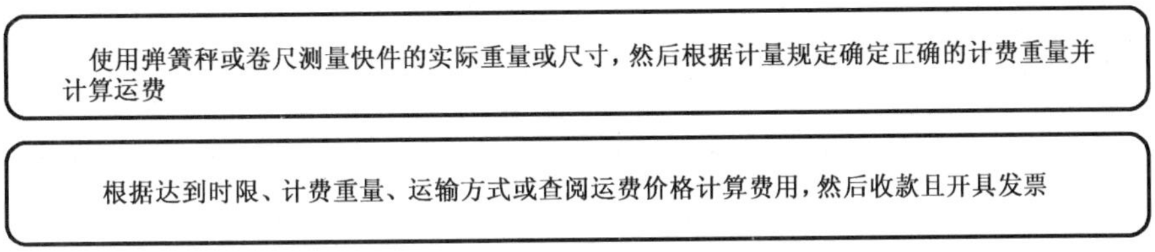
使用弹簧秤或卷尺测量快件的实际重量或尺寸，然后根据计量规定确定正确的计费重量并计算运费
根据达到时限、计费重量、运输方式或查阅运费价格计算费用，然后收款且开具发票

图 1-5　称重核价图

体积重量计算公式：体积重量(kg)＝最长(cm)×最宽(cm)×最高(cm)/系数

国际航空运输协会规定的轻泡快件重量计算公式如下：

规则物品：体积重量(kg)＝长(cm)×宽(cm)×高(cm)/6 000

不规则物品：体积重量(kg)＝最长(cm)×最宽(cm)×最高(cm)/6 000

严格按照重量标准报价，逢尾进一。贵重物品重量尤其要准确，测量时需精确到小数点后1位，计算时最小计量单位为1cm或1kg。

(3)计费重量

快件运输过程中用于计算资费的重量，是整批快件实际重量和体积重量两者之中的较高者，即快件体积小、重量大时，按实际重量计算，计费重量等于实际重量；快件体积大、重量小时，按体积重量计算，计费重量等于体积重量。

6.贴单收款

(1)贴单

①粘贴运单:将随货运单平整粘贴在指定位置。

②粘贴标签:根据货物的类别、属性,选用相应的标签贴纸,按要求贴在快件指定位置;运单与快件边缘宜留出5cm的距离;应把表面的四个角落位置留出来,以备标识、随带单证的粘贴。

(2)收款

①运费报价:礼貌地向客户说明快件的运费。

②收取运费:礼貌地接过客户支付的现金,当面清点、核对,确认无误后放入随身携带的钱包或口袋内。

③出具发票:若客户需要出具发票,则按运费价格开具同等金额的发票给客户;若随身所带发票已开完,应回公司开具同等金额发票后及时交给客户(两个工作日内)。

7.与客户道别

主要包括:宣传公司业务、带齐工具、清理现场、礼貌地与客户道别、收集客户意见。

快件收寄作业应注意以下事项。

①开箱验货:开箱验货必须执行。

②收件地址:核实收件人地址是否属于公司可操作区域内。

③工作单填写:委托人和收货人姓名、地址、重量、品名等必须写清楚。

④检查外包装:取货时必须查看货物外包装,必须确认客户的包装是否符合运输标准。

⑤称重:必须按照实际重量、体积填写,贵重物品重量必须精确到小数点后1位。

三、收寄作业异常情况处理

1.收寄异常处理

收寄异常处理如表1-1所示。

收寄异常处理　　　　表1-1

序号	异常类型	应对要求
1	取件时发现到付款金额大于300元	若取件人在取货时发现到付款金额大于300元,取件人员应与客户沟通解释公司操作要求,并请客户改为现金结算方式
2	取件地址超范围	如客户地址为公司超区域地址,则和客户沟通解释公司操作服务区域无法满足寄递要求,建议客户选择其他快递公司
3	取件时发现禁运品	如开箱验货后发现货物为禁运品、限运品等,应立即告知客户寄递此货物的严重性,并停止受理此业务
4	取件货物过大无法完成取件任务	在确认无法完成取件任务的情况下,应立即向调度人员反馈异常情况,等待调度人员安排车辆取件,并告知客户具体取件时间,做好客户沟通解释工作
5	货物包装不合格	如果客户包装不符合运输标准,建议客户增加包装,必须将货物包装完好后方可发货

2.禁运物品分类及处理办法

禁寄物品是指国家法律、法规禁止寄递的物品,主要包括:

①各类武器、弹药,如枪支、子弹、炮弹、手榴弹、地雷、炸弹等。

②各类易爆炸性物品,如雷管、炸药、火药、鞭炮等。

③各类易燃烧性物品,包括液体、气体和固体,如汽油、煤油、桐油、酒精、生漆、柴油、气雾剂、气体打火机、瓦斯气瓶、磷、硫磺、火柴等。

④各类易腐蚀性物品,如火硫酸、盐酸、硝酸、有机溶剂、农药、双氧水、危险化学品等。

⑤各类放射性元素及容器,如铀、钴、镭、钚等。

⑥各类烈性毒药,如铊、氰化物、砒霜等。

⑦各类麻醉药物,如鸦片(包括罂粟壳、花、苞、叶)、吗啡、可卡因、海洛因、大麻、冰毒、麻黄素及其他制品等。

⑧各类生化制品和传染性物品,如炭疽、危险性病菌、医药用废弃物等。

⑨各种危害国家安全和社会政治稳定以及淫秽的出版物、宣传品、印刷品等。

⑩各种妨害公共卫生的物品,如尸骨、动物器官、肢体、未经硝制的兽皮、未经药制的兽骨等。

⑪国家法律、法规、行政规章明令禁止流通、寄递或进出境的物品,如国家秘密文件和资料、国家货币及伪造的货币和有价证券、仿真武器、管制刀具、珍贵文物、濒危野生动物及其制品等。

⑫包装不妥,可能危害人身安全、污染或者损毁其他寄递件、设备的物品等。

⑬各寄达国(地区)禁止寄递进口的物品等。

⑭其他禁止寄递的物品。

寄递服务企业对禁寄物品处理办法如下:

①企业发现各类武器、弹药等物品,应立即通知公安部门,疏散人员,维护现场,同时通报国家安全机关。

②企业发现各类放射性物品、生化制品、麻醉药物、传染性物品和烈性毒药,应立即通知防化及公安部门及时按应急预案处理,同时通报国家安全机关。

③企业发现各类易燃易爆等危险物品,收寄环节发现的,不予收寄;经转环节发现的,应停止转发;投递环节发现的,不予投递。危险品要隔离存放。对其中易发生危害的危险品,应通知公安部门,同时通报国家安全机关,采取措施进行销毁。需要消除污染的,应报请卫生防疫部门处理。其他危险品,可通知寄件人限期领回。对内件中其他非危险品,应当整理重封,随附证明发寄或通知收件人到投递环节领取。

④企业发现各种危害国家安全和社会政治稳定以及淫秽的出版物、宣传品、印刷品,应及时通知公安、国家安全和新闻出版部门。

⑤企业发现妨害公共卫生的物品和容易腐烂的物品,应视情况通知寄件人限期领回,无法通知寄件人领回的可就地销毁。

⑥企业对包装不妥、可能危害人身安全、污染或损毁其他寄递物品和设备的物品,收寄环节发现的,应通知寄件人限期领回;经转或投递环节发现的,应根据具体情况妥善处理。

⑦企业发现禁止进出境的物品,应移交海关处理。

⑧其他情形,可通知相关政府监管部门处理。

3. 限运物品分类

(1)通用限运物品及处理办法(表1-2)

限 运 物 品　　　　　　　表 1-2

货 物 种 类	批 准 证 书	核 发 部 门
枪支、警械	准运证、携运证	公安局、体委
动植物及其制品	动植物检疫证书	动植物检疫站
烟草	烟草专卖品准运证	烟草专卖局
麻醉药品	麻醉品运输凭证	卫生部药政管理局
放射性物品	放射性剂量证明	卫生防疫站
酒	进口酒准运证、外运证	省级酒类专卖管理局
音像制品、光碟	音像制品运输传递证明	省级社会文化管理委员会办公室
金矿产品	调拨证明	省级黄金公司
木材	准运证	县级林业局

(2)我国海关对限制寄递物品的限量和限值规定

①限量。根据限量有关规定，在国内范围互相寄递的物品，如卷烟、雪茄烟每件以两条（400 支）为限，两种合寄时也限制在 400 支以内。寄递烟丝、烟叶每次均各以 5kg 为限，两种合寄时不超过 10kg。每人每次限寄一件，不准一次多件或多次交寄。

②限值。对于寄往港澳台地区及国外的物品，除需遵守限量规定外，还应遵守海关限值的有关规定。

寄往香港、澳门、台湾地区的个人物品，每次价值以不超过人民币 800 元为限，其中 400 元以内部分免税，超出 400 元的部分需征税；中药材、中成药以人民币 100 元为限。中成药是指注册商标上有"省(市)卫准字"的中成药，商标上标有"省(市)卫健字"的保健中成药不属于本限值范围。

寄往国外的个人物品，每次价值以不超过人民币 1 000 元为限，其中人民币 500 元以内部分免税，超出的部分需征税；中药材、中成药以人民币 200 元为限。

③外国人、华侨和港澳台同胞寄递的出境物品，如果是用外汇购买，只要不超过合理数量，原则上不受出口限制。

④如果寄达国(或地区)对某些寄递物品有限量、限值的规定，应按寄达国(或地区)的规定办理。

第二节　快件处理

一、快件分拣、封发业务知识

1. 分拣

快件分拣作业是快件配送中心依据顾客的订单要求或配送计划，迅速、准确地将快件从送货车辆里拣取出来，并按一定的程序进行分类，集中派送给开往各地的运输工具的作业过程。

按照分拣系统的先进性，分拣作业可以分为手工分拣、自动分拣、半自动分拣。

手工分拣是指在分拣过程中所有环节都采用手工方式进行。

自动分拣是根据收件人邮编将快件自动分拣给相应的派送中心，从而最大限度地避免人为的操作失误以及可能发生的快件延误或丢失。

半自动分拣采用手工和机械设备相结合的方式,将快件从运输车辆上卸往自动传送带,再由人工根据快件标识进行手工分拣的一种分拣方式。

2. 封发

快件封发是指将快件进行分类装袋,建立总包,分类发往相关目的地。封发一般包括以下环节。

(1)生成封发清单

如分拣机具备称重和测体功能的,则由系统自动生成封发清单;如分拣机无称量和测体功能或由人工分拣作业的,应由封发员按封发格口扫描快件条码录入封发清单。特快专递快件按文件类和物品类分别封装,当包裹类不足3件且重量合计不超过5kg或信函类不足5件时可混封。信函类和包裹类混封时,应将信函类单独捆扎。

(2)快件称重

扫描录入封发清单后,将待封总包的快件置于电子秤上称重,由系统采集或人工输入重量信息。

(3)快件封袋

打印封发清单和总包条码包牌,快件装袋封发,系统生成总包快件信息。

(4)封发检查

检查总包封发规格及条码质量,检查现场有无遗漏封发快件。

3. 包装

①包装基本要求是箱子内不能有空隙,标准是无晃动声并且在用力摁箱子的接缝口时胶带不会脱落,同时确保包装箱从2m高度自然坠地不会损坏。

②涉及空运物品的包装要特别注意,因为汽车运输一般就装卸1~2次,而空运则可能有6~7次的装卸过程。

③单件重量不超过50kg。杆类货物的单件长度不超出180cm;板类货物长宽相加不超出150cm。对于过小的物品最小包装不能小于运单大小。

④严格禁止子母包发运(指2个独立的物品通过简单捆绑、缠绕的方式组合到一起成为一件物品)。

⑤一般软质和不怕冲击的物品(衣物、包、毛绒玩具)可以采用塑料袋(PAK袋)包装的方式以降低运输成本,但要注意封口。

⑥所有的内件物品先用塑料薄膜或塑料纸做一层包装。

⑦对于原本带有销售包装的物品,由于商家都已考虑到运输的风险,可以在外面加包1层发泡薄膜后再加2~3层牛皮纸,并用胶带反复缠绕即可。

⑧自行包装时可以根据内件物品的不同,选择3层或5层箱。

⑨对于自己包装的一般物品,可以准备些废旧报纸,将其撕开揉碎(用海绵或泡沫塑料碎片更好),在箱内做垫充。

⑩圆桶状物品的外包装不得短于内件,尺寸较长且易折断的物品应以内衬有坚实圆棍或硬质塑料圆桶作为外包装物。

⑪对于书籍的包装,如果不用箱子建议一沓一捆。一般非专业人员的多摞包装极易造成散包。

⑫对于易碎物品的包装,需要特别处理:如果是分件的物品一定要分开包装,先用发泡薄

膜包 4~5 层,再用报纸在物品中间和箱体之间垫充;如果体积比较大的或特别易碎物品及贵重物品(如玻璃器皿、显示器等),一定要再加木框包装。

⑬对于液体物品还需要填充足够吸收所有液体的吸收物(布或棉花)。

⑭一般用胶带在箱子的接缝处缠 2 道,横向缠 1~2 道,同时在箱子的各个边缘角上缠 1 道。

⑮对于体积超过 0.1m³ 或特别重(10kg 以上)的箱子一定要打包装带,可以打成井字形或丰字形。

⑯对于颗粒状物品,务必先装入坚固的袋内再放置于箱内。

注:没有严格按照包装要求操作,将有可能导致无法得到赔偿(包括保险公司的赔偿)。

二、快件分拣封发作业流程

以下以中国邮政 EMS 为例,说明快件的分拣封发作业流程。

1. 总包接收

(1)接收总包

分拣部门接收转运部门交寄来的快递总包,点验总包数目、规格,无误后,在交接总单上批注交接时间,加盖接收日戳和经手人名章。

有卸车作业任务的分拣部门,在接卸趟车、快运班车交寄来的快递总包时,应点验总包数目、规格,无误后,在交接总单上批注邮车到达时间、快件卸交完毕时间,加盖接收日戳和经手人名章。如邮车有晚点情况,应要求交方批注原因。接收后的路单应妥善保管,班次作业完毕后及时装订、归档。

邮车到达后,接收人员应指挥汽车停靠在指定卸车位置。

接卸车门施封的邮车,交接双方应共同验视车门铅封是否完好,并由收方妥善保管封志;如有不符,双方共同在路单上批注详情,签名确认。车门开启后,由接收方组织卸车,清点卸车总包数目,验视规格。

接卸车门不施封的邮车,由驾押员在车门盯数,接收方组织卸车。卸车时,接收人员高声唱数,验视规格。

快件卸车与分拣为流水线作业的,除采用点验快件数目、规格的方式进行卸车外,也可先将路单信息下载至条码识读器中,边扫描勾核总包袋牌条码边卸车,并将交分拣的快件总包放于胶带机上传送至分拣开拆区。该过程必须做到逐袋扫描勾核,逐袋卸车传输。卸车总包数目以条码识读器实际扫描数为准。扫描时如遇条码不识读,可比照总包勾核的特殊情况处理。

趟车交来的物品类特快快件实行散件外走的,分拣部门卸车时逐件点验快件数目、规格。卸车人员也可持条码识读器,边卸车边逐件扫描勾核。快件卸车与分拣为流水线作业的,可直接将卸车的散件通过传输设备传送至分拣供包区。

卸车完毕,检查车内及车下有无漏卸、遗落快件。将胶带机复位至安全位置后,邮车方可驶离装卸位置。

(2)接收信息

速递系统与营业系统和中心局系统已实现互联互通的,分拣部门接收人员依据交方递交的路单,在速递系统中查询和接收相关网上路单信息。如果未能接收到网上路单信息,则应逐袋扫描总包袋牌条码,将总包信息及路单信息补录到系统中,并向发运方发验。

2. 总包勾核

对于接收的转运部门交来的总包快件,如数字无误则无需扫描打钩核对,总包快件如有不符由转运部门负责。

对于接卸的趟车、快运班车交来的总包快件,应进行勾挑核对。

有网上路单信息的接收的总包快件,操作人员持条码识读器对其进行扫描勾核;无网上路单信息的接收的总包快件,依据纸质路单进行勾挑核对。

3. 总包开拆

分拣部门按速递快件赶发计划和时限组织开拆作业。标有"次晨达"、"全夜航"的总包要优先开拆处理。标有"代收货款"的总包应单独由人工在地面开拆处理,不得上分拣机开拆台进行开拆。

总包上机开拆按台席设置进行作业,地面人工开拆应双人同时作业。开拆的快件袋要做到一袋一清。对拴挂有"红杯"袋牌的总包必须轻拿轻放(易碎物品快件要加盖"红杯"标志)。

(1) 开拆总包

开拆快件袋时,应从铅封处剪断一股扎绳,不可损伤铅志,保持扎绳、封志和袋牌连在一起。

从邮袋内取出快件和清单时,倒取快件的动作要轻,对"红杯"快件应轻拿轻放,并用三角撑袋法查看袋内有无遗留快件,不得将邮袋倒扣代替查看。

在开拆出的快件未点验、勾核之前,原总包的袋皮、袋牌连同铅志、扎绳等应单独放置。

(2) 下载清单

持条码识读器扫描开拆的总包袋牌条码,将清单信息下载到快递信息系统的终端界面上。

(3) 点验内件

清点拆出的快件数目,并与拆出的纸质清单及网上清单核对。逐件验视快件的外包装,查看有无破损或拆动痕迹。点验无误后,拆出的纸质清单按开拆台席妥善保管,并将空袋按型号归放整齐。拆出的袋牌、铅志、扎绳放入回收盒内。

(4) 内件勾核

快件分拣作业必须逐件进行散件打钩核对。下载网上清单成功后,持条码识读器逐件扫描内件条码,系统自动将扫描信息与清单信息进行勾核,并自动对快件的应收数和实收数进行核对。开拆后采用网络化分拣方式作业的,逐件进行快件扫描勾核,并核查系统界面中是否有相应的邮编信息,以确保快件能够正常上机分拣。

(5) 整理快件

①机器分拣的快件整理。采用机器分拣作业的,在快件上机分拣之前必须先进行快件整理。

开拆人员将适合扁平件分拣机分拣处理的文件类快件集中理顺,放入信筐(盒)内,信筐(盒)装满后,传输至扁平件分拣机分拣处理;将不适合扁平件分拣机分拣处理的超厚的文件类快件,传输至包件分拣机供包台处理;将非标准信封的或信封内装有硬物的文件类快件,交人工分拣处理。

开拆人员将适合包件分拣机分拣处理的物品类快件,交包分机供包台处理;将不适合上机分拣的超大、超重快件,由滑槽传至地面交人工分拣处理;将"红杯"快件、超小和贵重快件,放入容器内交人工分拣处理;将贴有改退批条的快件,交人工分拣处理。

②人工分拣的快件整理。采用人工分拣作业的,业务量较大的处理局原则上应将快件按文件类和物品类分别处理。开拆人员将文件类快件放入信筐内,由分拣人员分拣处理;将物品

类快件在地面整齐堆放,由分拣人员分拣处理。业务量较小的处理局也可采取文件类快件和物品类快件混合分拣的作业方式。

标有"代收货款"的快件应在指定位置单独堆放,由专人进行分拣处理。

(6)清理现场

开拆后的空袋要逐袋整理,防止袋内遗留快件。将完好的空袋按型号统一码放在固定的容器存放处;将破损、油污的空袋按型号和数量登记到清退清单,封成总包,拴挂空袋袋牌,退容器调拨单位。

清理现场散落的铅志、绳头、袋牌等,集中回收;检查现场有无散落的快件、清单及用品、用具等,并收回,归放至规定位置。

开拆人员及时整理、归集已拆出的纸质清单,核对清单份数与系统中已开拆总包数是否相符,确保清单完整齐全。开拆人员应在开拆清单封皮上填写班次、开拆日期、清单份数、散件件数,并加盖开拆人员双人名章;整齐装订、捆扎后交质检员或班长检查、复核和统计并妥善保管,班次作业结束后移交档案部门。

4.快件分拣

快件分拣按各快递公司下发的国内特快专递快件分拣封发关系资料和相关业务规定设置格口。另外,采用人工分拣作业方式的,还应按细分台席设置粗分格口,将快件量大的格口直接设置在粗分格口,使其一次分拣到位。

标有"次晨达"和"全夜航"的快件,按照相关的分拣封发计划进行分拣处理。

特快专递快件分拣作业,主要有机器分拣和人工分拣两种模式。其中,机器分拣又分为扁平件分拣机和包件分拣机两类。

(1)扁平件分拣机

扁平件分拣机分为自动供件和人工供件两种类型。

①自动供件。供件员将快件从信筐(盒)内取出,顺头顺面整理好,并整齐地放于供件传输带上(快件前沿应紧贴供件器挡板),由供件器自动供件,按下开机键分拣。分拣机扫描快件条码,获取快件的寄达地邮编信息,执行分拣入格。如果快件条码未能识读或无对应的邮编信息,快件则进入收容格口。

②人工供件。供件员将快件从信筐(盒)内取出,顺头顺面整理好,逐件放于供件传输带上,按下开机键分拣。分拣机扫描快件条码,获取快件的寄达地邮编信息,执行分拣入格。如果快件条码未能识读或无对应的邮编信息,快件则进入收容格口。

供件作业结束,及时将进入收容格口的快件全部取出,送交人工分拣处理;将清空的信筐(盒)10个一摞叠放整齐,放至指定位置。

(2)包件分拣机

包件分拣机因其分拣方式不同,分为三种类型:一是OBR自动扫描分拣方式(简称"OBR方式",又称识别条码分拣方式);二是人工手持条码识读器扫描分拣方式(简称"识读器方式");三是人工阅读快件详情单的快件寄达地信息,键入分拣码分拣方式(简称"按键方式")。

①OBR方式。供包员将快件实物摆正,将快件详情单一面向上摆放,使用高速通道供包。供包时快件之间保持一定间隔。分拣机自动扫描快件条码,获取该快件的寄达地邮编信息,自动执行分拣入格。如快件条码未能识读或无对应的邮编信息,快件则进入收容格口。当快件自动停止在称重带上时,应按下"回收包件"按钮,将该快件倒回至供包台上;如快件的重量或

尺寸超过机分标准,则应放入滑槽交人工分拣。

②识读器方式。供包员手持条码识读器扫描快件条码后,将快件摆正执行供包。分拣机获取该快件的寄达地邮编信息,自动执行分拣入格。如果快件条码未能识读,可手工键入条码信息。如果快件无对应的邮编信息,快件则进入收容格口。当快件自动停止在称重带上时,应按下"回收包件"按钮,将该快件倒回至供包台上;如快件的重量或尺寸超过机分标准,则应放入滑槽,交人工分拣。

③按键方式。供包员查看快件详情单的寄达地信息,在键盘上手工键入相应的分拣码,将快件摆正执行供包,分拣机执行分拣入格;遇有超大超重快件时应放入滑槽,交人工分拣。

(3)人工分拣

对于不适合上机分拣的快件或无分拣机的,由人工进行分拣处理。

人工分拣时,业务量较大的处理局原则上应将快件按文件类和物品类分别处理。业务量较小的处理局也可采取文件类快件和物品类快件混合分拣的作业方式。标有"代收货款"的快件应单独分拣,分拣后的"代收货款"快件应单独放置,不得与其他快件混堆。

分拣人员按分拣格口进行粗分和细分作业。粗分作业就是指将快件按较大地域划分格口,细分作业就是指按较小的地域划分格口。分拣人员阅读快件详情单的寄达地信息,按照特快专递快件分拣封发关系,将文件类快件分拣入格,物品类快件分拣入堆。

物品类快件分拣时,严禁抛、摔、扔,"红杯"快件应轻拿轻放。

(4)分拣质量检查

快件分拣入格或入堆后,质检员随机抽查快件的分拣质量,发现错分应当立即纠正,并做好质量检查记录。

5.发验处理

在当班作业的规定时间内,一般在快件开拆后和封发前,由开拆、分拣人员会同班长、质检员或专门人员,根据快件处理过程中发现的不符情节以及系统提供的各类差错信息,做相应的发验处理。

在全网未实施和应用快递信息系统进行发验处理之前,仍应采用手工发验方式。由班长或质检员会同相关分拣员手工缮写发验单;缮写完毕,加盖经手人名章和日期戳。验单由班长和质检员审阅无误后,加盖主管人员名章发出。

所有验单必须于规定的时间内当班全部发出。发验人员将验单及随附的相关证物一起按特快专递邮政公事,及时登入封发清单,寄发目的地。

每份验单均须留底存查。验单底联一份与相关路单或清单附在一起,一并送交档案室存档备查;另一份留存班组。各班组留存的验单底联,应妥善保管,不得发生断号、缺页现象。各班组的验单保管期限为一年。超过一年期限的验单应上交档案室统一保管。验单保管期限超过两年的,由档案室统一销毁。

6.生成封发清单

本班次的所有已开拆的快件,必须由系统进行封发处理,生成封发清单,打印总包袋牌。

我国特快专递快件封发作业,主要有自动生成封发清单和人工扫描录入封发清单两种模式。其中,自动生成封发清单又分为扁平件分拣机和包件分拣机两类处理模式。

(1)扁平件分拣机

文件类快件封发清单的生成有系统自动生成封发清单和人工扫描录入封发清单两种方式。

①自动生成。快件分拣完毕或快件满格后,按需要封发的格口按钮,将格口内的快件放至电子秤上称重,在终端的快件列表内选中该总包和清单,执行打印封发清单和总包袋牌。

②扫描录入。在终端的封发界面上输入寄达局代码、业务种类、快件类型,持条码识读器按格口逐件扫描快件条码,录入封发清单;扫描完毕将快件放至电子秤上称重,打印封发清单和总包袋牌;然后,选择格口继续做封发扫描。

(2) 包件分拣机

包件类快件封发清单的生成,有系统自动生成封发清单和人工扫描录入封发清单两种方式。

封发人员应注意观察格口内的快件量。格口内的快件较多时,应及时进行封发处理。

①自动生成。设置有快件称重和测量体积装置的包件分拣机。当快件满格(重量或体积达到封发标准)时,分拣机自动封格,生成快件封发信息,并自动打印封发清单和总包袋牌。

封发人员注意随时查看满格信号,满格时要及时将快件从格口中取出并装入邮袋内;格口清空后要及时解锁,以便后续快件继续入格。

进入收容格口的快件由专人负责及时处理。对于条码不能识读的,交人工分拣处理。对于快件未正常入格的,在封发终端界面上,查看应入格口信息内有无该快件信息,有则直接将快件放入该格口后进行封发处理;无则应先交开拆台补录邮编信息,再重新供包分拣。

②扫描录入。封发人员一边检查格口内的快件是否入格正确并将错分快件剔出,一边持条码识读器按格口逐件扫描格口内的快件条码,录入封发清单。"红杯"快件扫描录入后,应随即输入相应的备注信息。附验快件、改退快件、邮政公事等也应输入相应的备注信息。

将扫描录入清单后的快件放入邮袋内,装满一袋时放至电子秤上称重并输入重量信息,打印封发清单和总包袋牌;然后,选择格口继续做封发扫描。

将剔出的错分快件和收容格内的快件送交供包台重新分拣或人工分拣至正确的格口内。

(3) 人工扫描录入

人工扫描录入是指人工分拣作业录入快件封发清单的操作。

封发人员持条码识读器,按格口或堆位逐件扫描已分拣入格或入堆的快件条码,录入封发清单。录入扫描时,封发人员应注意查看快件的寄达地与格口是否相符,如有不符应将快件放入正确的格口内。"红杯"快件扫描录入时,应输入相应的备注信息。附验快件、改退快件、邮政公事等也应输入相应的备注信息。

将扫描后的快件放入邮袋内,装满一袋时,放至电子秤上称重并输入重量信息,打印封发清单和总包袋牌;然后,选择格口继续做封发扫描。

"代收货款"快件应单独扫描录入封发清单,并在备注栏内标注"代收货款"字样。打印的封发清单和总包袋牌均应标注有"代收货款"字样。

7. 快件封发

特快专递快件封发必须双人同时作业。当班已开拆的快件必须当班全部封发完毕。在封发快件时,应严格按照封发计划的交车赶班时间进行作业。赶发时间在前的应先封,赶发时间在后的应后封。

国内特快专递快件总包每袋重量以毛重42kg为限,"红杯"快件每袋以毛重17kg为限。

国内特快专递快件封发清单必须打印有两个封发人员的姓名或加盖两个封发人员的名章,并应随快件一起装袋封发。

(1)封装快件

封装快件时,必须使用国内特快专递专用邮袋,并选择与快件体积大小相适应的邮袋型号。不得使用有 2cm 以上破洞、裂口为非机器缝补或破洞用绳捆扎等情况的邮袋。不得使用水湿、油污的邮袋,也不得翻用邮袋。

快件按文件类和物品类分别封装。当文件类不足 5 件或包件类不足 3 件且重量合计不超过 5kg 时可合封。

"红杯"快件封发时应另外拴挂"红杯"标志袋牌。"全夜航"快件封发时应加拴"全夜航"标志袋牌。"代收货款"快件必须单独封发,不得与其他快件混封,且封发清单和袋牌必须标注"代收货款"字样。

(2)封袋

快件封袋前,应进行快件、清单、袋牌"三核对",核对快件寄达地址与清单寄达地址是否相符、核对散件数与清单内快件结数是否相符、核对清单寄达地址与袋牌寄达地址是否相符,无误后再进行扎袋。

封发特快专递快件时,必须由双人会同扎袋,要用没有接头的棉质蜡绳按猪蹄扣捆扎法在贴近快件处将邮袋扎紧;扎紧后,在两个绳头上分别垂直拴挂相关总包的条码袋牌和标志袋牌,并穿上铅丸,将扎绳收紧,再将绳子交叉打结,然后用夹钳横夹铅志,使钢模上的刻字全部、清晰地轧在铅志上;轧好后在距铅志约 1cm 处将多余的绳头剪去。

符合"全夜航"散件外走条件和规定的特快快件,只粘贴总包条码袋牌和附封发清单外走,无需装袋封发。

(3)封发检查

封发人员应检查总包封发规格,包括袋身、绳扣、封志等,持条码识读器扫描检验袋牌条码质量,检查现场有无漏封发快件;抽查封发总包有无超重现象,对超重总包应当即予以纠正。

8.总包交发

(1)生成路单信息

由速递系统生成接口邮路路单,发送给中心局转运部门,同时打印总路单作为与转运部门的交接凭证。

(2)总包待发

快件总包按航班、车次或邮路堆码整齐。

(3)总包交发

分拣与转运不在同一场地作业的,封发人员应利用速递系统对待发总包进行扫描勾核,确保总包袋牌条码完全识读,且总包实物与路单信息一致;扫描勾核无误后,将总包实物移交转运部门接收。路单信息则由速递系统发送到转运中心系统。

分拣与转运在同一场地作业的,分拣部门可不做总包扫描勾核,由速递系统将总包信息发送到转运中心系统,总包实物按发运计划和车航次与信息同步移交转运部门。

转运部门接收后,相关人员必须对总包进行扫描勾核;遇有不符情况,双方共同处理。对于条码拒识的总包应退回速递分拣部门处理。

三、快件分拣封发作业异常问题处理

1.接收总包异常情况的处理

接收总包异常情况的处理如图 1-6 所示。

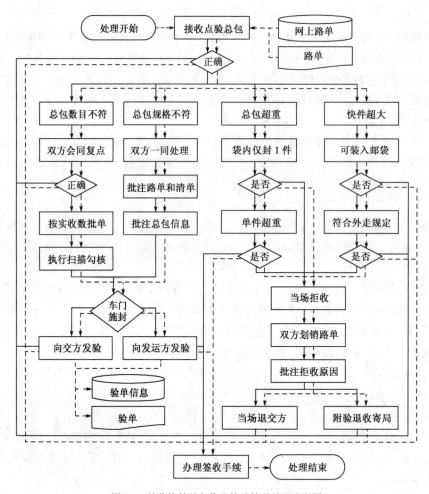

图1-6 接收快件总包作业特殊情况处理流程图

(1)总包数目不符

总包数目不符指接卸的快件数目与路单结数不符。非车门施封的或转运部门交来的总包,交接双方会同重新复数清点,如确实数目不符,按实收数批注路单签收,待扫描勾核后将不符详情发验告知交方;车门施封的总包,由收方扫描勾核后,将不符详情发验发运方。

(2)总包规格不符

交接双方按规定当场处理。如需开拆总包验视内件的,双方应一同处理,并在路单和袋内清单上批注原因和详情。接收方应在规定时间内向责任方缮发验单,并随附相关证物。车门施封的,向发运方发验;非车门施封的,向驾押方发验。

(3)总包超重

遇有本市收寄的袋内仅封1件快件的总包严重超重(43kg以上),应当场拒收。交接双方共同划销路单,批注拒收原因,共同加盖名章。如果超重总包袋内封有多件快件,则应查看和判断内件中是否有单件超重。如果其中某一内件严重超重,则该超重内件也应拒收。双方会同开袋取出超重快件,并将该快件从清单中划销,批注拒收原因,加盖经手人名章。取出的超重快件当场退交方。无法当场退交方的,可将超重快件附验退回收寄点。

(4)快件超大

遇有本市收寄的散件尺寸超过规定标准、无法装入邮袋封发且不符合"散件外走"规定的快件,应当场拒收。交接双方共同划销清单,批注拒收原因,共同加盖名章。无法当场退还交寄方的,可将超大快件附验退回收寄点。

2. 总包勾核异常情况处理

总包勾核异常情况处理如图 1-7 所示。

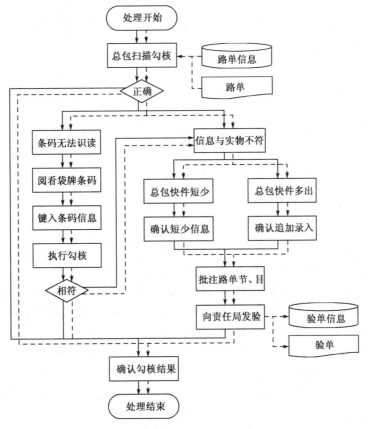

图 1-7　总包扫描勾核作业特殊情况处理流程图

（1）总包条码无法识读

在扫描勾核过程中,如遇总包条码无法识读,应依据袋牌条码手工键入该总包的完整信息,执行扫描勾核。

（2）总包快件短少

接收的总包快件勾核完毕后,如系统下载的路单或纸质路单上仍有未勾核的总包信息,则将该总包信息做短少处理,同时,批注路单。应在规定时间内向责任局发验。

（3）总包快件多出

在勾核过程中,如扫描或勾核的总包快件无对应的总包信息,则在系统中将该总包信息做追加录入或批注路单,并在规定时间内向责任部门发验。

3. 开拆总包异常情况处理

（1）下载清单作业异常情况的处理

下载清单作业异常情况的处理如图 1-8 所示。

①袋牌条码不能识读。根据袋牌的条码数字信息手工键入该总包的相关信息,下载清单信息。

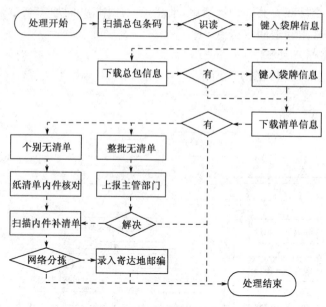

图 1-8 下载清单作业特殊情况处理流程图

②无网上总包信息。扫描总包袋牌条码补录该总包信息,如条码不识读则键入条码信息补录该总包信息,并据此向路单制作方发验。

③无网上清单信息。依据纸质清单核对内件数目是否相符,同时,逐件扫描内件条码补录开拆清单信息。如果分拣机采用网络化作业方式,在扫描补录散件信息的同时,还应根据快件详情单的收件人地址,逐件补录快件的寄达地邮编信息。

④整批无网上清单。如遇批量总包均无网上清单信息,应立即将情况向生产主管部门反映。如问题无法及时解决,则开拆总包逐件扫描快件条码补录开拆清单信息。如果分拣机采用网络化作业方式,则在扫描补录清单信息的同时,还应根据快件详情单上的寄达地信息逐件补录快件的邮编信息。

(2)内清单特殊情况的处理

内清单特殊情况的处理如图 1-9 所示。

①未附清单。如袋内未附纸质清单,应以网上下载清单为准逐件扫描勾核内件,并将漏附清单和勾核情况向封发局发验;如既无纸质清单又无网上清单,则应将整袋快件放至电子秤上复称重量,并与袋牌所注重量进行核对,扫描补录开拆清单,向封发局发验,验单须注明快件复重是否与袋牌标重相符,并随验附寄打印的补录清单一份。

②清单规格不符。如纸质清单有划销、涂改、更改、未加盖经手人名章现象,应将纸质清单与网上下载的清单及快件实物进行核对,并将不符情节向封发局发验。

③清单为手工抄登。如果开拆出的纸质清单为手工抄登的,则应与系统下载的网上清单进行核对。手工清单与网上清单的快件结数相符的,按正常清单保存;两者快件结数不相符的,以网上清单为准逐件扫描勾核核内件,并根据勾核结果向封发局发验。无网上清单的,则手工清单与内件核对,数目相符的,逐件扫描内件补录开拆清单信息;数目不相符的,除扫描补录开拆清单外,还应将不符情节向封发局发验,并随验附寄打印的补录清单一份。

(3)详情单特殊情况的处理

详情单特殊情况的处理如图 1-10 所示。

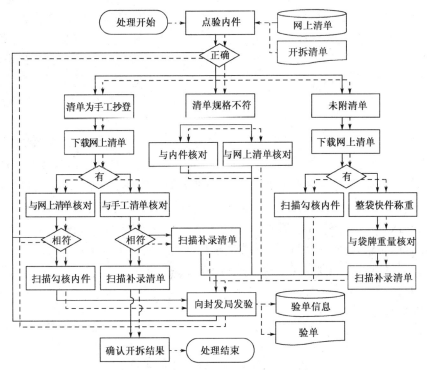

图 1-9 点验内件作业内清单特殊情况处理流程图

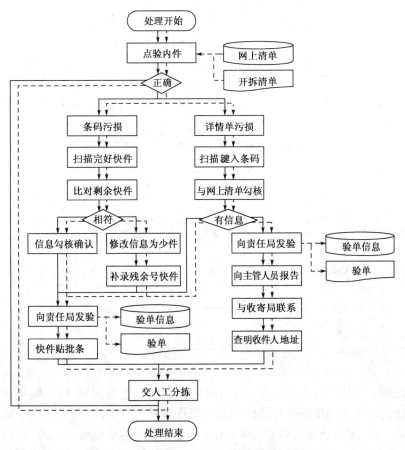

图 1-10 点验内件作业详情单特殊情况处理流程图

19

①详情单污损。快件详情单因脱落、破损造成残缺不全或因水湿、污染造成地址、收件人姓名、联系电话等信息模糊时,在规定时间内向责任部门发验。扫描或键入该快件条码信息与系统下载的清单信息进行勾核,以调出该快件的收件人地址信息。如有收件人地址信息,则在快件贴批条注明收件人地址,交人工分拣处理;如无收件人地址信息或无网上清单信息,则向责任部门发验,并向主管人员报告,由主管人员及时与收寄点联系解决。将该快件附验妥善保管,待查明收件人地址后再分拣处理。

②条码污损。快件详情单的条码因污染、残破,导致无法扫描或键入条码信息时,在规定时间内向责任局发验。先扫描勾核该清单中条码完好的快件,然后再将剩余的未勾核散件信息与条码污损快件的详情单进行比对。主要比对实物与信息的收寄日期、快件号码、快件重量、收寄点、寄达地、收件人地址等信息项是否相符。如两者上述信息项大体相符,则将该快件信息做勾核确认,快件实物贴批条注明快件的完整号码,附验交人工分拣处理。如两者上述信息项不符,则视为信息与实物不符,将下载清单中的该快件信息修改为"少件",并依据快件详情单残存的条码信息,手工键入快件残余号码,补录多件快件信息。快件实物贴批条注明快件号码并说明原因,附验交人工分拣处理。

(4)内件特殊情况的处理

内件特殊情况的处理如图 1-11 所示。

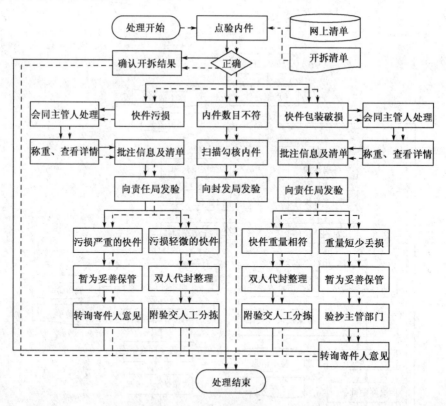

图 1-11 点验内件作业内件特殊情况处理流程图

①快件污损。如快件有水湿、油污、流汁和内装物品损毁等现象,应会同主管人员复称快件重量、查看详情,批注系统中的该快件信息及纸质清单。必要时,两人以上一同开拆快件外包装,验视内装物品损失情况及包装衬垫情况,并向责任局缮发验单,告知快件污损状况和处理意见,随验附寄袋皮、封志、绳扣、袋牌等相关证物。快件重量基本相符、污损情节较轻的,两

人一同代封整理后,附验交人工分拣转发前途。快件重量不符且污染、损毁情节严重的,一律不得转发。残留部分可暂为妥善保管,待转询寄件人处理意见后再做处理。

②快件包装破损。如快件的外包装有破损或拆动痕迹,应会同主管人员复称快件重量,并批注系统中的该快件信息及纸质清单。重量相符、内装物品完整的,向责任局缮发验单,随验附寄袋皮、封志、绳扣、袋牌等相关证物。快件经两人一同代封后,附验交人工分拣转发前途。快件重量不符、内装文件或物品已严重短少或丢失的,一律不得转发,应立即向相关责任部门发验,随验附寄袋皮、封志、绳扣、袋牌等证物。验单副份抄报上级公司业务视察部门,以便进一步查明责任。残余快件应暂时妥善保管,待转询寄件人处理意见后再做处理。

③内件数目不符。如果内件数目与开拆清单和网上清单结数不符,则应依据网上清单逐件扫描勾核该开拆总包的内件,并根据勾核结果向封发部门发验。请参阅"内件勾核"中"特殊情况的处理"的相关内容。

(5)内件扫描勾核特殊情况的处理

内件扫描勾核特殊情况的处理如图1-12所示。

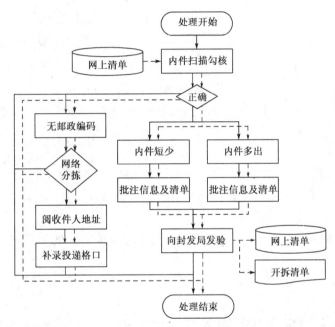

图1-12 内件扫描勾核作业特殊情况处理流程图

①内件短少。同一总包的内件全部扫描勾核完毕后,如果系统的清单列表中仍有"未勾核"的快件信息,则开拆人员应将该快件信息的勾核标志修改为"少件",同时批注纸质清单。并据此向封发单位缮发内件短少验单,随验附寄袋皮、封志、绳扣、袋牌等相关证物。

②内件多出。扫描内件条码后,如果系统的清单列表中无该快件信息,则做快件追加录入,同时,将该快件信息的勾核标志修改为"多件",同时批注纸质清单。并据此向封发局缮发多件情况查询单。

③无邮政编码。分拣机采用网络化分拣作业方式的,如遇快递快件信息无邮政编码时,开拆人员必须根据快件详情单上的收件人地址,补录快件的寄达地邮编信息,以确保快件能够上机分拣。分拣机采用按键分拣方式的或者是由人工分拣作业的,无需做邮编信息

补录。

4. 分拣异常情况的处理

(1) 扁平件分拣机分拣作业异常情况处理

扁平件分拣机分拣作业异常情况处理如图1-13所示。

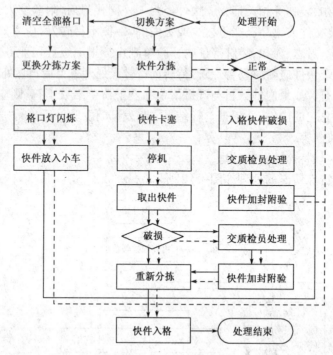

图1-13 扁平件分拣机分拣作业特殊情况处理流程图

①快件卡塞。分拣过程中，如遇快件卡塞，不得随意撕扯快件，必须在停机后方可取出快件。快件取出后可重新上机分拣或交人工分拣处理。

②快件破损。如果已入格快件发生破损，应立即通知质检员处理。破损快件加封后，重新放入格口内，随附验单一起封发。

③格口灯闪烁。当快件挡住格口光电时，格口红灯会闪烁，应及时将快件放入容器小车内。

④更换分拣方案。如需更换分拣方案，应先停机清空全部格口后，方可切换分拣方案。

(2) 人工分拣作业异常情况的处理

人工分拣作业异常情况处理如图1-14所示。

①寄件人要求撤销。遇有寄件人要求撤销邮寄的快件，应粘贴改退批条，注明退回原因，快件分入进口分拣班组的格口，扫描快件条码生成封发清单后，快件交进口分拣人员签收处理。

②寄达地址有误。分拣时，如遇快件的寄达地址的省、市、县等地名有误，应交班长或质检员处理。快件详情单上有寄件人或收件人联系电话的，由班长或质检员通过电话问询，确认正确地名后，快件贴批条，批注"经问询寄件人，快件寄达地名为××"字样，加盖日期戳和经手人名章后，再分拣入格。既无用户联系电话、也无法根据分拣资料确认快件寄达地名的，快件贴改退批条，批注"地名有误，××省无××市(县)"字样，加盖日期戳和经手人名章后，分拣至进口组格口，退回收寄点。

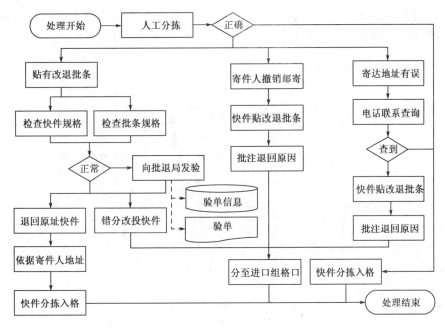

图1-14 人工分拣作业特殊情况处理流程图

③贴有改退批条。对于贴有改退批条的快件,应首先检查以下内容:

快件规格是否完好。快件包装有无破损、拆动痕迹,快件实物重量与详情单标重是否相符,是否按规定使用邮政专用胶带捆扎或粘贴封口,快件详情单是否齐全、完好。

批条是否符合规则要求。是否是印制的专用改退批条,批条填写内容是否明确、清楚,有无日期戳和经手人签章,是否符合快件处理规则要求(注:特快专递快件只能改投新址或退回原址,不得改寄新地)。

凡上述内容有一项不符合要求的,均应将不符情节向贴批条的批退部门缮发验单,以纠正对方的错误和验明责任。快件附验根据批条内容进行处理。

对上述内容符合要求的快件,根据批条内容进行相应处理,主要有两种情况。

退回原址:依据快件详情单的寄件人地址,将该快件分拣至相应格口;

错分改投:将快件分拣至进口分拣组格口,移交进口分拣班组处理。

(3)包分机自动封发作业异常情况的处理

包分机自动封发作业异常情况处理如图1-15所示。

①有信息无快件,即信息已入格,而快件并未正常入格。封发人员在系统的封发界面上,将正常入格快件作封发处理,打印封发清单和袋牌,未正常入格的快件信息暂不做封发。并随时查看收容格和其他格口有无该快件实物,找到后,将该快件与其他随后入格的快件一起作封发处理。

②有快件无信息,即快件落错格。封发人员将错分快件剔出,依据其寄达局信息,在系统终端的封发界面查询其应入格口有无相应的信息。如有,则放入应入格口内,满格后封发;如无,则重新作分拣扫描后,将快件放入正确格口。

③快件错分入格,快件详情单的寄达地信息不属于本格口的封发范围,即因邮编有误导致快件及信息入格错误。封发人员应在系统封发界面上删除该快件信息,由开拆人员在系统中修改该快件的寄达地邮编信息,快件重新供包分拣。

④满格快件未封完,满格快件未能在同一邮袋(集装箱)内装完,快件剩出。封发人员在系

统封发界面上选择已装入邮袋的快件信息进行封发处理,打印封发清单和袋牌,其他未装入邮袋的快件信息暂作留存,待下次快件满格时一起封发。

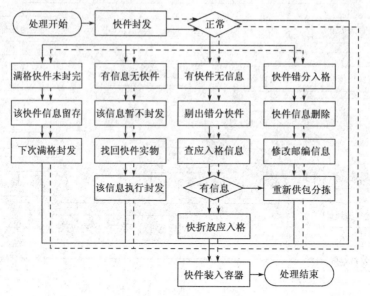

图 1-15　包分机自动封发作业特殊情况处理流程图

第三节　快件进出口

国际快件进出口操作,主要以面向月结客户(快件代理或大客户)的操作进行说明。

一、确定代理关系

有意月结的代理商,应首先联络国际快递企业市场部,一般要求提供工商营业执照副本复印件等经营资料和准确的相关信息,市场部根据所收集到的资料和信息,结合该公司的业务量情况给予相应的快件报价。报价被确认后,该公司还应提供公司地址、电话、传真、电子信箱及业务联络人姓名等详细资料,由市场部为其编制代理账号,开通互联网查询密码,印制快件合作协议(范本),交月结客户签署。月结客户签署合作协议后即成为公司的正式快件代理,快件代理可以向国际快递企业申请购买国际快件操作物料,在预缴资费到达企业指定账户后,即可开始使用国际快递企业提供的国际快递服务。一般所有与国际快递企业签约的快件代理,都将被要求预付快件资费,国际快递企业的电脑系统会每日计算快件资费(如没有电脑系统则财务部负责每天核算快件资费),在快件代理预交资费只能支付一周左右预计业务量的情况下,将及时提醒补足,一旦实际发生资费金额超过预交资费金额,国际快递企业将暂停服务或改为现金预付结算方式。

每月相同时间所有快件代理都会收到国际快递企业打印的上月全部快件的资费结算明细清单和正式的收款发票,快件代理应尽快核对。如有异议在收到资费结算明细清单和正式的收款发票后 10 个工作日内提出。快件代理应按时支付快递企业快件资费,如有索赔,也必须全额支付应付资费后,再处理索赔事故。无故拖欠快件资费将严重影响双方的合作关系。

二、出口快件操作

(一)收件

收件方式有上门收件和快件代理送件上门及快件代理通过航空或其他运输方式把快件运到国际快递企业操作部门所在城市,快递企业负责提货两种。

上门收件前呼叫中心或接单员要问清楚快件的概况,包括大概的长宽高、大致的重量范围、客户所处的详细地理位置、联系电话,然后向距离客户最近的收件员派发上门收件任务单。任务单要包括快件概况、客户所处位置、联系电话。收件员根据快件的概况准备运输工具和计量工具及相关票据。上门后计量快件的计费重量、查报价单、开票、收取资费(对现金结算或偶然发件客户)、收取快件。如发现所寄物品为法律法规或公司规定禁运的物品,收件员拒绝收货并向客户解释清楚。

本地或附近的快件代理送件上门,快递企业安排操作部门进行理货操作,计算资费,检查快件代理账户余额是否足以支付本次资费。如不足应向快件代理说明,补足资费或某些快件暂时不走货待补足资费以后再走货或在快件代理要求下退货拉回。现结客户需要到财务部门缴付资费,操作部门凭财务部门收据或发票进行操作,发运快件。

快件代理采用航空、陆运等不同方式,运输到机场或货运站,由国际快递企业操作部门负责提货,运到公司作业部门进行操作。对月结客户或现结客户的资费收取同上。

国际快递企业一般在深圳、上海、北京及某些中心城市设立分拨中心,快件代理把快件发到分拨中心所在城市机场或货运站,由国际快递企业操作部门负责提货,操作完毕后,内地中心城市空运或陆运至深圳、上海、北京分拨中心,从深圳、上海、北京清关出境。

为保证快件准确、及时地操作转运,国际快递公司一般要求快件代理务必在发货前将快件分成专线件、全球件、香港件三类,并挂上吊牌。为防止因吊牌脱落而造成无法区分快件类型的情况出现,用黑色大头笔在编织袋外面注明"专线件"、"全球件"或"香港件"字样,并写明收件公司。务必将专线件、全球件和香港件的交接清单分别放在相应的编织袋内,并在发货预报中注明该编织袋袋号。

快件代理发出快件后,请填写发货预报表,以传真或电子邮件的形式通知公司。预报上请写明发件的快件代理六位电脑代号及名称、始发城市、国内运单号码、航班号、总重量、总件数、香港到付快件的票数、号码及金额等。

国际快递企业操作部门安排人员提前到机场或货运站提货,然后运到操作场所进行操作。

1. 理货

简单检查一下快件,注意是一票一件还是一票多件,区分全球件、专线件、香港件,并区分文件、包裹,分别贴上标志贴,测量计费重量,手工计费或系统计费。

2. 查货

打开包裹包装,检查货物,书写英文或中文品名(英文品名格式为 sample of＋名词或名词＋sample,如塑料盒样品的英文品名书写为 sample of plastical box 或 plastical box sample),书写海关报价(格式为 USD:10/2bag@5,意思是该票快件一票两件,由 2 个包裹组成,每包 5 美元,共计 10 美元;格式为 USD:30/3CTN@10,意思是该票快件一票三件,由 3 个纸箱组成,每箱物品价值 10 美元,共计 30 美元),封好包装,装上运单,需要换运单的要换运单,如 DHL 要求必须使用 DHL 公司的统一物料,包括运单。需要在条码处贴渠道公司条码,如日本专线件和中东专线件。遇到一票多件(图1-16)的快件,运单联数不足,须复印运单,要使一票多件的快件的每件外包装上都贴有运单或装有运单。

图1-16 一票两件的国际快件的第二件

图1-17为出口国际快件操作查货流程图。

3.录单

录单员负责把运单信息录入快件操作系统(如DHL快件操作系统,专线快件操作系统),生成电子数据,打印形式发票。录入运单信息时必须与寄件人填写的运单信息一致,注意收件人地址、邮编、国家、城市不要错误输入。

国际快件收件人地址一般采用英文,英文地址的翻译要注意中文地址的排列顺序是由大到小,如:×国×省×市×区×路×号。而英文地址则刚好相反,是由小到大,如上例写成英文就是:×号,×路,×区,×市,×省,×国。例如:河南省南阳市中州路42号应翻译为Room 42, Zhongzhou Road, Nanyang City, Henan Prov., China。

录入运单信息打印形式发票后,将形式发票和运单各一联留底,各一联交接,其余随货装到快件的窗口贴里。在快件的外包装上用黑色大头笔书写目的地国家二字代码和运单号码(图1-18),如为一票多件的快件还要写上件数、运单号码。如一票三件的发往泰国的快件,运单号码为10001010,则在三件快件外包装上分别书写TH100010101/3、TH100010102/3、TH100010103/3,书写位置参见图1-18。在1/3件的窗口里必须有形式发票或海关要求的其他随货单证。有些企业采用了打印的方式,但所起作用基本一致。

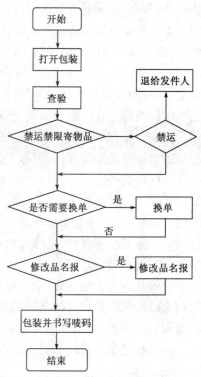

图1-17 出口国际快件操作查货流程图

将运单及标识、随运单证、形式发票装到到快件袋的单证口里或装入不干胶运单袋粘贴在包装箱的合适位置。

(1)运单粘贴位置

根据快件表面美观、大方的要求,以及从左到右的操作和阅读习惯,运单应粘贴在快件外包装上面适当位置,运单与快件边缘留出5cm的距离为宜。应把表面的四个角落位置留出来,以便标识、随带单证的粘贴(图1-19)。

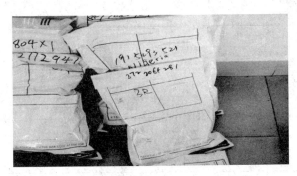

图1-18 用大头笔写上运单号和国家二字代码的包裹

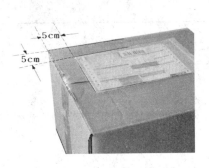

图1-19 运单粘贴位置

（2）运单粘贴方法

各快递企业根据自身运单的特性采取不同的粘贴方式，运单袋封装是其中最常见的方式，如表1-3所示。

运 单 粘 贴 说 明　　　　　　　　　　表1-3

第一种：普通透明运单袋（不带不干胶）	
操作步骤说明	操作图示
把运单平整装进运单袋内，并把运单袋口封好。注意运单袋封口时，须赶出袋内的空气，以袋子与运单能贴在一起为准	
把装有运单的运单袋放在快件表面粘贴运单的位置	
用透明胶纸把运单袋粘牢在快件表面。注意为保证运单粘贴的牢固，透明胶纸粘贴呈"艹"形	
优点和不足	
优点： 透明的运单袋对运单有保护作用，避免运单污损或淋湿； 不能随便修改运单内容，确保运单内容前后一致； 各环节直接在运单袋上标注内容，保证运单信息完整，且不易被涂鸦。 不足： 需要加透明胶纸粘贴，如胶纸粘贴不稳，则容易造成运单脱落	

续上表

第二种:不干胶透明运单袋	
操作步骤说明	操作图示
把运单平整装进运单袋内,并把运单袋口封好。注意运单袋封口时,须赶出袋内的空气,以袋子与运单能贴在一起为准	
把运单袋背面的不干胶布面撕掉。注意:从袋口处撕,因为袋口处没有粘胶	
把运单袋左边先贴到运单粘贴的位置,然后往右边平铺运单袋,使运单平整的粘贴在快件表面上	
优 点 和 不 足	
优点: 透明的运单袋对运单有保护作用,避免运单污损或淋湿; 不能随便修改运单内容,确保运单内容前后一致; 各环节直接在运单袋上标注内容,保证运单信息完整,且不易被涂鸦; 由于不干胶直接粘贴,运单粘贴牢固,不易脱落。 不足: 遇到特别冷的天气,不干胶的黏性会减弱,粘贴时须注意	

(3)运单粘贴注意事项

运单粘贴应尽量避开骑缝线,由于箱子挤压时,骑缝线容易爆开,导致运单破损或脱落。

运单应粘贴在快件最大的平整表面,避免运单粘贴皱褶等。

使用胶纸时,不得使用有颜色或带文字的透明胶纸覆盖运单内容,胶纸不得覆盖条形码、派件员姓名、收件人签署栏以及派件日期栏的内容。

运单粘贴须保持平整,运单不能有皱褶、折叠、破损。

挤出运单袋内的空气,再粘贴胶纸,避免挤破运单袋。

如果是国际快件,须注意将相关的报关单据与运单一起装进运单袋内或者按照快递企业的具体要求操作。如有形式发票,应将形式发票和运单一起装进运单袋内或者按照公司的具体要求操作。

运单要与内件一致,避免运单错贴在其他快件上。

(4)不规则快件的运单粘贴

①圆柱形快件的运单粘贴。圆柱底面足够大(能平铺粘贴运单),将运单粘贴在圆柱形物体的底面,注意运单不得贴在底面边缘,避免快件叠放时把运单磕破。例如油漆桶,把运单粘贴在底面正中央位置,不得贴在边缘高起的脚上(图1-20)。

如果圆柱物体较小,底部无法平整粘贴运单,则将运单环绕圆柱面粘贴,注意运单号码不得被遮盖。例如奶粉罐,将运单环绕罐身粘贴,为了运单粘贴的牢固,运单粘贴好之后,须加贴透明胶纸环绕两底部粘贴运单,确保运单不会顺着罐身滑落(图1-21)。

②锥形物体的运单粘贴。体积较大的锥形物体,选择能完整粘贴运单的最大侧面,平整粘贴运单(图1-22)。

图1-20 底面足够大的圆柱体快件运单粘贴　　图1-21 底面较小的圆柱体快件运单粘贴　　图1-22 体积较大的圆锥体快件运单粘贴

体积较小的锥形物体,如果单个侧面无法平整粘贴运单,可将运单内容部分粘贴在两个不同的侧面,但运单条码必须在同一个侧面上,不能折叠(图1-23)。

③小物品快件的运单粘贴。对于体积特别小,不足以粘贴运单(即运单环绕一周能把整个快件包裹起来)的快件(通常称为小件),为了保护快件的安全,避免遗漏,建议将其装在文件封或防水胶袋中寄递(图1-24)。运单粘贴在文件封或防水胶袋的指定位置。

④对于特殊包装的快件,运单粘贴应遵循以下原则:首先,运单的条码不得被覆盖,包括不得被物品覆盖和不得被颜色覆盖;其次,运单条码不得被折,即运单的条码须在同一表面展示,不得折叠或在两个(含以上)表面上(图1-25)。

图1-23 体积小的圆锥体快件运单粘贴　　图1-24 小物品快件运单粘贴　　图1-25 特殊包装快件运单错误粘贴

(5)标识的粘贴

①正面粘贴。与分拣直接相关的标识,为便于分拣操作,宜将其与运单粘贴在同一表面,如国际件贴纸、自取件贴纸(图1-26)。

②侧面粘贴。快件放置的方向,防辐射等标签应粘贴在快件侧面,便于在搬运、码放时能够很容易地识别,如向上标志贴纸、防辐射贴纸等(图1-27)。

③三角粘贴。需要多面见到的贴纸,可以贴在包装箱的角上,包住快件角落的三个方向。例如易碎件贴纸,斜贴在快件粘贴运单的正面角落,另外两个角粘贴在其他两个侧面(图1-28)。

④沿骑缝线粘贴。作为封箱操作使用,有起密封不允许打开作用的贴纸,每件快件至少粘贴2张,要求每个可拆封的骑缝线都得粘贴。例如保价贴纸,应粘贴在每个表面的骑缝线上,起到封条的作用,提醒不允许拆开包装(图1-29)。

图 1-26　正面粘贴标识　　　图 1-27　侧面粘贴标识　　　图 1-28　三角粘贴标识

(6) 随运单证的粘贴

随运单证包括代签回单、代收货款证明、形式发票、报关单、转运单等。各快递企业对随运单证的粘贴方式不一：有些企业将随运单证和运单一起放入装运单的塑料袋，用胶纸粘贴在快件上；有些企业将随运单证和托寄物一起存放。

(二) 分拣建立总包

生成电子数据,传输电子数据,发到货预报,把快件按不同的营运商进行分拣、分装到不同的编织袋里,如采用 DHL 渠道的多票快件装到一个编织袋里；一票多件的快件只能装到一个编织袋里,不能分装,在编织袋外面用大头笔书写运输唛码。分别以日本专线总包(总包袋号 B10000101,12 票 18 件,重量 30kg,2009.8.21)、中东专线总包(总包袋号 B10000102,10 票 21 件,重量 28kg,共 3 袋第 1 袋,2009.8.21)和新加坡专线(总包袋号 B10000105,12 票 20 件,重量 20kg,2009.8.21)为例书写总包唛码。

图 1-29　沿骑缝线粘贴标识

日本专线总包唛码为：

　　　　　　　TO　SGH
　　　　　　袋号：B10000101
　　　　　　共 12 票 18 件
　　　　　　重量：30kg
　　　　　　2009.8.21

中东专线总包唛码为：

　　　　　　　TO　ARMEX
　　　　　　袋号：B10000102
　　　　　　共 10 票 21 件
　　　　　　共 3 袋第 1 袋 1/3
　　　　　　重量：28kg
　　　　　　2009.8.21

新加坡专线总包唛码为：

TO SG
袋号:B10000105
共12票20件
重量:20kg
2009.8.21

一般情况下,国际快件按照国家二字代码进行分拣(表1-4),文件一般采用分拣格架进行分拣,包裹一般采用周转箱或标牌分拣。分拣格架见图1-30。

图1-30 分拣格架

主要国家二字代码　　　　　　　　　　　　　　　　　　表1-4

国家名称	二字代码	国家名称	二字代码
美国	US	英国	GB
法国	FR	德国	DE
意大利	IT	瑞典	SE
挪威	NO	西班牙	ES
荷兰	NL	希腊	GR
俄罗斯	RU	葡萄牙	PT
比利时	BE	埃及	EG
以色列	IL	阿联酋	AE
南非	ZA	沙特阿拉伯	SA
新加坡	SG	马来西亚	MY
韩国	KR	日本	JP
印度	IN	泰国	TH
菲律宾	PH	斯里兰卡	LK
加拿大	CA	墨西哥	MX
澳大利亚	AU	新西兰	NZ
斐济	FJ	巴西	BR
阿根廷	AR	智利	CL
秘鲁	PE	古巴	CU
叙利亚	SY	黎巴嫩	LB
卡塔尔	QA	土耳其	TR

续上表

国家名称	二字代码	国家名称	二字代码
瑞士	CH	丹麦	DK
约旦	JO	科威特	KW
芬兰	FI	印度尼西亚	ID
阿曼	OM	苏丹	SD

(三)快件交接清单

交接清单要求：

快件交接清单应包括：中转渠道、运单号码、快件类型（"文件"还是"包裹"）、件数、重量、目的地国家、品名、付款方式（"预付"还是"到付"）等内容，轻泡货还应注明材积尺寸。中转渠道指代理选择的产品和服务类型，例如：专线件、DHL件、DHL美国大货（XL）、UPS件、TNT件、香港派送件等；资费到付的香港件必须在备注栏内注明到付金额，资费到付的国际快件请在备注栏内注明"资费到付C.O.D."和具体到付金额。填写快件交接清单时，不同中转渠道、不同类型的快件应分开填写。

除快件业务必需的信息资料外，快件代理应在清单上标明其在公司的六位电脑代号，盖上代理公司的业务章，以便识别。

交接清单随附单证数量：

专线件：交接清单一份并随清单附上每票快件的运单一份；随货至少应有运单三份，包裹类快件应随货附发票三份。

全球件：交接清单一份并随清单附上每票快件的运单一份；随货至少应有运单两份，包裹类快件应随货附发票三份。

香港件：交接清单一份并随清单附上每票快件的运单一份；预付件随货至少应有运单两份，到付件随货至少应有运单四份。

采用一般贸易方式报关的D类快件（单票快件价值超过RMB5 000），必须在交接清单、随货运单和货物外包装上做出明确标识，报关单证请用信封独立包装并妥善交付公司收货人员。

(四)出口报关

准备报关单证、电子预申报、纸质申报、出口报关比较简单，清关时间短。快件出口清关过程如下例所示。

某日上午9:00公司某快递代理交来四票快件：

深圳市罗湖区××路1××号，某某学院李某，电话为138000000××，需快递一份邀请函到美国纽约，要求DHL，运单号码为20091227001，运单为该代理运单，运单上注明的实际重量为0.2kg。

深圳市罗湖区嘉宾路1××号，某物流公司段某快递4份海运正本提单到法国马赛，要求DHL，运单号码为20091227002，运单为该代理运单，运单上注明的实际重量为0.7kg。

深圳市罗湖区东门路××小区22栋1单元501，李某，电话为1367890××××，快递一盒玻璃工艺灯具样品到美国旧金山，要求DHL，运单号码1000200012001，运单为DHL运单。运单上注明的实际重量为20kg。

深圳市罗湖区人民路1××号某服装厂李某，电话为138003489××，快递2箱纯棉衬衣样品(已剪破)共 30 件到巴西圣保罗,运单号码 20091227003,运单为该代理运单,运单上注明的实际重量为 10kg。

(1)快件分类

其中邀请函、合同、提单属于文件类快件,灯具、衬衣、玩具、布鞋属于货物Ⅰ类快件。注:由于我国海关规定,一般商品出口均不需征税,因此出口快件一般都归为货物Ⅰ类快件。

(2)定义出口货物总单

在定义出口货物总单下,录入驾驶员、货车号码、出口日期、报关类型,需注意出口时间的定义。

(3)录入报关清单

录入报关清单包括散货录入和从操作部导入数据。

散货录入:按清单及查货清单录入其运单号码、件数、重量、中文品名、申报价值、数量、单位及代理名称。

数据导入:在快件系统中选择出口总运单号,然后选择需要导入的总单数据。数据调出来后点击小屏幕,将类型为 C 的数据修改为 B。难以确定的货物或大货抄写出来给做单员查验。然后点击完成按增加键导入数据,完成存盘。

(4)整理报关清单

查看价值、数量、品名、单位有无超出海关规定,检查品名后面是否都有"货样"字样。将相同品名或相同价值的条目尽可能错开。

(5)复核总单重量

在整理报关清单数据下将重量按单票修改成实际装货重量,然后存盘。

(6)根据工作任务制作报关单

报关单号:陆 ZWY0200910×××

营运人名称:中外运空运

进/出口岸:深关机场

运输工具航次:粤 zdf58 港

进出口日期:2009-10-21

总运单号:5000012340055

报关单制作结果:KJ1 报关单见图 1-31,KJ2 报关单见图 1-32。

(7)装订报关单

按监管海关的要求进行装订并加盖骑缝章。一般的装订顺序为:

载货清单—KJ1 报关单—KJ2 报关单—随附单证(运单、形式发票等)。

(8)申报

电子预申报后,按监管海关的要求将报关单证递交给现场审单关员。海关审单关员接到申报资料后进行审单作业(包括下达指令:如查验、扣仓、放行)。

(9)快件运载车辆进场

凭审单关员已签章的报关单证向快件监管中心申请车辆进场,并根据监管中心的安排停靠查验平台。

(10)海关查验

根据现场海关的查验指令及查验要求,将需查验的快件整齐的摆放在查验区,报关员协助海关关员对快件进行查验。查验时,海关凭"KJ 报关单"和"查验清单"对快件进行开箱检查,

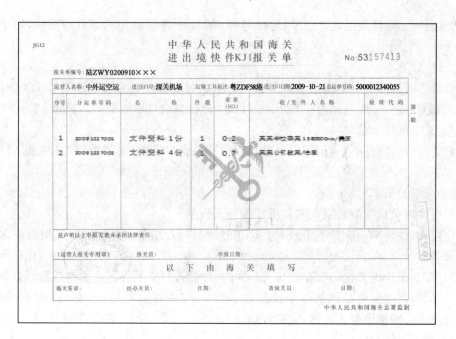

图 1-31　KJ1 报关单

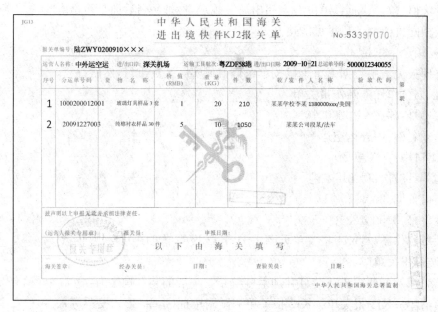

图 1-32　KJ2 报关单

核对申报的资料是否与实际货物一致。

(11)海关放行

海关关员查验没发现问题且已签字确认放行后,向现场海关申领关锁,在海关的监管下对快件车辆进行加锁,然后向海关办理快件运载车辆的转关手续。

三、快件进口

1.进口报检报关

快件进口报检报关相对出口报检报关而言需要较长时间,海关、商检要求很严,要特别细心制作和准备报关、报检单证。进口快件品名、数量、材质、报价必须符合海关、商检规定,以免快件进口清关花费过多时间,影响进口快件时效。

根据收到的国际快件到件预报在报关系统上制作电子报关单,进行电子预申报。海关电子审单,如准确无误则系统返回接受申报的提示,否则需修改重新申报,直到海关接受电子申报为止。

打印纸质报关单,准备好报关相关单证。

待快件到达海关监管中心,报关员先检查一下总包,核对一下快件,在交接单上签字完成快件交接,特别注意价值昂贵快件的交接要查内件数量。

交接完毕后到海关交单查验(如属于《法检目录》商品,应先报检后报关),快递公司报关员或操作员配合海关查验,海关查验后,签章放行。

2. 分拨派送

海关查验放行后,快递企业提取、装运快件运输至分拨中心,然后分拨派送,派送环节与快件派送操作相同,这里不再赘述。

3. 信息反馈

快件签收结果由合作伙伴或公司分部反馈给企业,企业再发给国际快递渠道公司或在国际快递渠道公司系统上录入签收信息,供客户查询。

快递企业在海关监管中心申请驻场经营流程如图 1-33 所示。国际快件海关监管中心进口快件进场通关作业流程如图 1-34 所示。出口快件通关作业流程如图 1-35 所示。

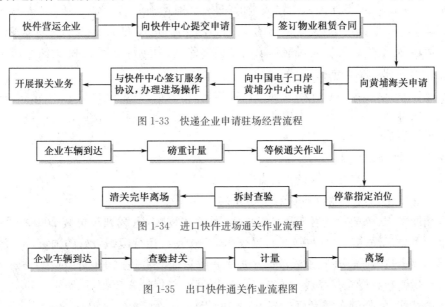

图 1-33　快递企业申请驻场经营流程

图 1-34　进口快件进场通关作业流程

图 1-35　出口快件通关作业流程图

第四节　快件运输

一、各种运输方式概述

快件运输是指使用道路运输工具在约定的时间内将货物运达目的地的行为,包括客运快件运输和货运专线快件运输。

快递信函、小件物品短途一般使用汽车运输;长途一般使用飞机运输;没航班的地方,使用火车；不通火车的地方没有业务。

快递大宗物品短途一般使用汽车运输。长途尽量选用火车运输；不通火车的地方使用汽车运输。

按运输方式，可分为陆路快件和航空快件两类。

(一)陆路快件

陆路快件是指利用汽车、火车等交通工具发运的快件。陆路又包括汽车运输和火车运输。

1. 汽车运输的优、缺点

汽车运输的优点是：

①机动灵活，货物损耗少，运送速度快，可以实现门到门运输；

②投资少，修建公路的材料和技术比较容易解决，易在全社会广泛发展，可以说是汽车运输的最大优点。

汽车运输的缺点是：

①运输能力小，每辆普通载重汽车每次只能运送5t货物；

②运输能耗很高，分别是火车运输能耗的10.6～15.1倍，是沿海运输能耗的11.2～15.9倍，是内河运输的113.5～119.1倍，是管道运输能耗的4.8～6.9倍，但比民航运输能耗低，只有民航运输的66%～87%；

③运输成本高，分别是火车运输的11.1～17.5倍，是沿海运输的27.7～43.6倍，是管道运输的13.7～21.5倍，但比民航运输成本低，只有民航运输的6.1%～9.6%；

④劳动生产率低，分别是火车运输的10.6%，是沿海运输的1.5%，是内河运输的7.5%；但比民航运输劳动生产率高，是民航运输的3倍。此外，由于汽车体积小，无法运送大件物资，不适宜运输大宗和长距离货物。

因此，汽车运输比较适宜在内陆地区运输短途旅客、货物，可以与铁路、水路联运，为铁路、港口集疏运旅客和物资；可以深入山区及偏僻的农村进行旅客和货物运输；可以在远离铁路的区域从事干线运输。

2. 火车运输的优、缺点

从技术性能上看，火车运输的优点是：

①运行速度快，时速一般在80到120km；

②运输能力大，一般每列客车可装2 000～3 500t货物，重载列车可装20 000t货物；单线单向年最大货物运输能力达1 800万t，复线达5 500万t；运行组织较好的国家，单线单向年最大货物运输能力达4 000万t，复线单向年最大货物运输能力超过1亿t；

③火车运输过程受自然条件限制较小，连续性强，能保证全年运行；

④通用性能好，既可运客又可运各类不同的货物；

⑤火车客货运输到发时间准确性较高；

⑥火车运行比较平稳，安全可靠；

⑦火车运输平均运距分别为汽车运输的25倍，为管道运输的1.15倍，但不到水路运输的1/2，不到民航运输的1/3。

从经济指标上看，火车运输的优点有：

①火车运输成本较低，1981我国火车运输成本分别是汽车运输成本的1/11～1/17，民航运输成本的1/97～1/267；

②能耗较低,每千吨公里耗标准燃料为汽车运输的1/11～1/15,为民航运输的1/174,但是,这两种指标都高于沿海和内河运输。

火车运输的缺点是:

①投资太高,单线铁路每公里造价为100万～300万元,复线造价在400万～500万元;

②建设周期长,一条干线要建设5～10年,而且,占地太多,随着人口的增长将给社会增加更多的负担。

因此,综合考虑,铁路适于在内陆地区运送中、长距离,大运量,时间性强,可靠性要求高的一般货物和特种货物;从投资效果看,在运输量比较大的地区之间建设铁路比较合理。

(二)航空快件

航空快件是指利用航空(飞机)邮路优先发运的快件。

1.航空快递的产生和发展

如果将航空货运方式比作正在步入辉煌的壮年,那么航空快递只能算是崭露头角的青年。30年前,文件、小件行李的运送还只能通过邮局进行。相对于客户的需要,跨国的邮政服务不仅效率低,安全性、准确性也有明显不足,因此,常常困扰着从事国际贸易、国际交流的各方人士。航空快递由于快速、准确的服务,从一出现就深受从事跨国经营的贸易、金融等各界人士的热烈欢迎,发展非常迅速。

2.航空快递的主要业务形式

(1)门/桌到门/桌(Door/Desk to Door/Desk)

门/桌到门/桌的服务形式也是航空快递公司最常用的一种服务形式。首先由发件人在需要时电话通知快递公司,快递公司接到通知后派人上门取件,然后将所有收到的快件集中到一起,根据其目的地分拣、整理、制单、报关、发往世界各地,到达目的地后,再由当地的分公司办理清关、提货手续,并送至收件人手中。在这期间,客户还可依靠快递公司的电脑网络随时对快件(主要指包裹)的位置进行查询,快件送达之后,也可以及时通过电脑网络将消息反馈给发件人。

(2)门/桌到机场(Door/Desk to Airport)

与前一种服务方式相比,门/桌到机场的服务指快件到达目的地机场后不是由快递公司去办理清关、提货手续并送达收件人的手中,而是由快递公司通知收件人自己去办理相关手续。采用这种方式的多是海关当局有特殊规定的货物或物品。

(3)专人派送(Courier on board)

所谓专人派送是指由快递公司指派专人携带快件在最短时间内将快件直接送到收件人手中。这是一种特殊服务,一般很少采用。

以上三种服务形式相比,门/桌到机场形式对客户来讲比较麻烦;专人派送最可靠、最安全,同时,费用也最高;而门/桌到门/桌的服务介于两者之间,适合绝大多数快件的运送。

3.航空快递的特点

航空快递在很多方面与传统的航空货运业务、邮政运送业务有相似之处,但作为一项专门的业务它又有独到之处,主要表现在:

(1)收件的范围不同

航空快递的收件范围主要有文件和包裹两大类。其中文件主要是指形式文件和各种印刷品,对于包裹一般要求毛重不超过32kg(含32kg)或外包装单边不超过102cm,三边相加不超过175cm。近年来，随着航空运输行业竞争加剧，快递公司为吸引更多的客户，对包裹大小的要求趋于放宽。而传统的航空货运业务以贸易货物为主，规定每件货物体积不得小于5cm×10cm×20cm。邮政业务则以私人信函为主要业务对象，对包裹要求每件重量不超过20kg，长度不超过1m。

(2)经营者不同

经营国际航空快递的大多为跨国公司，这些公司以独资或合资的形式将业务深入世界各地，建立起全球网络。航空快件的传送基本都是在跨国公司内部完成。而国际邮政业务则通过万国邮政联盟的形式，在世界上大多数国家的邮政机构之间取得合作，快件通过两个以上国家邮政当局的合作完成传送。国际航空货物运输则主要采用集中托运的形式或直接由发货人委托航空货运代理人进行，货物到达目的地后再通过发货地航空货运代理的关系人代为转交货物到收货人的手中。业务中除涉及航空公司外，还要依赖航空货运代理人的协助。

(3)经营者内部的组织形式不同

邮政运输的传统操作理论是接力式传送。航空快递公司则大多采用中心分拨理论或称转盘分拨理论组织起全球的网络。简单来讲就是快递公司根据自己业务的实际情况在中心地区设立分拨中心(Hub)。各地收集起来的快件，按所到地区分拨完毕，装上飞机。当晚各地飞机飞到分拨中心，各自交换快件后飞回。第二天清晨，快件再由各地分公司用汽车送到收件人办公桌上。这种方式看上去似乎不太合理，但由于中心分拨减少了中间环节，快件的流向简单清楚，减少了错误、提高了操作效率、缩短了运送时间，被事实证明是经济、有效的。

(4)使用的单据不同

航空货运使用的是航空运单，邮政使用的是包裹单，航空快递业也有自己独特的运输单据——交付凭证(Proof of Delivery，POD)。交付凭证一式四联：第一联留在始发地并用于报关；第二联贴附在货物表面，随货同行，收件人可以在此联签字表示收到货物(交付凭证由此得名)，但通常快件的收件人在快递公司提供的送货纪录上签字，而将此联保留；第三联作为快递公司内部结算的依据；第四联作为发件凭证留存发件人处，同时，该联印有背面条款，一旦产生争议时可作为判定当事各方权益，解决争议的依据。

(5)航空快递的服务质量更高

①速度更快。航空快递自诞生之日起就强调快速的服务，速度又被称为整个行业生存之本。一般洲际快件运送在1～5d内完成；地区内部只要1～3d。这样的传送速度无论是传统的航空货运业还是邮政运输都是很难达到的。

②更加安全、可靠。因为在航空快递形式下，快件运送自始至终是在同一公司内部完成，各分公司操作规程相同，服务标准也基本相同，而且同一公司内部信息交流更加方便，对客户的高价值易破损货物的保护也会更加妥帖，所以运输的安全性、可靠性也更好。与此相反，邮政运输和航空货物运输因为都牵扯不止一位经营者，各方服务水平参差不齐，所以较容易出现货损、货差的现象。

③更方便。确切地说航空快递不止涉及航空运输一种运输形式，它更像是陆空联运，通过将服务由机场延伸至客户的仓库、办公桌，航空快递真正实现了门到门服务，方便了客户。此外，航空快递公司对一般包裹代为清关；针对不断发展的电子网络技术，又率先采用了EDI(电子数据交换)报关系统，为客户提供了更为便捷的网上服务；快递公司特有的全球性电脑跟踪查询系统，也为有特殊需求的客户带来了极大的便利。

当然，航空快递同样有自己的局限性，如快递服务所覆盖的范围就不如邮政运输广泛。国际邮政运输综合了各国的力量,可以这样说"有人烟的地方就有邮政运输的足迹",但航空快递毕竟是靠某个跨国公司的一己之力,所以,各快递公司的运送网络只能包括那些发达、对外交流多的地区。

二、快件运输作业流程

(一)汽车运输作业操作流程

1. 班前准备

驾押人员出乘前应按时到单位,在值班调度处抄录邮运调度通知,领取出班凭证、单式,听取值班人员班前指示。出班时检查证照和出乘期间准备物品是否齐全等,驾驶员还应作好出车前的车况、油料的检查,检查车厢、厢体是否损坏,车厢门是否完好,清洁车容车貌,按照作业计划或调度指示按时到达快件装发地点。

2. 出乘规范

(1)交接

①在规定时间内到达指定地点办理快件交接。首先,应接收装车的快件路单,核对路单页数是否齐全,结数是否准确。对沿途需要办理快件装卸车的,检查各卸交站的交接总单是否齐全。承担机要快件押运的驾押人员按照《机要快件处理规则》的相关规定做好机要快件的交接验收和保管。

②凡沿途办理交接的汽车邮路在快件交接过程中,如发现快件数字不符,应复查数字后批注路单,明确装卸车时限延误责任。

(2)快件装车

①直达汽车邮路

直达邮路的快件装车由转运部门负责,快件装车完毕以后,驾押人员会同转运部门对车门施封,办理签收手续。

②非直达汽车邮路

A. 起点站装车快件由地面单位按照站次"先远后近"顺序装车堆码,堆位隔离清楚,驾押人员负责盯数;沿途站的快件由驾押人员负责车内堆码,地面单位负责将快件装至车上。装车快件量较大时,由地面单位协助驾押员装车分堆,车上快件的处理由驾押员负责。

B. 快件装车时应"先普邮、后机要",卸车时应"先机要、后普邮",凭证办理机要快件的交接。

C. 驾押人员在装车时发现不合格快件应拒收,由交方处理。

D. 押运员应将各站交同一卸交站路单在卸车前汇总结数,以便卸车签收。

(3)押运员职责规范

①在"驾押合一"的邮路上,驾驶员既负责快件交接工作,又负责汽车驾驶工作。在实行"双驾"的邮路上,正班驾驶员负责机要快件交接以及汽车驾驶工作;副班驾驶员负责普通快件的交接工作,并和正班驾驶员按照规定时间交换驾驶车辆,防止疲劳驾驶。

②机要快件的交接、押运按照机要快件处理相关规定执行。

③驾驶员要遵守行车安全要求,确保车辆和快件的安全。

④邮运车辆中途发生故障或遇路阻时,驾驶员应先将车辆和快件转移到安全地带严加看护,并尽快与上级主管部门或临近地面部门联系,以便及时采取措施疏运快件。

⑤押运途中如发生不可抗力的情况,驾驶员应尽快与就近的地面局联系,请求支援、盘驳快件,确保快件安全。

⑥驾驶员不得无故拒装、拒卸快件。各站交接快件后,驾驶员应留存路单,妥善保管,以备返程后归档、查询。

⑦在住勤地驾驶员应执行部门管理制度,发生意外情况,立即报告主管部门,并请当地局救援。

⑧在押运途中,吃饭等或因故临时停车时,必须保持高度警惕性,树立安全意识。

(4) 沿途装卸

①局站汽车到达沿途卸交地指定卸车位置交接快件时,注意填写"车辆运行行车排单",对车辆的运行时刻进行记录,以便考核准班准点率。

②沿途各站交接快件,应坚持先卸后装。对办理快件装卸车的应按照"先远后近"的顺序单独堆码,应验视堆码快件的卸交站、数目是否正确。沿途卸车快件由押运员从车上交卸地面,车下工作由地面局负责;装车快件由地面局负责装车,驾押员在车厢内进行选别、分堆。终点站快件由地面局负责卸车。对沿途局卸车快件量较大的局由地面局组织协助驾押员卸车,驾押员负责快件卸车的车上指挥。

③直达汽车邮路卸车前押运员会同转运员验视车厢封志,如封志完好则直接签收。车门施封有被拆动和车厢厢体损坏情况,应批注总路单并在规定时间内处理快件,发生问题由承运部门负责。

④非直达汽车邮路,押接双方进行点数交接。快件点数交接时,点数工作由押运员高声唱数,接发员负责监数,核对快件总包数与路单相符后,在承运部门留存路单上签收。如数字不符则按实收数批注路单并向承运部门和发运部门缮验。

⑤在卸交快件时发现不合格快件,驾驶员应会同接方共同开验,确定内件情况后,双方共同批注路单签证,由收方处理,驾驶员无权划销快件。

⑥驾押人员发现有数目不符情节时,时间允许应当场复查核准,若复查数目仍为不符的,则将核数结果批注交接路单,办理签收手续;时间不允许,应将查数结果批注路单办理交接手续,由驾押员负责在后续卸车环节查明不符原因。

⑦装发快件发现有规格不符情节时,应由装发部门按规定重新开拆加封处理,否则,押运员有权予以拒收。

⑧驾驶员要注意车辆运行情况,沿途卸交站停车期间,要随时检查车况,保证车辆状态正常。

3. 平衡合拢

押运员回班后,根据各站装卸总路单逐站进行平衡合拢,填写平衡合拢表。

4. 回乘规范

①检查车厢有无遗漏快件、快件容器等。

②邮车回库后还应检查车况,需要维护修理上报本单位车辆管理部门。

③整理装订路单,路单装订应按顺序,顺头顺面装订整齐,不能缺页少张,并在路单皮上注明日期、邮路、往返押运量及车号、本人姓名。路单档案资料原则上须当班装订归档,最迟须于次日归档。

④上交快件平衡合拢表,要求做到平衡合拢、日期、姓名齐全,更改处加盖名章。

⑤存放生产办公用品,交回证件。

(二)火车运输作业流程

1. 班前准备

火车押运员在值班处抄录邮运调度通知并听取值班人员批示,领取出乘押运免费乘车证和生活用品等,检查生产、办公用品和出乘各类证照是否齐全。

2. 出乘规范

(1)路单交接

接收装发火车快件总路单和卸交站总单,查看发运计划及路向计划,并核对总路单页数、结数和快件卸交站是否正确,并根据快件量的多少、快件体积的大小,在原定仓位图的基础上合理安排或者调整仓位和快件堆位,及时将仓位调整情况告知转运装车人员。承担机要快件押运的,押运员要按照《机要快件处理规则》的相关规定做好机要快件的交接验收手续和保管。

(2)快件接收

①按照"先机要后普邮"、"先卸后装"、"先远后近"的原则接收快件。

②转运部门根据交接快件详细数目清单组织装车,押运员负责车门点数接收。转、押双方在快件交接完毕以后,押运员应对所接收的快件及时进行内部处理。押运人员不负责快件目录勾核,但应对装车快件的数量、规格、路向进行点验,发现问题应在规定时间内发验,在装车时发现的不合规格总包快件退回交方处理。

③快件装发完毕后,接收路单的押运人员应与转运部门人员核对装车快件数字等相关情况,无误后办理签收手续。

(3)押运途中处理

快件按卸交站分堆点数,验视规格,按沿途各站交同一卸交站的路单上快件总数合计结数,制作卸交总路单。

(4)快件卸车

①卸车快件处理

押运员按照快件的轻、重、特快类别和卸交点本地件、转运件分别堆放,对沿途卸交站要提前将卸车快件堆位移至车门口。卸车时,停车在3min以上的,由地面局负责卸车唱数,押运员盯数,3min以内的由押运员负责卸车、唱数,转运员在地面盯数。车门办理快件交接。

②卸车注意事项

A. 与接发人员办理卸车快件总路单及单交快件的交接,看仓押运员应点验卸车人员查数和卸车,看好其他堆位,防止错卸和误卸。卸车完毕与接发员办理签收手续。

B. 对回局轻件和赶车快件,由转运部门向相关派押部门提出要求,双方协商办理。

3. 平衡合拢

押运班长在邮车发车后,根据各站装卸总路单逐站进行平衡合拢,填写平衡合拢表。

4. 回乘规范

检查生产现场,清洁环境,与车底看护人员办理交接手续。配合转运班组处理本乘次卸车快件中不合规格快件,完善回程中的生产手续,办理档案交班和平衡表及生产量汇报,听取出乘期间的各类邮运通知,归还押运乘车免票证和被服,存放生产办公用品。

(三)航空快递运输操作流程

航空快递运输操作流程如下:

①航空快件的托运和承运双方要相互协作、密切配合,按公布的航班计划和快件路单安

全、迅速、准确地组织运输。

②航空快件应当按种类用完好的航空邮袋分袋封装,加挂"航空"标牌。

③承运人对接收的航空邮政信函应当优先组织运输。

④航空快件内不得夹带危险品及国家限制运输的物品。

⑤航空快件应当进行安全检查。

⑥航空快件按运输时限的不同计收相应的运费。

⑦承运人运输快件,仅对邮政企业承担责任。

⑧航空快递企业要使用专用标志、包装。

⑨航空快递企业应当安全、快速、准确、优质地为货主提供服务,并按规定收取相应的服务费。发生违约行为时应当承担相应的经济责任。

三、快件运输作业异常问题处理

快件运输作业中异常问题的处理方法如下:

①运输遇有总包快件袋牌脱落而无法辨别接收地名的,应拆袋,根据内件实物或清单信息确定卸交局后重新封装。同时,应在总路单和相关卸交总单上批注相关情况,向相关发运部门发验。

②运输在第一交换站开车或起航后,如发现总包数量与卸交站总路单结数不符的情况,应在规定时限内向发运部门缮发验单,验单需说明多出、短少数目及所属卸交局,并将验单副联抄送相关卸交单位,同时,在相关卸交站总路单上批注多出、短少数目。

③对因水湿、油污等总包快件应单独堆放,需要及时处理的按照相关规定进行处理,并向相关单位发验。无条件或不影响其他快件的可不进行处理,按卸交站卸转,但应明确批注交接站的交接总路单。有危害或严重影响其他快件安全的可选择临近的较大站点卸车,将情况明确批注在交接站的卸交站总路单上,并向收寄局发验、抄送装发部门和卸交部门。

④如遇快件不能装卸完毕的情况,未装快件向发运部门发验;未卸快件应将其卸前方站,同时,在前方站的卸交站总路单上批注,并向责任卸交部门发送验单。

第五节 快件派送

一、快件派送业务知识

(一)概念

派送是指快递服务组织将快件递送到收件人或指定地点并获得签收的过程。

(二)派送形式

派送形式主要包括按名址当面交付和自取两种形式。

(三)派送要求

1. 派送时间

快递服务组织的投递时间应不超出向顾客承诺的服务时限或按照约定的时间投递。

2. 人员着装

负责投递的快递服务人员应统一穿着具有组织标识的服装,并佩戴工号牌或胸卡。

3.投递次数

快递服务组织应对快件提供至少两次免费投递。

投递两次未能投交的快件,收件人仍需要快递服务组织投递的,快递服务组织可以收取额外费用,但应事先告知收件人费用标准。

4.快件签收

快件签收时满足以下要求:

①快递服务人员将快件交给收件人时,应有义务告知收件人当面验收快件;

②若收件人本人无法签收时,快递服务人员可与收件人(寄件人)沟通,经允许后,采用代收方式,也应告知代收人的代收责任;

③与寄件人或收件人另有约定的应从约定。

验收无异议后,验收人应确认签收。

拒绝签收的,验收人应在快递运单等有效单据上注明拒收的原因和时间,并签名。

5.费用与单据

签收人支付费用时,快递服务人员应将与服务费同等金额的发票交给签收人。

(四)自取方式

自取方式主要适用于以下几种情况:

①投递两次仍无法投递的快件,可由收件人到指定地点自取;

②相关政府部门(如海关、公安等)提出要求的,可由收件人到指定地点自取;

③收件地址属于尚未开通快递服务的区域,通过与寄件人协商,可采用收件人到指定地点自取的方式。

(五)无法投递

快递服务组织应在投递前联系收件人,当出现快件无法投递情况时,采取以下措施。

①出现首次无法投递时,快递服务组织应主动联系收件人,通知再次投递的时间及联系方法;

②再次仍无法投递,可通知收件人采用自取的方式,并告知收件人自取的地点和工作时间;收件人仍需要快递服务组织投递的,应告知额外费用;

③若联系不到收件人,快递服务组织应在彻底延误时限到达之前联系寄件人,协商处理办法和费用,主要包括:

A.寄件人放弃快件的,应在快递服务组织的放弃快件声明上签字,快递服务组织凭函处理快件;

B.寄件人需要将快件退回的,应支付退回的费用。

④若联系不到收件人和寄件人,除不易保存的物品外,在对快件保存至少3个月后,快递服务组织可以按照相关规定处置快件。

(六)彻底延误时限

彻底延误时限是指从快递服务组织承诺的服务时限到达之时算起,到顾客可以将快件视为丢失的时间间隔。

根据快递服务的类型,彻底延误时限应主要包括:

①同城快件为3个日历天;

②国内异地快件为7个日历天；
③港澳快件为7个日历天；
④台湾快件为10个日历天；
⑤国际快件为10个日历天。

二、快件派送作业流程

派件作业流程如图1-36所示。

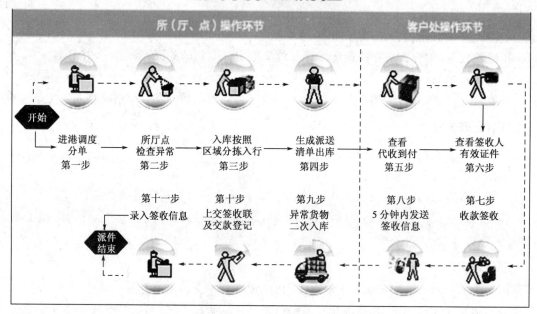

图1-36 派件作业流程图

1. 进港分单

调度模块—手工分单。

2. 检查异常

①查看货物与快件单，检查件数或者货物是否有破损或其他异常。

②包装破损、地址错误、重量明显有误的货物严禁派送。将错货信息及时反馈给上级相关人员。

③清点货物数量无误后在交接单上签字确认。

3. 核实派送地址

①根据派送地址，结合自己所辖服务区域，合理安排派送线路。

②根据派送线路，将小件按顺序进行整理装袋。

③对于非正规办公场所(宾馆、学校、私人住宅等)的收货地址，派送之前先电话联系客户，确认客户在此地址并约定派送时间。

4. 查看代收到付

检查工作单并核对派送清单—查看货物箱单到付代收金额—查看箱单款项是否和系统一致。

5.快件捆扎

为了防止快件在装运过程中散落、遗失,业务员须将一件或多件快件用捆扎材料扎紧,固定为一个集装单元,或者固定捆绑在运输工具上。在捆扎快件时,应根据快件的数量、重量以及体积大小,结合装运快件的工具(如托盘、包袋、手推车等)合理确定捆扎方式。

(1)体积较小的快件

对于文件封或牛皮纸袋包装的快件,派送是应采用集装的方式,即将快件排序整理后装进随时携带的背包或挎包内。体积较小能装进背包或挎包的其他包装快件,也应排序整理后与文件封包装的快件一起集装。注意背包或挎包的袋口应该封上,如袋口有绳子,将绳子拉紧,打上蝴蝶结或反手结,既便于解开,又可避免快件掉出、淋湿或被盗。

(2)体积小但无法装进背包或挎包的快件

按照派送顺序整理,将派送到同一地址或相近地址的快件,叠放在一起,使用布带等将其捆绑在一起,便于上门派送时携带。

如业务员有较大的集装袋,可将快件排序后整齐地摆放在集装袋内,整理摆放快件时必须按照"先派后装、重不压轻"的原则,体积和重量相近的快件集装在同一袋内。体积很大或重量很大的快件须单独捆扎,避免压坏袋中其他快件。使用集装袋装载快件省去捆绑的麻烦,也便于快件的携带。

如业务员的交通工具为摩托车,也可将快件放置在摩托车尾箱中。但必须注意,在人离开车时要将尾箱锁好。

(3)体积大或重量较重的快件

这类快件无法集装,需要使用绑带直接将快件捆扎到交通工具。

捆扎注意事项:

①捆扎前,检查快件的重心是否偏移,如重心偏移,必须重新摆放快件再进行捆扎。捆扎时,也应注意对快件进行轻重搭配,保持运载工具平衡,避免重心偏移。

②注意捆扎力度,须确保快件捆扎牢固,同时,力度也不要太大,避免勒坏快件包装。

③雨雪雾天气,捆扎快件时,注意在快件上加盖防雨用具,如雨布、雨衣、塑料薄膜等。

④如为不规则快件,注意捆扎方式,如快件较长,注意与车辆长度平行捆扎,不能横着捆扎,阻碍路人或车辆行走。

⑤对于特别大、特别重的,超出业务员运载能力的快件,应由专门的派送车辆和人员负责。

⑥表面有突出钉、钩、刺的快件,需要单独携带,不得与其他快件捆扎。

6.货物签收

货物签收要求:

①货物签收前一定要仔细看工作单上"重要提示"的操作要求。有特殊操作要求的严格按操作要求操作。

②提示客户检查货物外包装,若外包装无明显破损,请客户签收货物;同时,将签收联撕下装好带走。

③签收

A.本人签收:核实客户身份或提供有效身份证件,居民身份证、户口簿、护照、驾驶证等是客户领取快件的有效证件。

B.非本人签收:必须让代签人出示有效身份证件、签上代签人身份证号并在现场与收货人联系,收货人确认代收人后方可将货物交给代收人。公章签收时,派送人必须让收件人出示公章并盖到签收联处放可交货。

④客户签收后,必须在 5min 内通过手机短信或相关通信工具回传签收信息,如工作单号、签收人姓名。

签收注意事项:

①查看证件。签收人必须出示本人身份证件,非本人签收须电话联系客户确认,并由代签人出示身份证并签上代签人身份证号和姓名。

②清点件数。派送货物时必须查看货物是否齐全,项目客户批量派送时不得分票派送,零散业务等根据客户要求操作。

③贵重物品交接。贵重物品(手机、电子产品等)在出库派送时,必须单独与出库人员进行交接签字确认。

④到付代收。到付代收货物派送前一定要与派送单核对款项是否相同,有异常及时反馈调度。到达客户处后必须先收到付、代收款后再签字交货。

⑤检查外包装。派送货物时必须查看货物外包装是否完好,避免到达客户处货物出现异常情况。

7. 返单

营业厅、点必须在货物签收后当日录入返单信息返回本部签单科,若有特殊原因最迟于次日上午 12 点前到达签单科;客户原单(清单)在客户签收后,应与签收联装订一起并在原单右上角书写单号一并返回分公司签单科。

①检查单据。签单上的签收信息是否符合要求;返回的箱单必须要有签收人/签收时间(精确到分);箱单上的签收人是否与系统中一致。

②箱单分类。营业厅、点派送完货物以后,将签单整理好,要求将总公司与分公司自行保存的工作单分开放,并将两边的毛边剪掉。总公司的单子要将条形码上面的白边裁掉,单子上不能有钉,损坏的单子要用胶带粘好,用橡皮筋捆好后派送回本部。

原单返回要求:

①原单分类:总公司项目客户原单和分公司项目客户原单。

②检查单据:原单上的签收信息是否符合要求;返回的原单必须要有签收人、公章、签收时间(精确到分);原单返回时必须按要求在原单右上方正楷书写工作单号。

原单返回注意事项:

①接收出现异常必须反馈。本部签单管理员接收营业厅、点返回的签单时,如果发现有记录无单或有单无记录的情况必须当时反馈,否则,出现的问题由本部签单管理员承担;

②签单在派送方丢失,一切损失由派送方承担。

A. 如果派送方本部在信息系统中有签单接收记录,且没有任何异常情况,视为签单正常返回,如果出现签单联丢失,责任由派送方承担,具体责任人为本部签单管理员和操作部经理,没有操作部经理的由分公司总经理承担;

B. 在派送时如果没有客户原单,要及时在信息系统中做好异常记录,并及时和出港方或项目组负责人要原单进行补签,补完后及时返回。分公司在派送时,一定按照重要提示要求让客户签字或盖章。禁止不合格的原单返回给受理方。如果由于原单不合格或原单丢失影响分公司结账的由派送方负责。

三、快件派送作业异常问题处理

快件派送作业异常问题处理如表 1-5 所示。

派 件 异 常 处 理　　　　　　　　　　表 1-5

序号	异常类型	应 对 要 求
1	收件人推迟收货	如收货人推迟收货且日期在派送单位第一次入库后七日内的,派件人员记录再次派送时间,并将货物粘贴《异常记录卡》带回营业厅、点,调度或操作专员根据再派时间安排派送
2	派件途中遗失	派件人员在派送途中将货物遗失,必须立即报警,并上报本厅、点负责人,时间允许的情况下到可能遗失的地方进行寻找,营业厅、点负责人立即报本单位安保、客服科备案并录入异常
3	派件地址不详	派件时发现地址不详,应立即与调度反馈,调度应立即与出港方受理联系取得详细地址后进行派送
4	收件人拒付款	如遇到收件人拒交货款,应与客户做好沟通解释工作,并向调度反馈异常情况,派件人员需把货物带回公司,等待调度进一步联系后再次进行派送
5	系统到付款金额与箱单不符	发现系统到付款金额与箱单不符时,派送方必须按照系统内显示金额收取,严禁按照箱单上显示金额收取

第二章　快件收派管理

"门到门"服务是快递服务的主要特点之一,快件收派网络正是为实现这一服务而精心设计、严密组织的一个区域快递服务系统。快件收派管理就是对收派网络中网点、收派线路以及收派人员、收派行为、收派时间等因素进行系统性的组织和标准化管理,保障每一个上门收件(派件)任务的准确、及时完成。

第一节　网点建设及管理

一、网点的定义及分类

网点是快递网络的最基础节点,主要负责地区(城市)内某一小区域的快件收派,一般分为三类:

1. 自营网点

自营网点是企业自行投资建设的网点,主要负责某一片区快件的取派、暂存、基础信息录入和收派人员的管理。

2. 代收网点

代收网点是在指定区域内以该企业名义受理快件业务的网点,一般是快递企业与酒店、宾馆、超市等组织合作的网点,代收点的业务范围包括:提供受理咨询、代收快件、代收运费、品牌推广和维护。

3. 代理网点

所谓代理网点,是指具备独立法人资格的快递公司或具备快件取、派能力的个人,以契约的形式取得大型快递企业某一片区的代理资格,负责该片区的快件收派工作所设立的网点。

二、网点建立条件

1. 区域范围

要求网点的辐射区域达到一定标准,如辐射半径在 3km 以上、5km 以内等。

2. 快件量要求

快件量要求是指每天可收派快件的业务量达到一定标准或有一定的市场潜力。

3. 成本要求

建点时要充分分析成本收益情况,对于收益不稳定的区域一般不予建点。

三、网点选址标准

1. 配套设施

各种配套设施要健全,如网络系统、电话线、消防配套、电力、水、冷暖气等方面能达到公司正常使用的需求。

2. 合法性

房东要有合法的房产证，企事业单位要有出租房屋的证明。

3. 治安状况

治安条件要好，以保证快件暂存的安全性和快件经营不受打扰。

4. 交通便利

在选址前要对该区的交通情况进行全面了解，如出入主干道应比较方便，以免在运输中时常发生交通堵塞，不利于快件的正常流转。另外需考虑交通管制因素，例如单行道较多的地方不宜考虑。

5. 地理位置

网点选址是否恰当直接影响作业能力，因此最好选择在业务量高的密度区附近。例如，可根据业务量密度确定网点的位置，业务量密度就是单位面积的取派票数（图2-1）。也可根据现有操作量及潜在市场确定，满足货量集中和最快原则。服务区域的中心地带，尽量考虑各收派人员回网点距离，这样就可以满足大部分快件的收派时效，也可为快递企业节约收派成本。同时，还要考虑网点到达下一中转环节的路况和车流，以行驶时间最短为宜。

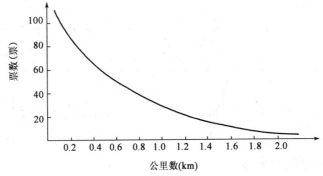

图2-1　距离的远近与票数的关系

[例1]　一个高密度区的情况：按业务量和市场潜在情况对整个区域进行整体分析，确定高、中、低密度区域。根据高密度货量与中密度货量的比例设定高、中密度区的中心位置（即1位置，应靠近高密度区），再根据高、中密度区的平均货量与低密度区的货量比例确定该区域的中心位置（即2位置，应靠近高密度区），网点位置应选在虚线圈内，最佳位置应为2位置，如图2-2所示。

[例2]　二个高密度区的情况：按业务量和市场潜在的情况整体分析，如果同时存在两个高密度区，网点的位置应设立在以两个高密度区域中心为圆心，位置不超过至两个高密度区域相切的位置上，最好的位置是圆心，如图2-3所示。

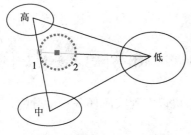

图2-2　业务量与网点选址关系图

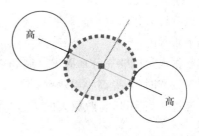

图2-3　两个高密度区的选址方法图

6.场地要求

场地要求包括是否有足够的操作空间、是否有适合标准化操作的场地、停车位情况等。

四、网点的基本配置

网点的基本配置包括人员、场地、设备的配置。

1.网点人员、场地的配置

人员、场地的配置可根据快件量的数量来确定,一般都有一个标准配置。如某企业的标准配置表(表2-1)所示。

网 点 配 置　　　　　　　　表2-1

级别	业务量(票)	人员(人)	设备(套)	串货车(辆)	物流车(辆)	场地(m²)	备注
一	≥30	2	1	1/4	1/8	10	
二	60	3	1	1/3	1/6	15	
三	80	3	1	1/2	1/4	20	
四	100	4	2	1/2	1/4	20	
五	140	6	2	3/4	3/8	30	
六	180	7	2	1	1/2	35	
七	220	8	2	1.25	5/8	40	
八	260	9	3	1.5	3/4	45	

2.网点设备配置

网点设备配置包括:办公设备,如电脑、打印机、桌椅等;营运设备,如采集器、电子磅秤等。各类设备的数量根据业务需要和业务量制订。

五、收派人员区域分配及调度

1.区域分配需考虑的因素

(1)业务量

进行区域分配应综合考虑该区域的业务量情况、市场潜力以及个人收派能力,科学、合理地分配区域。既要保障收派工作量的饱和度,防止收派量过少,造成收派资源浪费,收派成本过高;也要避免超负荷分配,导致收派业务无法及时完成。

(2)响应时间

在划分区域时,区域的最大直径由快递企业规定的最迟响应决定。

最大的区域直径＝最迟的响应时间×运输工具的正常速度

2.人员定区管理

定区管理是指将某一区域的收派工作指定一名收派人员专门负责。通过定人定区,可以实现如下目标:

①收派人员能够充分掌握该区域的道路、建筑、交通、客户群体等信息,合理地设计收派线路及把控收派时间,提高收派效率。

②通过人员定区,将收派人的工号与区域编码绑定,可以实现收派任务自动分配,实时跟踪管理。

③能够深入了解该区域的市场情况及客户习惯,有利于开发市场和开展客户维护工作。

3.收派人员调度

收派人员调度是指在确定业务受理后,根据系统中受理前端提供的委托信息,分配任务,下达收派指令,同时协调安排适当人车资源。它是执行上门收派件的重要环节。调度通过与收派人员、客户服务人员以及操作员之间的沟通协调,确保信息完整及时的传达,监督取派件任务的及时完成。

(1)调度的职责

①及时准确地传达收派指令,合理分配收派件任务,安排人车资源执行收派操作。

②管理、指挥和协调收派人员执行收派任务的作业情况。

③密切跟踪收派人员,监控收派任务的完成情况,及时反馈收派任务的进度信息,对特殊情况进行及时的应急处理。

④配合基础信息维护人员,完成系统内收派人员信息、排班、区域划分及区域代码等基础信息的设置。

⑤与客户服务、操作等部门保持沟通、配合与协调。

(2)调度的方式

收派任务调度的方式主要有信息系统自动调度方式和人工调度方式。

①信息系统自动调度。快递业务受理后,信息系统将结合客户的委托地址,与已经设置好的收派区域编码,进行匹配关联,自动将收件指令发送到区域对应的收派人员的无线通信设备上或者自动生成派送任务表。

当信息系统无法自动将任务分配到收派人员时,会将任务分配至相应的片区管理调度部门,再由该片区的调度人员进行人工调度。

②人工调度。在没有采用信息系统自动分配的快递企业,或者是信息系统无法进行准确分配的情况下,一般采用人工调度方法。人工调度是指专职的调度人员根据接收到的收派任务信息,根据收派件的详细地址,确定具体的区域及收派人员,设计收派线路和收派方案,生成收派任务表,并将收派任务表、收派指令传达到相应的收派人员。

第二节 收派线路设计及优化

一、收派业务量分析

收派业务量是指对某一片区(或某一收派线路)在一个时间段内收寄和派送的快件总量,反映了该片区(或该收派线路)在某一时间段内的工作量总和、工作效率及经济效益。收派业务量分析是在对收派快件的票数、件数、重量、营业收入等指标统计的基础上进行的,通过分析,可为合理配置人员、车辆、优化收派线路、制订收派计划提供有效依据。

1.收派业务量的时间分布分析

在某一地区里,社会活动作息时间基本一致,生产工作习惯非常接近,使得收派业务量在一个周期内呈现有规律的波动起伏,往往在某一时间段内密集发生,而其他时间段则是零散分布。

(1)一天的分布规律

一般来说,每天有两个高峰期,一个在上午10点至12点,另一个在下午16点至18点,这两个高峰期的业务以取件为主。

(2)一周的分布规律

一般情况下,周一是派件的高峰期,因为很多在周六和周日两天休息日无法派送的快件都要求在周一派送。周二、周五则是取件的高峰期。

(3)一月的分布规律

一般情况下,月初和月末是业务高峰期,每月中旬业务量较少。而其他时间的业务量变化不大。

(4)一年的分布规律

每年业务高峰期都跟几个重要的节假日相关,如国庆节、春节前的一段时间都是业务高峰期,圣诞节前一段时间是国际件的高峰期。总的来说,年底是一年当中快件业务量最密集的时期,而夏季则是一年当中快件业务量较少的时期。

虽然不同地区、不同企业的实际情况可能不一致,但快件业务量会随着社会经济活动的变化而变动,总体上会呈现一定的规律性,而且快件业务量在时间分布上具有明显的不均匀性、波动性、周期性的特点。因此,快递企业应对本企业快件业务量的时间分布情况进行总结和归纳,并根据时间分布规律对收派业务进行优化,科学地配置收派资源,合理安排、调度收派人员及车辆,既要保障业务高峰期收派工作质量,也要避免收派资源在业务量低谷期的闲置、浪费。

2. 收派业务量的空间分布分析

收派业务量的大小在空间分布上与城市的规划布局、社会经济活动密切相关。在商业发达的地区或工业区,往往收派业务量大、密度高、发生频率高;在住宅区,往往收派业务量小、分布零散、发生频率低;在同一经济区域里,收派需求时间比较接近。因此,收派管理人员必须根据业务量的空间分布特征,进行区域划分和标注,对不同的区域采用不同的收派方式。

如对于业务量密集的地方,应采用多人多车、小批量、多批次的方式,要求在最快的时间反应,最短的线路收派,以便在同一时间段内进行多个收派任务,保障在尽量短的时间段内完成多个任务。对于业务量分布零散的区域,一般采用机动性较强的运输工具,根据收派业务的时间要求及地点分布情况,合理设计收派线路,以达到在一条线路上,一台车可以完成多个任务的目的,从而在保障及时收派基础上,对收派成本进行合理控制。

二、收派线路设计

收派线路是指各作业点(或作业中心)向各个客户收派快件时所要经过的路线。收派路线的设计是否科学、合理,对响应速度、送达时间、收派成本和收派效益有直接影响。

收派线路设计的方法有很多,比如:直观法、横扫法、克拉克-怀特省时法(the Clark-Wright savings method)、最短距离启发式算法(Nearest Neighbor Heuristic,NNH)、代克思托演算法(Dijkstra's algorithm)等。

整体来讲,线路设计方法相对较为专业,需要一定的高等数学、数理统计和线性代数等知识。这里只介绍一种简单、实用且在实际应用中比较常用的方法——直观法。

直观法是通过经验及直接观察确定的行车路线。例如对于空间层次分明的网点,可采用直观推理法来解决:

第一,尽量采取水滴形线路运行模式,避免线路的交叉。车辆行驶路线应尽量形成水滴形运行模式,避免线路的交叉。如图2-4,a)出现运行线路交叉,b)优于a)。

第二,班车运行时应使网点间的路线最小化,如图2-5中b)优于a)。

 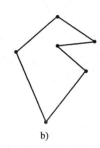 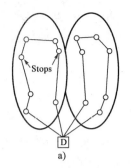 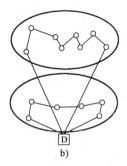

图 2-4 水滴形线路图　　　　　图 2-5 网点班车线路图

三、收派系统优化管理

收派业务优化是根据收派需求的时空分布，对收派线路进行优化设计，对收派人员、车辆合理配置和调度，实现"快速响应，准时送达"的目的。

1. 收派线路分析

一条收派线路的设计科学与否，主要表现在两方面：一是收派的准点率，二是收派的效益。对收派线路的分析主要是围绕这两方面进行的，具体如下。

(1) 收派准点率分析

收派准点率指实际准点完成的任务数与对该收派线路分配的收派任务总数的比例。收派准点率不得低于设计该线路时制订的准点率标准，而且越高越好。若低于准点率标准，就必须对该线路不能准点收派快件的原因进行调查分析，并对该线路进行优化。

(2) 业务量情况分析

业务量是指该线路在一定时间内完成的收派快件量。在准点率有保障的前提下，业务量越多越好，但超过一定限度，可能会出现超负荷运行，导致准点率下降。如业务量经常低于最低标准，则说明该线路的覆盖范围不合理，因此必须对该线路进行优化。

(3) 收派效益分析

收派效益是指该线路一定时间段内完成的收派任务所花费用与总收入之间的比例。费用占总收入的比例越低越好，费用低则说明效益好；如果费用过高，则说明该线路存在问题，需进行优化。

对收派线路进行分析时应综合考虑以上几点，同时也要考虑业务的发展需要以及收派网络的覆盖范围，尽可能客观地反映收派线路的效益，针对存在的问题深入研究，制订有效的解决方法，不断对线路进行优化。

2. 收派线路优化原则

进行收派线路优化时需遵守的原则有：

(1) 时效第一原则

时效是快递服务的生命，优化收派线路时一定要把时效放在第一位。

(2) 路线最短原则

只有最短的线路，才能实现合理的时效和成本。

(3) 最佳成本原则

在保障时效的前提下，应尽量的降低成本，寻找最低成本路线。

(4) 一线多点原则

一线多点原则是指一条收派线路尽可能完成多个收派任务,尽可能将收派任务添加到已有的线路中去,尽可能将收件任务添加到派送线路中去。

(5)交通工具最合理原则

优化收派线路时应充分考虑时效、距离以及业务量,合理地选用交通工具。

3. 收派线路优化的方法

收派线路优化时需综合考虑车流量、道路状况、客户分布状况、运输工具额定载质量以及运行限制等因素,找出一条最佳的收派线路,以达到节省运行距离、运行时间和运行费用的目的。收派线路优化的方法有:

(1)一对一收派的最短路线方法

一对一收派的最短路线问题是指在由一个起讫点到一个客户的收派模式中,要求选择最短的收派路线,实现高效率的收派,达到快速、经济派送的经营目的。

Dijkstra 在 1959 年提出了按路径长度的递增次序,逐步产生最短路径的 Dijkstra 算法。该算法可以用于求解任意指定两点之间的最短路径,也可以用于求解指定点到其余所有节点之间的最短路径。

该算法的基本思路是:一个连通网络 $G=(V,E)$ 中,$V=(v_1,v_2,\cdots,v_n)$,$E=(e_1,e_2,\cdots,e_n)$,求解从节点 v_0 到 v_n 的最短路径时,首先求出从 v_0 出发的一条最短路径,再参照它求出一条次短的路径,以此类推,直到从顶点 v_0 到顶点 v_n 的最短路径求出为止,即定点 v_n 被加入到路径中。而求解从 v_0 到其他所有节点的最短路径,则同样先求得从 v_0 出发的一条最短路径,再参照它求出一条次短的路径,以此类推,直到从顶点 v_0 出发的所有最短路径求出为止。

(2)一对多收派的路线优化方法

一对多收派是指由分拨中心派送多个客户地点的收派任务。这种收派模式要求,同一条线路上所有客户的快件量总和不大于一辆车的额定载质量。其基本思路是:由一辆货车装载所有客户的快件,沿一条优选的线路,逐一将快件送达各个客户,既保证按时收派又可节约里程,节省运输费用。解决这种模式的优化设计问题可以采用"节约里程"法。

①节约里程法的基本思想。如图 2-6 所示,假设 P 为分拨中心,A 和 B 为客户地址,各点相互的道路距离分别用 a,b,c 表示。比较两种运输路线方案:一是派两辆车分别为客户往 A、B 点送货,总的运输里程为 $2(a+b)$;一是将 A、B 两地的货物装在同一辆车上,采用巡回收派方式,总的运输里程为:$a+b+c$。若不考虑

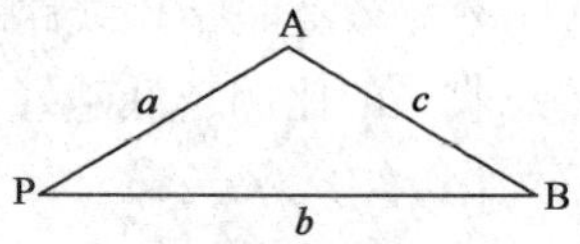

图 2-6 节约里程法的基本思想示意图

道路特殊情况等因素的影响,第二种方式与第一种方式之差为 $2(a+b)-(a+b+c)$,按照三角原理,可以看出,第二种方式比第一种要节约 $a+b-c$ 的里程数,节约法就是按照以上原理对收派网络的运输路线优化计算的。

②节约里程法需考虑的因素和注意事项:

A. 适用于客户没有特殊保障需求的情况;

B. 各收派路线的负荷要尽量均衡;

C. 要充分考虑道路运输状况;

D. 要预测收派需求的变化以及发展趋势;

E. 考虑交通的状况;

F. 可利用计算机软件求解优化。

第三节 收派标准化管理

一、收派标准化管理的内容

收派标准化是指在收派过程中，对收派工作的实施主体（收派人员的形象及行为标准）、收派工作的对象（快件以及收派中的各个环节）实施各类标准管理，达到各环节的协调统一、高效衔接，实现收派全过程的跟踪监控以及进行有效管理和量化考核，取得最佳的收派效果、经济效益及社会效益。

1. 快件标准

一票快件从收寄到派送到客户手里，一般要通过多次转运操作甚至还需航空运输、报关报检等多个环节的处理，为保证快件货物能安全、顺利地通过这些环节，及时送达客户，快递企业制订了一系列的快件标准，包括：快件的品质标准、重量标准、包装尺寸标准、随附单证要求、运单填写规范等。快件标准的制订主要依据以下几个方面：

（1）国家法律法规禁止快递营运的货物（物品）

国家法律法规禁止快递营运的货物（物品）有毒品、枪支、淫秽物品等（详见第一章禁寄物品表）。保障快递服务的合法性是每一家快递企业的最基本准则，制订详细的快件收寄标准，保证合法、安全营运是快件收派管理的最重要也是基本标准。

（2）快件进出口国的通关要求

各国海关都对快件的进出口有着严格、详细的规定，为保证快件的正常通关，避免因不能通关导致的客户投诉以及经济损失，就必须依据进出口国的海关规定制订详细的国际快件收寄标准并在收寄环节严格地执行。国际快件收寄标准包括有国际快件禁寄物品、特殊货物通关操作标准、关税标准、报关单证标准等。国际快件收寄标准不仅仅保障了国际快件通关合法性，也是快速通关，保证国际快件时效性的重要保障。

（3）航空运输要求

国内快件、国际快件最主要的干线运输方式就是航空运输，因此，航空运输对货物的要求也就是国内快件、国际快件的基本揽收标准，如货物品质属性规定：液体、粉末状物品、磁铁等不能收寄；尺寸要求：三边长的标准规定、周长的规定等；重量要求：最小重要规定，单件（单板）货物的最大重要规定等，这些都是保障航空运输的安全性以及航空集装器的装载要求而制订，是快件能顺利通过飞机快速运达目的地的保障。

（4）快件运输（处理）安全要求

快件运输（处理）安全要求为保障快件经过多次转运、处理还能安全送达客户，根据运输、处理的情况制订的，包括有快件包装标准、易碎品操作标准、贵重物品操作标准等。

快件包装标准是为保护快件的外包装制订相关的要求，以保障能有效地保护快件经过多次转运和处理而能完成无损的送达客户，如制订了哪些快件需采用木制包装，重要文件资料必须用防水文件袋等。

易碎品操作标准包括了各类易碎品的包装要求、拒收的标准、操作时粘贴易碎品标签、操作易碎品的动作要求等，以有效保护易碎品在运输和处理过程中不被损坏。

贵重物品操作标准是为防止贵重快件丢失、被偷以及损坏而制订的一套完整的贵重物品操作规范，包括贵重物品的专用包装要求、贵重物品数量清点和查验要求、贵重物品交接要求、贵重物品标签使用要求等。

(5)准确、快速运送快件的保障要求

为保证快件能准确的进行分拣、转运、派送,提高快递各环节操作速度,要求快件在收寄环节就能达到快速转运的要求。其包括运单的填写规范、快件信息录入规范、各类快件标签标识的使用规范等。

快件运单是快递过程中的主要操作依据,快件运单数据的准确、规范、清晰与否直接影响了快件操作的准确性和时效性,因此制订了完善的快件运单填写规范,包括字迹清楚、按规定位置填写、按标准格式填写等。

快件标准的制订保证了快件的安全性、准确性、时效性,是快递各个环节的重要作业标准,而在收寄环节更为重要。

2.收派各环节标准

快件收派网络需要在短时间内完成大量的快件收(派)任务,对时间的要求非常严格,为保证在时间紧的情况下能准确、及时地完成任务,快递企业针对收派各环节制订了不同的操作及管理标准,如收派响应时间标准、收派操作规范、收派各环节用时标准、异常处理标准。

收派响应时间标准规定收派人员收到取件任务后必须30min(或1h)内到达客户处。这既是快递企业的服务承诺,也是对完成每个收寄任务的最长时间要求,也是收寄管理的主要质量目标。

收派操作规范,制订了收件的标准操作流程,开箱查验、快件封装的操作标准等。这些标准的实行,保证在收派过程中收派人员能在最短时间内完成快件的收取(派送),而且能有效保护快件的安全。

快递企业对收派的每一个操作环节都制订了严格的时间标准,要求收派人员在规定时间完成各环节的操作,如某企业制订的收派关键环节标准用时表(表2-2)。

收派环节作业时间标准　　　　表2-2

作业环节	项目	执行人	关键点	标准
取件环节	取货	小件员、递送员、速递员	收到取件信息后,与客户确认取件信息	<5min
			上门取件	<1h
			现场指导客户填单	<2min
			检查货物包装及验视内件	<2min
			现场秤重及结算、收款	<2min
			取货完成后的反馈	<1min
			取货异常反馈	<5min

这些标准是快件收派时效性的重要保障,具体应用参考本书的计时管理部分。

异常处理标准制订了在快件收派过程中发生的各类异常情况的标准处理方法、反馈方法以及异常分类管理方法等,详见本书的异常管理部分。

二、收派标准化管理应用范例

"快速"是快递服务的生命,因此为保证快件的快速转运、派送,快递企业制订了严格的时间标准以及时间管理措施,计时管理就是这一标准化管理的应用典范。

计时管理是作业时间标准化管理的一种方法,是根据作业各环节可行性设计时间标准,然后通过一定方法,对设计时间标准中的每个环节的作业时间加以控制,要求参与作业的每一个人都熟记时间标准,严格按标准时间作业。还可通过倒计时装置,使作业者随时掌握各环节作业剩余时间,合理安排,保证作业时间符合设计标准。

1. 计时管理在快递服务过程中的应用

快递服务过程中的作业处理方式可分为串行处理和并行处理两大类。

(1) 串行处理

串行处理是指快递服务过程中必须按顺序进行作业,如接收客户发件信息、纳入取件调度信息、上门收件、填制运单并收取资费、单证录入等操作就是串行处理的过程。串行处理的主要特征是作业顺序不能错乱。

(2) 并行处理

并行处理是指能够同时安排进行的操作,如发送到货预报与送往机场同时进行,目的站分拣、派送和信息反馈同时进行。

(3) 设计时效多样化快递服务

在成本允许的范围内,快递时效多样化就显得尤其重要。快递时效种类越多,客户选择的空间就越大,企业的核心竞争力也就越强。如有的客户需要时效较好的快递服务,则付较高快递资费;有的客户需要时效一般的快递服务,则付一般快递资费。快递企业应充分尊重客户需求,遵循"你无我有,你有我精"的原则不断把快递服务做好做精。

2. 不同时效快递服务应用计时管理方法举例

以 12h 快递服务时效作业时间标准为例,说明如何应用计时管理方法保证快递服务时效。计时管理在其他快递服务中的应用也可以此为参考。

如果结算和建立总包作业时间最长为 2h,则结算和建立总包作业现场划定两个区域,区域上方各设置一个 LED 倒计时器,计时器设置好 2h,两个显示器显示时间相差 1h,如一个区域上方显示器显示为 02:00:00,另一个区域上方显示器显示为 01:00:00,1h 以后,两个倒计时器分别显示为 01:00:00 和 00:00:00(显示器显示 00:00:00 后再从 02:00:00 开始倒计时)。待结算和建立总包的快件必须放到显示 02:00:00 至 01:00:00 的计时器所在区域,在区域上方计时器显示 00:00:00 之前必须完成结算和建立总包工作。显示 00:00:00 以后又回到 02:00:00,开始下一个计时循环。开拆总包、核对、分拣现场与此类同,派送与信息反馈由收派员随身携带倒计时器,在计时器到达 00:00:00 前完成全部派送和信息反馈工作。快件外包装上可粘贴时效产品彩色标签(从标签颜色能清楚识别时效产品类型、计时开始时间)。总之,使用倒计时器管理快件作业时间,可以不断挖掘潜力,提高快递服务时效,保证各种时效的快递服务都符合设计标准。

第四节 收派异常管理

一、收派异常分类管理

收派异常的分类管理是指将常见的异常情况进行归类,制订相应的异常代码以及异常处理方法、处理流程,实现信息化和标准化管理。

1. 异常情况归类

异常情况归类是指将异常情况根据异常管理的需要,按照不同的标准进行分类。

①按收派结果分类:如收件晚点、派送晚点、快件丢失、延迟派送等。

②按异常原因分类:如地址错误、收方客户要求改派其他地址、天气恶劣、发生交通事故等。

③按异常责任分类:如发件客户责任、取件环节责任、运输环节责任、操作环节责任、派送环节责任、收件方责任等。

④按异常造成影响或经济损失分类:如投诉、一般事故、重大事故、特大事故等。

2. 异常代码设置

异常代码是指按异常情况类型编制相应的数字代码,主要是根据收派结果分类和异常原因分类进行编制。异常代码的编制方法有两种,一种是将异常原因和收派结果相结合,编制成一套编码;一种是将异常原因和收派结果分开编制,形成一套两级编码。

①异常原因和收派结果结合编制的方式:如某公司的异常代码表(表2-3)。

异常原因和收派结果结合编制的异常代码　　　　　表2-3

收派共用原因代码		收件原因代码		派件原因代码	
代码	异常类型	代码	异常类型	代码	异常类型
0	其他原因	22	客户现场无人,无法联系	44	收方地址已搬迁
1	客户地址错误	23	同行件	45	收方客户公司周末休息或放假
2	地址不详且电话为传真或无人接听	24	客户改寄其他公司	46	收件客户已经离职
3	地址不详且电话与地址不符	25	进出收件公司手续繁琐	47	收方客户要求改派其他地址
4	客户地址处无此联系人	26	已与客户预约收件	48	收方客户要求转寄外区
5	门卫不让进入客户处	27	客户改其他地址收件	49	客户要求暂不用派送
6	客户已下班	28	客户未准备好快件	50	快件需退回原寄地
7	客户已离开/外出	29	车辆及所载快件无人看管,客户不愿意下楼取件	51	快件的件数未全部到齐,无法派送
8	客户要求改为次日	30	下错单	52	从中转场至分部或点时分拨错误
9	快件已破碎	31	需公司派车协助	53	在分部或点时分拨错误
10	超范围,收件客户不愿意自取	32	客户无法提供详细收方地址	54	派件员派件时拿错件
11	天气恶劣(如下大雪)	33	收件方为敏感部门或邮政信箱	56	派件员派件时漏拿件
12	因交通意外堵车无法到达客户处	34	客户无法提供良好包装	57	货物不是客户所要的,与另一份快件贴错单
13	修路	35	托寄物为禁寄品	58	自取件,已通知客户,但未来领取
14	因收派员发生交通意外,无法正常派送	36	邮政查件	59	收方地址偏远,需加工作日
15	交通工具故障,无法正常收/派	37	已转为其他同事收取	60	在正常派送时间内派送,客户不在
…	……	…	……	…	……

②异常原因和收派结果分开编制的方式：如某公司的异常代码表（表 2-4）。

异常原因和收派结果分开编制的异常代码　　　　表 2-4

代码	异常结果类型	代码	异常原因类型
00	正常派送	00	
01	快件丢失	01	运输途中丢失
		02	派送过程丢失
		03	…
02	派送晚点	11	恶劣天气
		12	交通拥堵
		13	交通事故的隐患
		…	…
…	…	…	…
05	无法派送	31	客户拒收
		32	地址错误
		33	收件人无法联系
		…	…
06	延迟派送	41	推迟收件
		42	等通知派件
		43	改地址派送
		…	…
…	…	…	…

3. 异常分类管理的意义

①将异常情况数字化，可以实现收派人员通过无线通信设备快速反馈收派情况，并通过信息系统自动发布，提高收派效率，实现快件收派情况的实时跟踪和监控以及异常情况的及时处理。

②通过异常分类，可制订对应的异常处理方法和处理流程，实现异常处理的规范化、标准化管理。

③对异常情况进行分类统计及分析，可以及时发现收派环节存在的问题，为收派质量改进、收派工作管理提供有力支持。

二、收派异常处理要求

收派异常是影响快递服务质量最关键的因素之一，因此，快递企业必须高度重视、正确面对、及时处理，以免造成较大损失及恶劣影响。同时也要对发生异常情况的原因进行分析，制订有效的改进方法，降低异常发生的次数。收派异常的处理应遵循以下要求。

1. 及时性

及时性是收派异常处理最重要的原则。它包括及时反馈、及时响应、及时处理。只有及时的处理，才能将损失降到最小。

2. 持续性

收派异常的处理过程必须持续跟进，争取以最快速度处理完毕，避免不良影响的扩大，造成更为严重的后果。

3. 最小损失

收派异常的发生虽无法避免,但是必须争取将异常所造成的影响和损失降到最低程度。因此,在处理异常情况时,需积极与客户沟通协调,态度诚恳,勇于认错,争取客户的谅解,实现以最小代价赢得客户满意的处理结果。

4. 明确性

明确性包括异常原因明确、异常责任明确、处理结果明确。异常原因明确是指必须查明造成异常的最主要原因。异常责任明确是指对造成异常的责任环节、责任人必须明确。原因明确、责任明确为后续的异常处理提供依据,为收派工作的考核、管理、收派质量的提升提供重要信息。处理结果明确包含两方面:一是内部对各类异常的处理结果有明确规定及标准,二是对客户必须有一个明确的处理结果答复并实施。

三、收派异常统计及分析

收派异常统计及分析是收派管理中一项非常重要的工作,通过统计与分析,可以反映出收派的质量情况及收派过程中存在的问题,为服务质量的提高以及收派管理提供基础数据。

收派异常统计及分析的内容:

1. 制作异常汇总表

异常汇总表是指将某一周期内(如一周或一个月)发生的异常事件登记、汇总成一个总表。该汇总表应包含的数据有:异常快件的基本信息(运单号、件数、重量等)、异常发生时间、异常类型、异常原因、异常结果、处理进度信息、处理结果、异常责任等。

异常汇总表可以反映出该周期发生异常的快件总量,提供详细的异常记录和异常处理过程,是异常管理工作的一个重要工具。

异常汇总表的制作方法:

(1)信息系统自动生成

快递企业的信息系统一般都有按时间段自动生成异常报表的功能。不能自动生成报表的信息系统,也可以将信息记录标记为异常,按照进行的时间段导出到电子表。

(2)人工制作方法

先按需统计的数据类型设计一个异常登记表,在日常处理异常时及时登记,然后再将数据录入到电子表格。

2. 异常分类统计

异常分类统计是将异常汇总表的数据,按照不同的分类方法,分别进行分类汇总,并制作分类统计表。分类汇总,可以反映各种异常类型,各个环节出现异常的次数、频率,为异常分析及分类管理提供重要信息。

3. 排序

在分类统计表中,按照不同类型的异常发生次数、各个环节发生异常的次数、异常损失的大小等进行排序,可以直观地反映发生异常次数最多的类型、环节,以及造成损失最大的异常类型等。这些都是需要进行重点分析的数据。

4. 异常分析

(1)异常率计算

异常率是指在某一统计周期中异常快件总量与收派业务总量的比例。

$$异常率 = 异常快件总量 \div 收派业务总量 \times 100\% \qquad (2-1)$$

异常率直观反映了收派质量的情况,是收派质量考核的一个重要指标。该值越小,说明收派质量越好,反之,则说明收派质量差,需要大力改进。

(2)各种异常类型的发生率计算

各种异常类型的发生率是指在某一统计周期内某种异常类型与收派业务的总量的比例。主要有派送晚点率,快件破损率等。

$$派送晚点率 = 派送晚点票数 \div 收派业务总票数 \times 100\% \qquad (2-2)$$

$$快件破损率 = 快件破损票数 \div 收派业务总票数 \times 100\% \qquad (2-3)$$

通过各种异常类型的发生率的计算可以达到两个目的:一是反映各种异常类型对收派质量的影响,二是突出对重点环节的监控及管理。

(3)多个统计周期的异常情况对比

多个统计周期的异常情况对比是指将连续的多个周期的异常情况进行横向对比。一般采用图表比较的方式,可直观地反映出根据上一周期制订的异常控制改进措施的效果,本周期异常管理的效果以及发现本周期出现的新问题。

(4)重点类型分析

本周期内发生率较高的异常类型,较上一周期发生率大幅增加的异常类型以及造成重大影响的异常类型,这些都是要进行重点分析的内容。对于这些异常事件必须深入调查研究,分析主要原因,并制订改进方案。

5. 撰写异常报告

异常报告是将异常统计及分析的内容全面汇总,是收派质量管理方法改进以及流程优化的重要决策依据。异常报告的内容一般包含:异常情况的统计结果,重点监控类型的情况,与上一周期的对比情况,存在的主要问题分析、重大事故通报、建议及改进方案等。

第五节 收派质量分析

收派质量指标是进行收派工作管理、评价、考核以及决策的重要依据,它包括时效指标、快件质量指标和收派费用指标。对收派质量指标的统计与分析是收派质量管理工作的一项重要内容。

一、时效指标

1. 收件及时率

收件及时率指在一个周期内按规定时间或客户要求时间到达客户指定地址并完成快件收寄的票数与下达收件指令的总票数之比。收件及时率反映了调度工作的合理性、收派系统的反应速度以及收派人员个人的收派能力,是最重要的收派质量指标之一。

$$收件及时率 = 按时收寄的票数 \div 下达收件指令的总票数 \times 100\% \qquad (2-4)$$

2. 派送及时率

派送及时率是指收派的片区或收派人员在接收到快件后,在规定的时间或客户要求的时间内完成派送的票数与接收到的快件总票数之比。派送及时率反映了该片区或收派人员的收派组织能力以及派送线路设计的合理性,也是反映收派工作质量的重要指标之一。

$$派送及时率 = 按时派送的票数 \div 接收到的快件总票数 \times 100\% \qquad (2-5)$$

3. 快件信息录入及时率

快件信息录入及时率，是指在规定时间内将已收寄的快件信息完整、准确地录入信息系统的票数与收寄总票数之间的比率。快件信息是快件营运重要的基础数据，信息及时、准确地录入对下一环节的操作、配载等工作都非常重要，是影响营运质量的重要因素。信息录入及时率是为加强信息管理而设计的。

$$信息录入及时率＝按时规范录入的票数÷快件总票数×100\% \qquad (2-6)$$

4. 异常及时反馈率

异常及时反馈率，是指在规定时间内将异常情况反映到相关责任人的票数与异常快件总票数的比率。如没有反映到正确的责任人及相关部门，也视为不及时反馈。异常反馈及时是妥善处理异常的前提，因此对异常及时反馈率的监控是非常必要的。

$$异常及时反馈率＝及时正确反馈的票数÷异常总票数×100\% \qquad (2-7)$$

5. 异常处理及时率

异常处理及时率是在规定时间内妥善处理完毕的异常快件票数与异常总票数之比。异常处理及时率是反映异常管理工作质量的重要指标。

$$异常处理及时率＝按时处理完毕的异常票数÷异常总票数×100\% \qquad (2-8)$$

在实际操作过程中，快递企业应根据统计指标数据与本企业历史同期或本行业竞争对手进行比较，找到差距、分析原因、不断改进。

二、快件质量指标

1. 快件品质合格率

快件品质合格率，是指收寄的快件中不含违禁品、危险品等不符合快件承运快件标准的物品的票数与收寄的总票数之比。快件品质合格率反映了业务受理人员和收派人员的责任心和业务熟悉度，是安全防控管理的重要考核指标之一。

$$快件品质合格率＝收寄合格的票数÷收寄总票数×100\% \qquad (2-9)$$

2. 运单填写规范率

运单填写规范率，是指运单填写规范、准确、完整的快件票数与收寄总票数的比例。运单填写是否规范关系到快件承运责任，是快件能否准确、快速地中转和派送的关键。运单填写规范率也反映了收派人员的业务熟练程度及责任心，是对收派人员考核的主要指标之一。

$$运单填写规范率＝规范填写运单的快件票数÷收寄总票数×100\% \qquad (2-10)$$

3. 快件外包装合格率

快件外包装合格率，是指收寄快件的外包装或收寄时对快件进行再包装后达到快件承运标准的快件票数与收寄总票数的比例。运用快件外包装合格率实施考核是有效防止快件破损的重要措施。

$$快件外包装合格率＝外包装合格的票数÷收寄总票数×100\% \qquad (2-11)$$

4. 快件破损率

快件破损率，是指收派过程中因某原因导致快件破损的件数与收派总件的比例。快件破损率是对收派环节安全操作的考核的重要指标。

$$快件破损率＝收派环节破损的快件件数÷收派总件数×100\% \qquad (2-12)$$

三、收派费用指标

1. 收派费用水平

收派费用水平,是指收派的总费用与收派的总收入的比例。收派费用水平是反映收派营运成本的重要指标。统计时会分别按收派系统总的费用水平、某区域的收派费用水平、某一线路的费用水平、某一收派人员的费用水平进行统计,反映出该区域、线路、个人的收派成本。

$$收派费用水平=收派总费用÷收派总收入×100\% \qquad (2-13)$$

2. 收派费用效益

收派费用效益,是指收派的总费用与收派的盈利额之比。

$$收派费用效益=收派盈利额÷收派总费用×100\% \qquad (2-14)$$

第三章 快件处理及集散管理

区域集散是指将各片区(地区)快件集中到分拨中心(转运中心),以及从分拨中心(转运中心)分散到各片区(地区)的业务过程。区域集散是实现收派网络与快递网络干线紧密衔接,以及区域内部快件相互往来和资源整合的重要环节,是决定快递网络运转效率的关键。

区域集散管理是以分拨中心(转运中心)为管理核心,通过建立规范化、标准化的快件处理体系,制订分拨批次,实现对区域内的运输资源、人力资源、收派网络等资源的协调和组织,保障区域内快件快速、准确、及时转运(派送)。区域集散管理中有两个很重要的方面:快件处理和分拨批次管理。

第一节 快件分拨管理

一、分拨批次概念

分拨是快件的集散方式,是指在固定地点和固定时间段内,将使用各种运输方式的快件集中到一起,按照目的地进行分类的过程。

为保障快件及时中转和派送,作业中心每天需完成多个不同时间要求、不同目的地的分拨作业任务。每一个不同时间要求、不同目的地的分拨作业任务在实际作业中称之为分拨批次。

分拨批次的制订是为保证与运输资源有效、快速、精确的衔接,根据作业资源的情况进行统筹分析,确定每个分拨作业任务的具体时间。

二、分拨中心作用及功能

分拨中心是快递网络中的重要节点,起着对本区域(地区)业务组织管理及与其他区域(地区)业务联结的重要作用。在分拨中心能实现多项快件作业,包括分拨、分拣、查验、集装等。根据其主要功能,分拨中心又分为转运中心、操作中心、分拣中心等。

1. 分拨中心作用

(1)区域(地区)内的组织管理

分拨中心的管理职能包括对下属区域协调、管理,指挥、组织各项快件作业,并对快件作业情况进行监控。

(2)衔接作用

分拨中心是实现区域与区域之间网络互相联通的节点,可实现不同运输和不同层次网络的衔接。不同运输工具的衔接,主要由小批量快件运输通过分拨中心集中为大批量快件运输;不同运输方式的衔接,主要由陆运运输通过分拨中心简单加工操作后转换为航空运输等。

(3)区域营运资源的开发和管理

营运资源包括有各类航空线路、航空公司、各类运输承运商、运输工具以及各类物流服务商等。分拨中心负责对这些资源进行开发、选择以及管理和考核等工作,实现对区域内营运资源的优化配置,以提高整体营运水平,降低营运成本。

(4)集中作业

分拨中心同时是一个对快件进行集中操作的场所,主要通过将下属区域的快件集中到分拨中心,实现集中式的、规模化的整体作业以及实现机械化、自动化作业,以提高作业的效率,降低作业成本。

(5)信息作用

分拨中心的信息管理包括区域内外各类快件信息的汇总、分类、处理、传输、交换;分拨中心通过信息处理、传输、交换,使各快递网络节点能联结成有机的整体,实现了统一的信息平台管理。

(6)结算作用

一些分拨中心还是快递网络的基本结算单位,承担着区域与总公司的结算工作以及区域内部的结算工作。

2. 分拨中心的基本功能

分拨中心要在快递网络发挥应有作用,本身需具备一些基本功能,包括:

(1)快件集散功能

快件集散功能即快件的基本运输功能,包括将快件从各分散的片区、网点运输到分拨中心,以及将分拨到该区域的快件及时运送到各片区、网点进行派送。

(2)分拨功能

分拨功能即将通过不同运输方式以及不同运输工具运输的快件在分拨中心集中后,根据发运目的地进行分类,并安排中转运输的过程。

(3)操作功能

操作功能包括对快件的再包装、加贴标签、标识、集装处理等快件理货工作。

(4)查验功能

查验功能即根据航空、快件运输标准,快件通关规定以及目的国海关的快件监管规章等,对快件的品质、规格进行检查的过程。查验功能是国际快件通关作业和航空运输前端作业的重要环节。

(5)分拣功能

分拣功能即对发运到本区域的快件按照片区、网点、派送线路、派送人员等进行分类。

(6)装卸搬运功能

分拨中心必须具备装卸、搬运功能。分拨中心应配备专业化的装载、卸载、运送、码放等装卸、搬运器械,以提高装卸、搬运作业效率,减少作业对快件造成的损毁。

(7)暂存功能

因快件是按批次或按客户需求派送或中转的,快件在分拨中心时往往需要等待作业、运输,这就需要分拨中心规划有一个暂存快件的场地。

三、分拨批次设定时需要考虑的因素

1. 干线运输到达时间

对于通过干线运输到达的快件,需要有相应的干线分拨批次,以及时集散。

2.时效性

即使某一时间段快件量较少,但考虑到时效,要求仍要设置相应的分拨批次,将此批快件及时分拨出去。

3.快件量

对于取件量较大的地区,为了把取到的快件及时集散,需要设定分拨批次;快件量越大,批次应越多,这样可以起到分流快件的作用。

4.分拨中心的处理能力

分拨中心在一定时间内的处理能力是有限的,当在该时间段内的到达快件量大于其处理能力时,需要考虑增设新的分拨批次。

四、分拨批次设计原则

1.及时集散

快件在运输过程中应避免在分拨中心滞留时间过长。网点和分拨中心在时间衔接上要合理紧凑,避免因衔接不上导致快件不能按照预先设定的时间流转而积压起来。

2.充分利用分拨资源

分拨中心在一定时间处理的快件量是一定的,同一时间过来的快件数量超过了分拨中心的处理能力则需要等待,而数量太少会导致分拨作业资源闲置,所以需要合理安排各地到达时间,以使中转环节处理快件量与分拨中心的处理能力保持平衡。

3.不同级别分拨批次相关性

分拨批次一般分为:干线分拨,即对应干线运输的分拨批次;支线分拨,即对应区域集散的分拨批次;同城分拨,即城市内收派片区的分拨批次。原则上,干线分拨批次的设定时间决定了支线分拨批次的设定时间,支线分拨批次的设定时间又决定了同城分拨批次的设定时间。在增设新的干线分拨批次时,要考虑到目前存在的同城分拨的情况,若现有的二级、同城分拨与干线分拨的衔接不够紧密,则需要考虑增加或者调整目前存在的二级、同城分拨。

五、分拨批次设计流程

在确定各方面条件都满足的前提下,需要进行分拨批次的具体设定工作,包括地点、网点的截件时间、分拨开始和结束时间、分拨快件类型以及快件派送时间等。

1.确定分拨地点

在分拨时间确定的情况下综合考虑各区情况,选择有利于快件集散的分拨地点。目前干线分拨中心一般在机场附近,以方便航空件的快速集散。

2.确定分拨的业务区域

即在分拨批次确定的情况下,综合考虑片区到分拨中心的距离、时效、货量等因素,确定分拨的业务片区。

3.确定分拨时间

根据集中业务量并综合考虑分拨批次的上下游环节的衔接,从而确定分拨开始和结束的时间。

4.确定分拨各区的截件时间和到达时间

根据分拨开始和结束时间,以及各网点到达分拨中心所需要的时间,来确定参加分拨各区的截件时间。

5. 确定分拨的快件类别

根据分拨设定的目的以及快件所要到达的地区,确定分拨的快件类别。

6. 确定下一个环节的时间或最终派送时间

对于干线分拨,要根据分拨之后的下一环节确定快件到达地区之后的分拨时间。对于支线、同城分拨,要确定快件到达地区之后的派送时间。设定分拨批次时要考虑终端派送环节,看其是否有能力将各级分拨的进港快件及时派送给客户。增加分拨批次,对于提高快件时效和业务增长有积极作用,因此在有一定快件量的条件下应当有预见性地增加和优化分拨批次。

六、班车的设置及优化

班车是为实现各网点的快件及时集散,定期在分拨中心与网点以及各网点之间往返运送快件的车辆。

1. 设置原则

(1) 时效原则

要求班车从运转中心到最后一个节点的时间在一定时间内。

(2) 批次对应原则

应严格对应每一分拨批次进行设计。

2. 运行模式

班车设置时应充分考虑道路交通情况、交通管制和快件量等多种因素,而交通管制是限制车辆类型和运行线路的最关键因素。因此,根据不同的交通管制情况将运行模式归纳为并联、串联、并串联三种模式。

(1) 并联模式

该模式适用于没有交通管制,中型货车直接可以在分拨中心和网点之间运行,进行快件的集散操作(图3-1)。

(2) 串联模式

在交通管制期间且各二级网点快件量较少情况下,中型货车在分拨中心和一级网点之间循环运输,微型货车在多个二级网点之间循环运送,两个运输循环在一级网点衔接串联为一体,达到快件的集散功能(图3-2)。

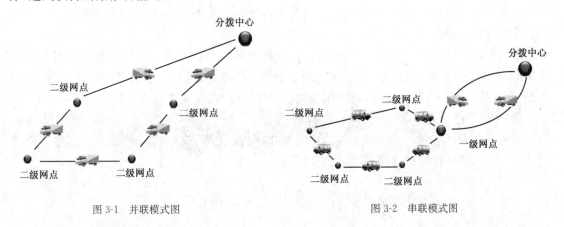

图3-1 并联模式图　　　　　　　　图3-2 串联模式图

(3)并串联模式

在交通管制期间且各网点的快件量较大时,可采用中型货车在分拨中心和一级网点之间循环运输。多台微型货车在一级与二级网点相互独立运行,形成多个运输循环在一级网点并联,并通过一级网点与分拨中心串联成一个整体,达到快件集散的功能(图3-3)。

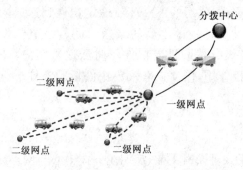

图3-3 并串联模式图

第二节 快件处理场地规划及布局

一、快件处理场地区域规划

快件处理场地区域划分是根据主要功能规划、作业流程、作业量等指标,来确定快件处理场地所需要的功能区域及其他各区域的面积。快件处理场地的作业区域包括快件作业区及外围辅助活动区。快件作业区包括装卸、入库、快件分拣、快件查验、快件集装、快件出库等,大都与快件操作具有相关性;外围辅助活动区包括办公室、计算机室等。

1. 快件处理场地的主要作业区域

(1)进站作业区

在进站作业区主要完成进站快件的卸货、交接、入库、分类等操作。其主要设施有:卸货平台、总包拆解区、分类操作区、暂存区等。

(2)快件查验区

在快件查验区主要完成快件的品质检查、单证检查、包装检查以及对快件的再包装、加贴标识等操作。对查验区要求较高的是以航空运输前端检查或国际快件报关操作为主要操作任务的作业中心,而以转陆运运输或分拨派送为主的作业中心,一般不单独设立查验区。

(3)快件分拣区

快件分拣区是作业中心的一个重要区域,对场地的要求也较高。采用自动分拣设备的作业中心,其主要设施有:自动分拣线、快件分类摆放区或货架;采用人工分拣的作业中心,其主要设施有:待分拣快件暂存区、分拣专用场地、快件分类摆放区或货架。

(4)出站作业区

在出站作业区主要完成出站快件的集装、加贴标签、出库、交接、装运等操作。其主要设施有:装货平台、集装操作区、待发快件暂存区等。

(5)异常处理区

异常处理区的主要功能是异常快件的分类存放及集中处理。

(6)库房

一般来说,快件作业中心的库房不以快件仓储为目的,其主要功能是对贵重物品的暂时存放、快递物料的存放。

(7)办公区

在办公区主要完成信息处理、组织调度、行政管理、信息查询等工作。其主要设施有:信息处理区、调度区、配载区、行政服务区、财务结算区、计算机室等。

2. 作业区域面积规划

各功能区域面积的确定与各区域的功能、作业方式、所配备的设施和设备以及作业量等有关。由于快递作业的流动性和时间规律性非常强,因此在计算作业量时必须考虑作业量的时间分布因素,充分预计在作业高峰期需同时处理的作业量。下面简单介绍两个主要作业区域面积的规划。

(1)快件装卸区

快件装卸区主要包括装卸平台和快件暂存区。装卸平台的长度由在作业高峰期需同时作业的车辆数和车辆的车厢宽度决定。简单的计算公式是:装卸平台长度=(车厢宽度+完全作业距离)×同时作业车辆数×安全系数。快件暂存区的面积由作业高峰期的作业量、快件的流转频率及暂存区的面积利用率所决定。快件暂存区面积=(作业高峰期的平均作业量÷面积利用系数)×流转率。面积的利用系数受快件的类型、快件的摆放工具(如托盘、笼车等)、快件的安全码放高度等因素的影响。流转率取决于下一环节的作业效率(如装车速度、分拣或查验速度),因此,要根据经验和具体条件来确定。

(2)快件分拣区

快件分拣区主要包括分拣作业区和分类摆放区。分拣作业区面积由分拣作业方式和作业量决定。采用自动分拣方式的作业区面积主要是由自动分拣设备的占地面积和安全作业距离决定;采用人工分拣方式的作业区面积则取决于作业高峰期需同时作业的作业量、作业人数以及分拣速度。快件分类摆放区面积取决于快件目的地区域的数量和各区的快件量及存放方式。

二、搬运装卸线路设计

快件处理离不开对快件的搬运装卸,搬运装卸贯穿了整个快件作业过程,其作业的质量直接影响快递服务的质量。因此,有必要对搬运装卸线路进行规划和设计。通过对搬运装卸线路的设计,实现搬运装卸线路最短、搬运装卸次数最少、搬运装卸劳动量最少,从而提高搬运装卸效率,降低搬运装卸成本。搬运装卸线路的简单设计方法如下。

1. 作业流程分析

作业中心的主要作业活动包括快件到站接收、入库、查验、分拣、集装、发运等。一些作业中心还具有仓储、返退货处理等作业,但主要的作业流程大致相同,只是一些操作环节的要求有差异。作业中心的大致流程如图3-4所示。

通过对该流程中快件的移动顺序和移动方向的分析,可以将快件作业流程简单归纳为:卸载→进站作业→暂存→快件操作→暂存→出站作业→暂存→装运。

2. 作业条件分析

搬运装卸过程中,每项移动都有其作业量,同时又存在一些影响物流量的因素,主要有以下几个方面。

(1)快件搬运装卸作业量

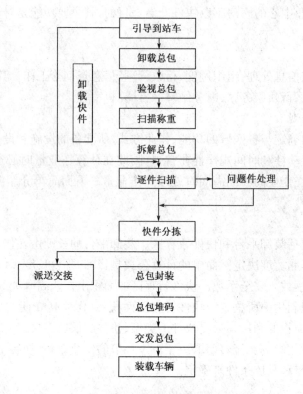

图 3-4 快件作业流程图

快件搬运装卸作业量是指在一定时间内在一条具体路线上移动(或被移动)的快件数量。

快件搬运作业量的计量单位一般是用"t/h"或"kg/h"表示。但有时作业量的这些典型计量单位并没有真正的可比性。例如，一些体积较大但重量小的快件(一般称为泡货)，如果只用重量来表示，不能真正说明它的可运性，而且无法与重量相同但质地密实的快件相比较。因此，很多快递企业还使用"m^3/h"来计量快件搬运作业量。

(2)快件搬运装卸数量条件

快件搬运装卸的数量条件包括：每次的搬运装卸量，即每次搬运装卸的件数、批量大小、少量多批还是大量少批；搬运装卸的频繁性(连续的、间歇的，还是不经常的)；每个时期的数量，如作业高峰期的数量以及数量的时间分布规律。

(3)安全约束条件

安全约束条件是指快递企业为保障快件在搬运装卸过程中安全、完好无损，所制订的一系列安全操作规定，如托盘的码放高度规定、不同类型快件不能混装的规定等。

(4)时间条件

时间条件是对搬运装卸快慢缓急程度的要求，如对不同操作批次的搬运装卸的时间要求、不同快件类型的搬运装卸时间要求等，以及搬运装卸活动与其他作业环节的协调一致要求。

3.搬运装卸线路确定

搬运装卸路线主要有如下两种类型。

(1)直接型路线

各种快件能各自从起点移动到终点的称为直接型路线。

(2)间接型路线

间接型路线是把几个搬运活动组合在一起,在相同的路线上用同样的设备,把快件从一个区域移到其他区域,包括渠道型和中心型两种方式。

在确定搬运装卸路线时,要根据各类操作的特点和操作量,选择快件搬运装卸线路。

对于直接型快件搬运装卸路线来说,各种快件从起点到终点经过的路线最短。当快件量大,距离短或距离中等时,一般采用这种形式是最经济的;尤其在所需搬运装卸的快件对时效要求较高的时候更为有利。其主要适用于进出站的作业区的搬运装卸。

所谓渠道型快件搬运装卸路线,就是快件在预定路线上移动,同来自不同起点的其他快件一起运到同一个终点。当快件量为中等或少量,而距离为中等或较长时,采用这种形式是最经济的;尤其当布置是不规则的分散时更为有利。其主要适用的区域有集散区、查验区。

中心型快件的搬运路线,是指各种快件从起点移动到一个中心分拣处或分发区,然后再运往终点。快件量小而距离中等或较远时,这种形式是非常经济的;尤其当作业区域外形基本上是方正的且管理水平较高时更为有利。其主要适用区域为分拣区。

在搬运装卸线路确定时可根据距离与快件量指示来选择路线形式,直接型用于距离短而快件量大的情况,间接型用于距离长而快件量小的情况。

三、区域布局

快件处理场地的区域布局就是根据快件的作业流程、区域之间的关系以及区域所需的面积,确定各区域的相对位置。作业中心区域布局的方法有两种,即流程性布局法和活动相关性布局法。流程性布局法将快件移动路线和各区域相关关系作为布局的主要依据,适用于快件作业区域的布局;活动相关性布局法是根据各区域的综合相关关系进行区域布局,一般用于整个快件处理场地或辅助性区域的布局。

1. 作业区域布局

作业区域布局主要包括以下几方面的内容:

①决定快件处理场地对外的联外道路形式。确定快件处理场地联外道路、进出口方位、装卸平台位置及作业区配置形式。

②决定作业区域空间范围、大小及长宽比例。

③决定作业中心区内从快件进站到出站的主要物流路线形式,决定其物流模式,如直线形、L形、U形等。

④按快件作业流程和搬运路线配置各区域位置。首先将面积较大且长宽不易变动的区域先置入建筑平面内,如分拣区、查验区及自动输送设备等,再按流程相关的强度大小安排其他区域的布置。

2. 办公区域布局

一般作业中心的办公区均采用集中式布置,并与快件作业区分隔,但也应进行合理的配置。中心办公区域的配置方法为:首先选择与各操作环节活动相关性最高的部门区域先行置入规划范围内,再根据活动相关强度大小,按与已置入区域关系的重要程度依次置入布置范围内。

3. 确定各种布局组合

根据以上方法,可以逐步完成各区域的概略配置,然后再将各区域的面积置入各区域相对位置,并作适当调整,减少区域重叠或空隙,即可得到面积相关配置图。最后经调整部分作业区域的面积或长宽比例后,得到作业区域配置图。

四、区域的标识及使用规范

1. 区域的标识

区域的标识是指用各种颜色线条在地面上画出各区域详细位置和范围,并用文字在地面上或标牌上注明该区域的名称。区域的标识包括:

①用有颜色的实线画出各区域形状,相临的两个区域尽量用不同颜色线条区分。

②用有颜色的虚线画出进出区域的标准位置,用带箭头的虚线表示快件的搬运方向。

③文字标识应该清晰、明确,如一个区域有多个作业功能时可同时用多个标识牌标识,并用标牌注明使用规范。

④对于某些区域无法固定其功能的,可以使用可移动标牌标识进行标识,但在使用该区域时必须将使用的功能或目的标识清楚,如分拣区的目的地区域。

2. 区域的使用规范

①进出区域的标准位置和线路,一般用线条和文字同时说明。

②快件进出区域的登记要求。对于某些区域的快件进出须进行登记、交接,如异常管理区、贵重物品存放区等。

③区域内快件的摆放规范,包括快件摆放的标准位置、形状等。

④对于有多个作业功能的区域,应清楚规定各作业功能在时间上的划分、区域临时划分。尽量避免同时作业的情况,如因特殊情况需同时进行作业,应采用临时画线的方式区分各自的区域。

第三节 快件分拣封发管理

一、快件处理现场的5S及可视化管理

1.5S管理

SEIRI(整理)、SEITON(整顿)、SEISO(清扫)、SEIKETSU(清洁)、SHITSUKE(修养)这5个词日语中罗马拼音的第一个字母都"S",所以简称为"5S"。

"整理"是指区分必需品和非必需品,现场不放置非必需品;"整顿"是指能在30秒内找到要找的东西,将寻找必需品的时间减少为零;"清扫"是指将岗位保持在无垃圾、无灰尘、干净整洁的状态,清扫的对象包括地板、天花板、墙壁、工具架、机器、工具、测量用具等;"清洁"是指将整理、整顿进行到底,并且制度化,管理公开化、透明化;"修养"是指对于已经规定的事,大家都要认真遵守执行。

5S活动不仅能改善生活环境,还可以提高作业效率。贯彻整理、整顿、清扫方针并予以制度化,不仅可以减少浪费,还可以提高工作效率,也是其他管理活动有效开展的基础。

通过"整理",可使作业现场无杂物,行道通畅,增大作业空间,提高工作效率,而且会减少碰撞,保障作业安全,提高作业质量;通过"整顿",可以提高工作效率,将寻找时间减少为零,可以马上发现异常情况(如丢失、损坏等);通过"清扫",可使取出的物品完好可用(将经过整理、整顿后的必需品恢复到立等可取的状态);通过"清洁",可起到维持和改善的作用;通过"修养",可形成良好的习惯。

5S的目标是通过消除组织的浪费现象,推行持续改善,使得企业管理维持在一个理想的

水平,通过整理、整顿、清扫、清洁、修养几方面各有侧重地综合推进,效果更佳。

2. 可视化管理

可视化管理是利用形象直观、色彩适宜的各种视觉感知和信息来组织现场作业,达到提高作业效率目的的一种管理方式。它是以视觉信号为基本手段,以公开化为基本原则,尽可能地显现管理者的要求和意图,借以推动自主管理、自我控制。可视化管理是一种以公开化和视觉显示为特征的管理方式,通过图表、看板、颜色、放置区域划分线等目视管理工具,使工作现场发生的问题、异常、浪费等情况一目了然,以便迅速采取对策,防止错误发生。

可视化管理在快件作业现场管理的应用有:

(1)规章制度与作业标准的公开化

为了维护统一的组织和严格的纪律,保持快件作业所要求的连续、快速、准确,提高快件作业效率,实现安全操作和文明操作,凡是与现场作业人员密切相关的规章制度、作业标准等,都需要公布于众;与作业人员直接相关的,应分别展示在岗位上,如岗位责任制、作业流程图、操作规范等,并应始终保持完整、正确和洁净。

(2)操作任务与完成情况的图表化

现场是协作劳动的场所,因此,凡是需要大家共同完成的任务都应公布于众。计划指标要定期层层分解,落实到具体的班组和个人,并列表张贴在墙上,实际完成情况也要使用进度表定期公布。

(3)与布置管理相结合,实现视觉显示信息的标准化

在布置管理中,为了消除快件的混放和误置,必须有完善而准确的信息显示,包括标志线、标志牌和标志色。信息显示符号应清晰、标准化。各种区域、通道和各种辅助工具(如工具箱、工位器具、生活柜等)均应运用标准颜色,不得任意涂抹。

(4)现场作业控制手段的形象直观化与使用的方便化

为了有效进行现场作业控制,使每个操作环节都严格按照作业标准进行,要采用与现场工作相适应的、简便实用的信息传导信号。"看板"就是一种能起到这种作用的信息传导手段。

可视化管理采用可以发出视觉信号的标识牌、图表等,形象直观、简单方便,容易认读和识别。在有条件的岗位,应充分利用视觉信号显示手段,可以迅速而准确地传递信息,无需管理人员现场指挥即可有效地组织生产。

(5)质量和成本控制实行目视管理

在各质量管理控制点,需要采用质量控制图,可以清楚地显示质量波动情况,以便及时发现异常并处理。作业要利用板报形式,将"异常统计日报"公布于众,由有关人员进行分析,确定改进措施,防止异常再度发生。

(6)快件的码放和运送的数量标准化

快件码放和运送实行标准化,可以充分发挥可视管理的长处。各类工位器具,包括箱、盒、盘、小车等,均应按规定的标准数量盛装。这样,操作、搬运和检验人员点数时既方便又准确。在现场管理中采用可视化管理方法,可以取得多方面的效果,如提高员工的问题意识和成本意识、提高管理者能力,使管理更加透明。

5S可以教育、启发员工并使其养成良好的工作习惯,它是创建和保持组织化,使工作场地整洁和工作高效的有效方法。可视化管理则可在瞬间识别正常和异常状态,也能快速、正确地传递迅息。5S和可视化管理是企业推行精益生产的基础,也是降低管理成本,提高管理效率,改善现场的最直接、最有效的方法。

二、快件交接管理

1. 到站快件信息接收

信息接收是指从信息系统中查询上一站点已发往本站而还未到达的快件详细信息或接收上一站点通过电子邮箱、传真发过来的快件发运预报。到件信息预报是计划、组织快件接收及交接工作的重要依据。通过对到件信息预报的分析,可以清楚了解快件到站时间、数量(总包数量、散件数量)、规格(是否有大件或超大件)、重量(总重量、单件的重量、是否有超重快件)、品质(是否有贵重物品、易碎物品,其他特殊快件)等情况,提前预知,从而合理调配人员,配备装卸工具,确定作业时间进度,制订作业计划,实现有组织、有计划、有准备的作业,提高作业效率。因此,作业人员必须及时接收到站快件信息、预报,并进行认真的分析,制订作业安排。

2. 快件验收

快件验收内容包括:检查到站车辆的封志是否完好,核对交接单据内容是否正确、完整,总包数量、散件数量是否与预报一致,快件有无破损情况,贵重物品的包装及封条是否完好等。验收环节是对作业与上一站点、操作环节与运输环节进行责任划分的主要环节,因此,在操作过程中要求操作人员必须认真仔细地检查、核对,验收过程中快件押运员或驾驶员必须在场确认。对于发现的异常情况应按规定详细记录、拍照留存、及时反馈。

3. 交接单据管理

交接单据是交接双方划分责任、确认交接结果的凭证,主要包括交接单和快件清单。快件验收完毕,双方应按规定办理交接手续。交接手续是指双方将验收结果在交接单和快件清单上签字(盖章)确认。交接单上应详细注明实际交接的票数、件数以及异常情况。交接完毕后,交接单据应装订整齐,按规定在指定位置存放,并定期整理存档。

4. 快件出入库管理

快件的出入库管理不同于仓储企业的出入库管理。对快件进行出入库操作的目的主要在于:

①通过出入库操作,在信息系统中标注快件当前的状况、位置,体现快件流与信息流一致、同步的管理思想。

②通过出入库操作,可以通过网络发布快件运行轨迹,实现快件实时查询、跟踪、监控。

③出入库记录是界定本环节与其他环节责任的重要依据。

三、快件搬运装卸管理

快件搬运装卸作业贯穿于快件作业的全过程,从快件到站接收、入库、查验、分拣、集装直至发运都伴随着装卸搬运作业的发生。其出现的频率大于任何一个作业环节,所耗费的时间和劳动力也比其他环节高出很多。因此,必须合理地对搬运装卸作业进行组织、管理,尽量避免不必要的装卸、提高搬运装卸效率、降低搬运装卸用时、减少因装卸而造成的快件破损等,实现安全、快速、节省的快件搬运装卸作业。

1. 搬运装卸合理化管理的原则

(1)减少装卸搬运环节,降低装卸搬运作业次数

虽然装卸搬运是快件作业过程中不可避免的作业,但是其本身有可能使快件玷污、破损,从而影响物品价值。若无必要,应将装卸搬运的次数控制在最小范围内。一般可通过合理安排作业流程、合理采用作业方式、合理布局作业场地,实现物品装卸搬运次数的最小化。

(2) 移动距离(时间)最小化原则

搬运距离的长短与搬运作业量大小和作业效率是联系在一起的。在装卸平台、作业区、暂存区的位置以及搬运装卸线路等规划上,应该充分考虑快件移动距离的长短,以快件移动距离最小化为设计原则。

(3) 提高装卸搬运的灵活性原则

在组织装卸搬运作业时,应该灵活运用各种装卸搬运工具和设备,前一环节作业要为后一环节作业着想。快件所处的状态会直接影响到装卸和搬运的效率。在整个快件作业过程中,快件要经过多次装卸和搬运,前一环节的卸载作业与后一环节的装载或搬运作业关系密切。如果卸下来的快件零散地码放在地上,在搬运时就要一个一个搬运或重新码放在托盘上,因此增加了装卸次数,降低了搬运效率。如果卸货时直接将快件堆码在托盘、塑料框等集装用具上,或者运输过程中是以托盘为一个包装单位,那么就可直接利用叉车进行装卸或搬运作业,实现装卸搬运作业的省力化和效率化。同样,在进出库作业中,利用传送带和货物装载机装卸货物可以达到省力化和效率化的目的。

(4) 单元化原则

单元化原则是指将快件集中成一个单位进行装卸搬运的原则。单元化是实现装卸合理化的重要手段。在快件作业中广泛使用托盘、塑料框、笼车等单元化集装用具。通过快件单元化手段不仅可以提高作业效率,而且还可以防止损坏和丢失,数量确认也变得相对容易。

(5) 机械化原则

机械化原则是指在装卸托运作业中用机械作业替代人工作业的原则。作业的机械化是实现活力化和效率化的重要途径,通过机械化可以改善快件作业环境,将人从繁重的体力劳动中解放出来。机械化原则同时也包含了将人与机械合理地组合到一起,发挥各自长处的含义。当然,机械化的程度除了技术因素外,还与资金投入、作业成本等经济因素有关。由于我国的快递企业普遍投资规模小、融资能力差,因此,许多快递企业基本上依靠人工或简单机械来完成搬运装卸作业。随着快递企业的壮大,营运规模的扩张,快递服务质量要求更高,快件作业机械化是快件作业的发展趋势。

(6) 标准化原则

标准化有利于节省装卸作业的时间,提高作业效率。在装卸搬运中,应对装卸搬运的工艺、作业、装备、设施及货物单元等制订统一标准,使装卸搬运标准化。

(7) 系统化原则

系统化原则是指将各个装卸搬运活动作为一个有机整体实施系统化管理。也就是说,运用综合系统化的观点,提高装卸搬运活动之间的协调性,提高装卸搬运系统的整体功能,以适应快件作业的时效需求,提高装卸搬运效率。

2. 实现装卸搬运合理化管理的方法

(1) 制订搬运装卸标准

搬运装卸标准是标准化管理的重要内容,是搬运装卸的基本规范,是实现安全、快速、节省地搬运装卸的基础。

搬运装卸标准的主要内容有:

①搬运装卸动作规范,包括各类快件的搬运动作要求、野蛮装卸的界定标准等。搬运装卸动作规范是保障快件安全性、杜绝野蛮装卸的主要措施,如搬运快件时必须轻拿轻放,严禁摔货、扔货等野蛮装卸行为。普通快件超过30cm脱手,易碎品超过10cm脱手都视为野蛮操作。

不允许摔、坐、踩、压快件。

②快件码放标准,包括快件码放顺序、码放方向、码放高度等标准。快件码放标准是避免重复装卸、无效装卸,减少装卸次数的最有效措施,如快件码放顺序必须考虑下一环节的作业顺序,按照先出后进的顺序码放。快件码放时必须遵循大不压小、重不压轻、实不压泡的原则;快件不得倒置,快件运单、标签必须朝外;托盘的码放高度不得超过1.5m等。

③快件装车标准,包括有装车的顺序、快件的摆放要求、单元化装运的规定、装车速度要求等。如装车时必须按照先出后进、先缓后急的顺序装载;快件码放时同样要遵循码放原则;快件运单、标签必须朝向车门;不满载时码放高度不得越过规定高度;每吨快件的装载时间不得超过20min等。

④快件卸载标准,包括有车辆到达及时卸载的要求、快件检查要求、分类码放要求等。

[参考资料]

某公司装车操作要求

1. 检查车厢接触货物的各面,是否有会污染货物的物品,确保干净无灰尘、干燥不潮湿,且没有突出硬物;如遇雨天,应与驾驶员沟通,确认车厢是否漏雨,若漏雨应采取相应措施,确保货物不着地,保障货物安全。

2. 检查货物是否完好,包袋有无破洞(洞口以拿不出内件为合格),如果发现包装不合格或破损,必须先行处理后再装车。

3. 装车过程中要求对货物进行单元集约处理,凡是到同一站的要装到同一个笼车,笼车的利用空间要达到70%,若一辆车上面有2个以上(含2个)节点,须用隔离网进行隔离,防止车辆中途颠簸货物混散;凡是货物小于$0.01m^3$的,必须使用集约袋拼装。

4. 装车时按照货物码放原则进行摆放,货物的箱单和标签必须一律朝车厢后门,便于卸车识别、采集数据。

5. 装车完毕后,检查操作区域、操作设备四周,确保无货物遗漏现场或夹进操作设备中;若确认无误,则关上车门。

(1)安检员检查车门是否关好,并实施封车操作(封签、挂锁);

(2)安保记录所发班车的车辆号、封签号等信息;

(3)驾驶员确认无误后,在驾驶员签名栏填写本人姓名,由安检员填写发车时间;

(4)必须按照班车时刻表准点发车,同时由调度在ERP系统中点击生成发车时间。

[参考资料]

某公司卸车操作要求

1. 班车停靠平台5min内,必须安排人员卸车。

2. 检查货物完好性,包括:看(看货物是否有明显的破损、潮湿等情况)、嗅(货物是否有异味,若有异味可能已经变质)、听(用手轻轻摇晃,听是否有异响,若有异响内物可能破损)、感(用手轻轻摇晃,感觉内物与包装盒有无摩擦和碰撞等现象)、搬(把货物搬起,感觉货物有无重心偏移等情况)。

3. 须将同城件及出港件分别码放于不同托盘之上。

4. 应保证箱单和标签一律朝外,方便入库时扫描人员进行扫描。

5. 卸货完毕以后,检查车厢内部与平台周围,防止有货物落下。

(2)合理选择装卸搬运工具和方式

在装卸搬运过程中,必须根据快件的种类、性质、形状及重量来确定装卸搬运方式并选择工具,以节省人工体力消耗,提高装卸效益。例如:对小件进行集装处理,运输过程中直接以托盘为一个包装单位,这样可以直接利用叉车进行装卸或搬运作业,实现装卸搬运作业的省力化和效率化;使用传送带或输送机进行搬运,可以提高搬运活性和运输活性,缩短在搬时间,提高搬运速度;使用电频叉车来卸载重货或以托盘为包装单位的快件,可以提高装卸速度,保证装卸的安全性,节省装卸时间和劳动力。

(3)实现有计划、有组织的搬运装卸作业

作业管理人员应提前了解需搬运装卸快件的到达时间、品质、件数、重量等信息,事先安排好搬运装卸工具、人员以及时间进度,制订作业计划,保证及时进行搬运装卸作业,减少等待作业的时间和作业过程的停顿时间,从而实现顺畅、有序、高效地搬运装卸作业。这是提高搬运装卸速度、效率的最有效措施。

(4)加强现场调度指挥工作

加强装卸搬运调度指挥工作,与合理使用装卸工具、劳动力,保证搬运装卸的安全性、及时性,提高搬运装卸质量和效率有很大的关系。

(5)加强和改善装卸劳动管理

搬运装卸时间过长、劳动强度过大,是造成搬运装卸质量下降以及发生事故的最主要原因,因此必须加强和改善装卸劳动管理。其主要手段有:制订各种搬运装卸作业时间定额、作业量定额以及科学的作息时间安排。这些都需要对作业条件、作业人员的能力、作业需求等因素进行综合、合理的分析,并根据相关条件的变化,定期加以修订完善。

四、快件分拣管理

分拣作业是快件操作的核心环节。所谓分拣,是根据快件的发运线路或目的地,尽可能迅速、准确地将快件进行分类拣取,并摆放在指定位置的作业过程。分拣作业在快件作业环节中不仅工作量大、难度高,而且要求作业时间短、准确度高。因此,加强对分拣作业的管理非常重要。

1. 影响分拣作业质量的主要因素

影响分拣作业质量的主要因素有分拣难度、分拣信息、分拣人员以及作业方式等。

(1)分拣难度

分拣难度取决于分拣作业的需要,包括:

①需分拣区域数量。分拣区域数量决定于快递网络的分区以及该作业中心所负责发运的线路数量。分拣区域越多,分拣人员要记的分区界定方法的内容就越多或自动分拣设备要设计的分区界定办法、参数以及分拣端口就越多,分拣的难度也就越大。

②分拣区域确认方式。分拣区域的确定方式一般有根据邮政编码、电话区号、机场代码、分拣代码或者地址等几种,总体可以归纳为两种:一种是数字方式、一种是文字方式。数字方式较文字方式容易。数字方式中编码位数越少则越容易,如按机场代码比按邮编方式确认容易,分拣代码方式是最容易的。文字方式中地理范围越大则越容易,如按国家名称比按城市名称区分容易;要求辨别的地理位置越小则越难,如要细化到某一条街道或某一小区。

③分拣作业集成度。分拣作业集成度是指在分拣过程作业人员要同时进行的其他操作。在很多快递企业,分拣作业并不仅仅是简单的分类拣取,往往是在分类的同时还要进行搬运、摆放、检查快件运单数据的准确性、完整性、检查快件品质、确定派件地址的类型(如香港件中

需确认该地址是商业地区还是私人住宅、是否为仓库等)等。集成度越高,分拣难度就越大,所需分拣的时间就越多。

(2)分拣信息

分拣信息包括信息系统中的快件记录和运单上的资料这两方面的快件信息。快件信息的准确度、完整度、清晰度以及填写的规范性是影响分拣作业质量的主要因素。如果快件信息填写完整、准确、规范、清晰,分拣人员就能够快速、准确地确定分拣区域,迅速完成分拣;而快件信息不规范、不清晰,分拣人员就要花费时间进行辨认、检查,从而影响分拣速度,甚至导致分拣错误;即使是采用自动分拣方式进行分拣的,错误或不规范的信息,也会导致自动分拣机无法识别或者分拣错误。在实际操作中,造成分拣差错的原因有65%是来源于快件信息问题。

(3)作业方式

分拣的作业方式主要有三种:手工方式分拣、半自动机械分拣、自动分拣。

①手工方式分拣。手工方式分拣是指在分拣过程中用手工完成对分拣区域的确认、快件的拣取等动作。手工分拣方式效率低、速度慢、差错率高、连续作业能力差,但是对场地、工具的要求低、投入资金少、分拣成本低,是中小快递企业主要采用的分拣方法。

②半自动机械分拣。半自动机械分拣,是将待分拣快件通过输送装置进行传送,并在一定程度上识别分拣区域或生成分拣代码,由作业人员根据机械指示或人工判断,在接件口将输送到位的快件进行拣取。这是一种人机结合的分拣方式,是对手工方式的一种改进。其主要特点是使用机械对快件进行自动输送,减轻分拣人员劳动强度,改善分拣作业环境,实现连续不断的分拣,提高分拣效率。

③自动分拣。自动分拣,是通过计算机自动识别待分拣快件的分拣区域,并由自动分拣设备将快件输送到该区域的分拣道口。这种分拣方式的特点是能连续、大量、准确地分拣,分拣误差率极低,分拣过程基本实现无人化,大幅度提高劳动效率。但是,由于自动分拣设备的价格昂贵,需要一次性投入的资金巨大,而且对快件的规格和外包装要求严格,在快递行业中的使用并不普遍。

(4)分拣人员

不管采用哪种分拣方式,人在分拣作业中都是最主要的因素。在手工作业方式中,分拣员对按分拣区域及界定方法的熟练度决定了分拣的速度和准确度,分拣员的态度和积极性,决定了分拣过程快件的破损率和差错率;在半自动分拣方式中,人机的配合度决定了分拣的最终效率;在自动分拣方式中,也只有作业人员规范、正确地使用、配合自动分拣设备,并对分拣异常和无法自动分拣的快件进行及时处理,才能发挥自动分拣的最大效率。

2. 分拣作业的改进措施

(1)制订快件作业标准体系

快件作业标准是一切快件作业的基础,在分拣环节更是体现出了快件作业标准的重要性。只有制订完善的快件作业标准并在实际操作中严格地贯彻执行,才能实现快件分拣的数字化、智能化,降低分拣难度,提高分拣效率,为实现自动化分拣奠定基础。快件作业标准包括快件各环节的技术标准、快件品质标准、快件包装标准等。在分拣环节中需用到的快件作业标准及主要内容有:

①快件信息标准。快件信息标准,主要是指快件信息录入的及时性规定和快件录入的规范性。快件信息录入标准是指在规定的标准时间内,快件收寄环节必须录入完整的快件信息,各操作环节必须对信息进行处理和发送,以确保下一环节在操作时有完整、准确的信息。快件录入的

规范性是指各字段必须按标准的格式完整录入,如电话区号的标准格式是"××××-××××××××",区号与电话号码必须用标准分隔符隔开;地址的标准格式是"省份+城市+县(区)+镇(乡)+街道+……"。快件信息的标准化对分拣作业提高效率、实现自动分拣尤其重要。

②快件运单填写标准。快件运单是快递服务的承运合同、是快件结算的主要单据,也是快件作业的重要信息来源。快件运单填写规范是整个快递服务标准中最重要的一项。快件运单是手工方式分拣和半自动方式分拣的主要分拣信息来源,也是分拣准确度的重要保障。只有规范填写快件运单,才能保证快件信息的完整性和准确性。

③分拣动作标准。分拣动作标准,包括快件拣取的标准动作、摆放的标准动作、搬运的标准动作等。分拣动作规范是保障快件安全性、提高分拣效率的重要措施。

④快递区域划分标准。快递区域划分标准,包括不同级别区域的划分标准、同级别区域的界定标准、区域代码的编制标准等。快递区域划分标准是分拣作业的主要依据,是影响分拣质量的重要因素。快递区域划分标准要求做到界线明确、便于记忆以及可程序化。

⑤其他标准。其他标准包括快件品质标准、快件规格标准、快件包装标准等。

(2)分拣数字化

所谓分拣数字化,是指在分拣全过程中尽可能采用数字方式确定分拣区域进行分拣。相对文字方式而言,数字方式确定分拣区域有简单、易记、明确、可程序化等优点,是降低分拣难度、提高分拣效率的一种重要手段。分拣数码化是实现智能化、自动化分拣的基础,只有可数码化分拣的区域越多,自动分拣设备可处理的快件范围才越大,自动分拣作用才能充分发挥。因此,快递企业应建立完善、标准的快递区域编码体系,尽可能将编码细化到最小派送区域,并在实际操作中使用。

(3)信息预分拣处理

信息预分拣处理是在分拣前,对分拣快件的信息进行检查并按照分拣区域进行分类。通过预分拣处理,可得出需分拣的作业量大小、需分拣区域的个数、每个区域的快件数量,以便及时发现异常情况,提前确定每票快件的分拣区域。这虽然增加了快件作业的工作量,但对于组织分拣作业、提高分拣效率有着重要意义:

①通过预分拣处理,可以清楚地了解需进行分拣的作业量,合理地调配人手、暂存区域、作业设备等,安排作业进度,实现分拣作业的可控性。

②通过预分拣处理,可以发现存在的异常情况并及时进行处理,从而降低分拣差错,提高自动分拣设备分拣过程的流畅度。

③提前确定待分拣快件的分拣区域,对于手工分拣方式和半自动分拣方式来说,可以实现按照快件运单号分拣;或通过使用扫描器扫描快件运单,由计算机自动检索并同步提示分拣区域,从而减少分拣过程辨认、确定分拣区域的时间,提高分拣速度。

④通过将预分拣处理结果与实际分拣结果对比,可以发现分拣差错,及时处理,降低差错率。

(4)改进作业方式

作业方式是影响分拣质量、分拣效率的最大因素,分拣质量、分拣效率的提高离不开作业方式的改进。虽然自动分拣设备太昂贵,对于很多快递企业来说并不实际,但手工方式的效率太低、差错率太高,又满足不了快递服务质量的发展要求。因此,实现半自动化分拣是很多快递企业一个不错的选择,而且半自动化是一个可持续改进的过程,所需投入的资金与其"自动化"程度成正比,快递企业可以量身订做,适当地选择"自动化"程度。

分拣作业的自动化进度可分为两方面：一是快件搬运方面。在分拣过程中，快件的搬运移动消耗了分拣人员大部分体力和时间，因此可以适当地选择辅助搬运设备，如滚轴传送带、自动输送机等，减少分拣人员在搬运方面的体力消耗和时间，从而把主要的时间和精力放在快件的分类拣取方面，提高分拣的速度和准确度。二是分拣区域确定。分拣区域确定是分拣操作的核心，是决定分拣质量的主要环节，采用人工方式确定的难度大、效率低，因此可采用计算机辅助的方式，如上面提到的预先确定分拣区域，由电脑提示分拣区域，分拣员依照指示进行拣取、摆放的方式，开发自动根据地址生成分拣区域代码的程序等。总之，让分拣作业简单化、减少分拣用时、提高分拣准确度是分拣作业改进的终极目标。

(5) 加强分拣人员的管理和培训

分拣人员是分拣作业的实施者，是决定分拣质量的重要因素。加强分拣人员的管理和培训是分拣作业质量改进的最基本措施。主要内容有：

①加强现场分拣人员的调度指挥，提高分拣人员的协同作业能力以及人机配合度，提高分拣作业的速度。

②合理配备作业人手、分配作业量，科学控制劳动强度，保障安全作业。

③采用科学的激励方法，充分调动分拣人员的积极性。

④加强分拣人员的质量意识、安全意识、时间意识教育。

⑤加强分拣人员的快递作业标准、操作规范、快递区域分区标准、区域代码以及设备使用规范等培训，提高分拣人员的作业能力，提高分拣效率。

[参考资料]

减少分拣错误

对于涉及全国性和国际性的快递公司来说，都需要使用运转中心将包裹从接收点运送到目的地。快递公司在远程提取包裹之后，运输到中心枢纽分拣区域进行分拣，分拣后的包裹通过运输工具（不论是飞机还是载货汽车）到达目的地，之后运转到取送中心。

但分拣工作是如何完成的呢？可以借联邦快递在佛罗里达州设立的一个枢纽中心来说明。在分拣环节，掌握包裹的目的地对于包裹的准时送达十分重要。就佛罗里达州的分拣中心而言，分拣人员必须掌握佛罗里达州和相关区域的大约1万个市镇的名称并把包裹分拣到正确的车辆下。

佛罗里达州枢纽中心使用的分拣系统的具体操作程序是：40名分拣工人根据每件包裹的目的地城市/乡镇和州（邮政编码之前的目的地地址），将地址转换为三位数的代码。之后，将包裹放在输送皮带上，运到三位数代码所代表的区域，然后，送到正确的运输工具上，运往取送中心。例如：宾夕法尼亚州哈里斯堡的代码是380，运输皮带上除了标有其他相关取送中心的代码之外，还应包括380。

但是，有一段时间，联邦快递有超过10%的包裹会被误放，而误放的包裹必须从分拣区的周边用载货汽车运回分拣区，进行重新分拣。包裹分拣错误最终会影响外运车辆的出发时间，降低服务水平并增加成本。而经过调查就可以发现，之所以如此，是因为分拣工人在分拣工序的代码转换环节中存在错误。

只有将分拣的错误率降低到一个非常低的水平上，才有可能提供优质的服务。那么联邦快递是怎样来降低分拣错误，从而实现服务保证的呢？

麦凯来到公司的一个枢纽中心，他的任务是降低这个地方分拣包裹的错误率。麦凯采取了比较常规的处理方法,对分拣工人进行培训,学习城市和三位数代码之间的关系。他的基本思路是把花了一天时间准备好的培训材料发给分拣工人,让他们花一定的时间学习,之后进行小测试,让分拣工人将正确的分拣代码写到城市一侧——这是一种非常典型的培训方法。

但是结果出人意料。培训的当天晚上,中心经理安排一个小时的时间由麦凯对其中六名分拣工人进行培训。在培训开始前,麦凯向六名分拣工人介绍了学习过程。六名工人两臂交叉胸前,态度极其恶劣。

工人的观点是:"我们不必学习分拣代码,工会合同也没有规定我们必须学。"麦凯把学习材料发给大家,他们连看都不看一眼。麦凯以前负责的业务区域的员工十分负责、十分敬业,而这个运转中心历史比较长,而且也是由工会控制。管理者和一线员工都没有树立实现目标的信心和决心。

经过第一天晚上的挫折之后,麦凯十分丧气。第二天,他给总部打电话,寻求帮助。其他人可能也遇到过同样的问题,应该有解决的方法。总部的人建议使用 Flash Card 卡片,抽一张带有城市名称的卡片,让分拣工人给出对应的代码。他们建议说"要引入竞争机制,同时兼有娱乐性质"。

当天晚上,麦凯获得了同样的结果,尽管他尝试使用卡片形式。他举起一张又一张卡片,得到的响应却是一片嘲讽和敌意的沉默。麦凯是一筹莫展了。

这时候,工业工程部有一位叫马里奥的前工会干事向他提建议说:"麦凯,你不了解问题所在。你认为问题在于如何教给他们学习分拣,而实际问题在于如何激励他们学习分拣。"

麦凯好奇地问,"如何激励他们学习分拣?"

"你就看我的吧。"

那天晚上,他们一起来到课堂。马里奥手拿着装着 3×5 in(1in$=0.025\ 4$m)卡片和扑克筹码的盒子。

于是,当晚的培训就由马里奥主持。他说:"伙计们,今天晚上我们一起玩扑克。这些卡片上标有佛罗里达州每个城市和县城的名称。只要知道这些城市的代码,你就可以赢牌。但是,如果代码弄错了,就算输了。"

"由于公司不允许赌博,所以我带来了一些扑克筹码。尽管这些筹码不是钱,但我在每张筹码上写出了对应的金额,因为这只是为了助兴而已。"马里奥继续说道。

他给在座的每名分拣工人发了价值 200 美元的扑克筹码,又从一摞卡片中,抽出了 52 张,交给一名分拣工人洗牌之后,每人摸 5 张牌。第一天晚上,很带劲,分拣工人多数时间都在争论城市名称和对应的代码。分拣工人争论一定时间之后,他们再给出正确的代码。

在那次所谓的课堂上,参加的每名工人都要了一份学习资料回家。第二天晚上,整个大楼的分拣工人都希望拿到一份学习材料。结果几天之内,班里的所有工人都学会了分拣代码。几周之内,整个大楼的分拣工人也都学会了。在一个月之内,分拣错误率降低到了 2% 以下。

第四节 操作现场异常快件管理

一、异常快件的分类管理

作业现场异常快件主要分为两大类:现场发现的异常和现场发生的异常。

现场发现的异常情况主要有:有单无货、无信息快件、无运单快件、单货不符(件数不符、重量不符)、快件破损、外包装破损、到站晚点等。

现场发生的异常情况主要有:快件丢失、快件破损、分拣错误、合包错误、发运晚点、操作晚点、配载错误等。现场发生的异常情况根据发生的环节又分为:装卸异常、搬运异常、查验异常、分拣异常、合包异常、信息处理异常等;根据异常的处理状况又分为:待处理异常快件、待返回异常快件、死货(超过一定期限仍无法处理的快件)。

二、异常快件处理原则

1. 及时性原则

不管是现场发现或发生的异常情况,都应及时反馈、及时处理。及时性是异常处理的第一原则,只有及时反馈,才能为弥补异常争取时间;只有及时处理,才能将异常造成的损失和影响降到最小。

2. 详细记录原则

对于现场发现或发生的异常情况,都应对异常情况进行及时、详细的记录,特别是现场发现的快件破损、外包装破损、快件变形、快件数量短少等情况,要求记录得更详细,一般要求拍照或有录像留存及反馈。

3. 全力弥补原则

由于作业环节的异常情况还未造成恶劣影响,且一般尚有时间进行弥补,因此,对于有可能进行弥补抢救的异常情况,应全力弥补。这样才可能将异常情况对客户和企业的影响降到最低。

4. 分级处理原则

对于作业现场发现的异常情况,作业中心一般是没有权限处理的,只有在确认异常责任后,经受理方、责任方或客户同意且确认处理方法后才能进行处理。否则,作业中心不能越权对非本环节责任的异常进行处理。

5. 持续性原则

对于待处理的快件,应持续跟进、查询、协调处理,直至处理完毕。持续性是确保责任方及时响应并做出处理决定、确认处理方法、及时进行处理的重要原则。

三、异常原因核查及责任界定

异常原因核查及责任界定是异常管理的一项重要内容,是为异常处理、理赔提供重要依据,为异常防控工作提供重要资料的有效手段。

1. 现场发现的异常情况的原因核查及责任界定

对于现场发现的异常情况,应对异常可能发生的环节进行分析,及时将异常记录反馈到受理方、上一操作环节以及异常可能发生的环节,并与各方协同调查,确定异常发生的环节及主要原因、责任人。对于属于第三方承运造成的异常,应予以追究责任;属于客户责任的,应向客户解释异常原因,并提出可行的处理方案,与客户协商处理。

2. 现场发生的异常情况的原因核查及责任界定

对于现场发生的异常情况,应通过快件操作记录、监控录像以及向操作人员等了解异常发生的详细情况,详查造成异常的主要原因及相关责任人,并根据具体情况对该环节的作业进行改进,对相关责任人进行处分。

四、异常库管理

异常库是存放异常快件并对异常快件进行集中处理的区域,一般分为四个区:待处理区、待返货区、暂存区、死货区。异常库一般会设立异常处理员,专职负责管理。

1. 异常库分区

(1)待处理区

待处理区用于存放待处理的异常快件,一般要求在3d内清库,即待处理异常快件必须于3d内处理完毕,超过3d未处理的转入其他分区。

(2)待返件区

待返件区存放无法派送或经客户要求返回的快件,包括有三类:

①收件人明确表示拒收的快件;

②因客户原因无法正常派送且已超过异常处理时限的在库滞留快件;

③客户要求取消发运的快件。

这三类快件原则上存放在待返件区,等待受理方确认并发出返回指令。

(3)暂存区

暂存区用于存放无主快件、等通知派件、本环节出站被退回的且未有处理结果的快件。这些异常快件的主要特点是处理时间较长甚至是无法确定处理时间,如因快件异常导致与客户产生纠纷或诉讼的快件、需返回却无法联系发件人的快件等。但一般情况下暂存区的存放时限为90d,如超过90d未有处理指令,则统一封存保管。

(4)死货区

死货区用于存放收、发件人双方确认放弃的快件、超过一定时限仍无人认领的无主快件以及超过一定期限的无法联系上发件人的需返回快件。对于此类快件,原则上在死货区存放一段时间,并定期集中转交主管部门处理。

2. 异常库的管理要求

①专人负责。对于异常库的管理,要求专人专岗负责异常件的出入库登记、盘点及异常反馈、异常处理。

②进、出异常库的快件必须做出入库记录,记录时必须注明交接人、出入库原因及具体时间。

③对于异常库的快件采用循环处理方法,异常管理专员每日定期查询相关责任环节的异常处理意见、对异常库内的快件进行盘点和处理。

④异常管理专员应每月定期上报异常库的出入库、处理结果以及无法处理的快件等情况,并定期对异常管理工作进行总结、分析。

第五节 作业质量指标

作业质量的高低可以从搬运装卸、分拣、查验等方面的检查和考核来进行评价。评价的目的是为了找出存在的问题,改进作业系统设计与管理,进而提高作业效率。

一、操作量指标

操作量是反映各环节的工作量的总和、作业强度、作业能力以及作业中心作业能力的主要指标,操作量可以按不同作业环节分别进行统计。

①作业中心日均处理量,指作业中心在一个统计周期内流转快件总量与统计天数之比。统计的单位分别有:票数、件数、重量。

$$日均处理量＝统计期内处理的快件总量÷统计天数 \tag{3-1}$$

②人均操作量,指在一个统计期作业中心操作的快件总量与操作人数之比。统计的单位分别有:票数、件数、重量。统计周期一般是按天或按月计。

$$人均操作量＝统计期内操作总量÷操作人数 \tag{3-2}$$

③人均装卸量,指在一个统计期作业中心装卸的快件总量与装卸人数之比。装卸的快件总量包括进站和出站的装卸量。统计的单位分别有:件数、重量。统计周期一般是按天或按月计。

$$人均装卸量＝统计期内装卸总量÷装卸人数 \tag{3-3}$$

④人均分拣量,指在一个统计期作业中心分拣的快件总量与分拣人数之比。统计的单位分别有:票数、件数。统计周期一般是按天或按月计。

$$人均分拣量＝统计期内分拣总量÷分拣人数 \tag{3-4}$$

二、操作效率指标

操作效率指标反映了作业中心整体作业能力和作业各环节的操作能力。一般以单位时间内完成的操作量来表示。主要的操作效率指标有:

1. 装卸效率

装卸效率即单位时间装卸量,是统计期内装卸的总量除以装卸的用时的结果。统计单位一般为:t/h、件/h。

$$单位时间装卸量＝装卸总量(t、件)÷装卸时间(h) \tag{3-5}$$

2. 分拣效率

分拣效率即单位时间分拣量,是统计期内分拣的总量除以分拣的用时的结果。统计单位一般为:票/h、件/h。

$$单位时间分拣量＝分拣总量(票、件)÷分拣时间(h) \tag{3-6}$$

3. 查验效率

查验效率即单位时间查验量,是统计期内查验的总量除以查验的用时的结果。统计单位一般为:票/h、件/h。

$$单位时间查验量＝查验总量(票、件)÷查验时间(h) \tag{3-7}$$

4. 作业中心的作业效率

作业中心的作业效率包括进站作业和出站作业的分别统计。

(1)进站处理能力

进站处理能力,即单位时间内能完成进站作业的快件量,是统计期内进站的快件总量除以完成进站操作用时的结果。统计单位一般为:票/h、件/h、t/h。

$$进站处理能力＝进站快件总量(票、件、t)÷完成作业用时(h) \tag{3-8}$$

(2)出站处理能力

出站处理能力,即单位时间内能完成出站作业的快件量,是统计期内出站的快件总量除以完成出站操作用时的结果。统计单位一般为:票/h、件/h、t/h。

$$出站处理能力＝出站快件总量(票、件、t)÷完成作业用时(h) \tag{3-9}$$

(3)分拣设备成本产出率

分拣设备成本产出率,是指分拣设备在一段时间内的分拣量与设备使用成本之比,这一指标反映单位拣货设备成本所拣取的快件票数或件数,因此,分拣设备成本产出率越高,说明设备的使用效率越高。统计单位为:票/元、件/元。

$$\text{分拣设备成本产出率}=\text{分拣量(票或件)}\div\text{分拣设备成本} \tag{3-10}$$

三、操作成本指标

1. 操作费用水平

操作费用水平,是指作业中心在一定时间内费用总量与操作的快件总量之比。统计单位有:元/票、元/件、元/kg。

$$\text{操作费用水平}=\text{作业中心总费用}\div\text{操作总量} \tag{3-11}$$

2. 装卸成本水平

装卸成本水平,是指一段时间内装卸总量与装卸费用之比。它反映了每单位快件进行装卸时所要耗费的成本。统计单位有:元/件、元/kg。

$$\text{装卸成本水平}=\text{装卸总费用}\div\text{装卸总量} \tag{3-12}$$

3. 分拣成本水平

分拣成本水平,是指一段时间内分拣总量与分拣费用之比。它反映了每分拣单位快件所要耗费的成本。统计单位有:元/件、元/票。

$$\text{分拣成本水平}=\text{分拣总费用}\div\text{分拣总量} \tag{3-13}$$

第四章　快件运输管理

快件运输是指利用各种交通工具将快件从发件地快速地运送到收件地。它贯穿了整个快递服务过程，具有全程性、网络性、联合性的特点，是实现快递服务快速、安全、及时送达的基本保障。

将快件从不同地点安全、快捷、准时地送达收件人，必须依托庞大的、高效的快递网络。快递网络是通过对各类快递基础设施、各类营运资源进行高度的优化整合、合理的规划设计、严格的组织控制，以信息网络为支撑，以快速、安全运送为目的的快件节点间网络化运作所形成的综合服务体系。快递网络的质量和效率决定了快递服务水平，决定了快递企业在行业中的竞争力。快递网络是快递企业的核心资源。合理地设计、规划、组织快递网络，提高快递网络的效率，实现快递营运成本最低化、利润最大化，是快递网络管理的根本目标。

第一节　快递网络介绍

快递网络是一定区域内使快件在众多节点、线路间快速流动的快递基础设施和快递活动的空间组织关系与时间交织形态。它的构成要素包括：节点、线路、时点。

一、快递网络构成要素

1. 节点

节点是指在快递服务过程中主要承担快件的收寄、派送、包装、信息处理等快递作业的场所。节点有两类：一类是指为了实现快件快速位移、确保各种运输方式高效衔接的功能性设施，如操作中心、转运中心等；另一类是指实现快件基本服务功能的设施，如营业厅、站点、代收点等。

2. 线路

线路是节点的连接线，包括交通线路（如公路、航空、铁路）和通信线路，主要承担快件流转过程的运输和信息传递功能。

3. 时点

快递网络不仅要解决快件的空间位移，更重要的是实现快件在预定时间点到达预定位置。快递服务各种活动都有具体的、严格的时点要求，快递网络是时间上高度协调衔接的系统，时点则是快递网络不可或缺的一部分。

二、快递网络特征

1. 整体性

快递网络的节点和线路相互依赖，共同构成一个有机整体，从而实现快递服务的综合功能。快递网络不是各节点和线路的简单连接、整合，节点和线路的连接有一定标准，这种连接是以实现快递网络的整体效应为目标的。

2. 层次性

组成快递网络的节点和线路在规模、地理区位和功能等方面都存在着差异,使得快递网络对外呈现出一定的层次性,如省际快递网络和城际快递网络。

3. 环境适应性

快递网络规模、快递节点规模及线路规模等会随着区域经济、交通、区位环境的变化而变化,因而也带来快递服务能力的增强或者减弱。

4. 复杂性

快递网络的复杂性体现在组成快递网络元素及其关系的复杂性上。有些构成快递网络的元素本身就是一个复杂的集合体。

三、快递网络结构分析

1. 快递网络的拓扑结构

快递网络中的各快递节点和线路相互连接的方法和形式称为网络拓扑。根据其组成元素相互连接的方式不同,快递拓扑结构可概括为:线状结构、简单网络状结构和复杂网络结构三种类型。

(1) 线状结构

线状结构是指各种快递节点由快递线路连接成线状,节点之间没有形成网。其特点是连接方式简单,便于管理,基础设施建设投入少。主要出现在专为某一快递项目而制订的服务线路,以及快递网络的建设初期。

(2) 简单网络状结构

简单网络状结构是指各快递节点和线路以比较有规则的方式连接成网,网络中各快递节点与其邻近的节点基本实现点到点的连接。其特点是快递基础设施建设投入少,组建速度快。这种结构是我国中小快递企业的主要建网方式。主要出现在同城派送网络、邻近城市之间形成的区域型快递网络等。

(3) 复杂网络结构

复杂网络结构是指各快递节点和线路能以多种方式连接成网,网络中各快递节点之间基本都有快递线路实现点到点的连接,节点之间的业务频繁。其特点是网络运行可靠性高,一个或几个快递节点、线路的增减不会影响整个快递网络的运作。这是一种比较成熟的快递网络,是快递网络的发展方向。主要出现在全国性快递网络、全球性快递网络。

2. 快递网络的层次结构

快递网络的层次结构是基于空间维度对快递网络的服务范围和空间影响力的结构划分。根据快递网络的影响力和服务范围的大小,可将快递网络分为不同的层次,主要可归纳为:片区收派网络、地区快递服务网络、区域快递服务网络、国内快递服务网络、国际快递服务网络。

(1) 片区收派网络

将一个地区(城市)分为多个小范围的区域,每个小区域称为片区。片区收派网络的组织方式主要有两种:一种是在片区内建立站点(网点),以站点(网点)为中心,制订多条收派线路,实现对该片区的完全辐射;一种是不建立站点(网点),以一台收派车辆为单位,制订一条环型的收派线路,以动态收派的方式实现对该片区的覆盖。片区收派网络是快递网络中最小的组织单元,本身并不具备完整的快递服务功能。

(2)地区快递服务网络

地区快递服务网络是以一个地区(城市)为单位,通过建立分拨中心(或操作中心)和分公司的方式,对各片区进行有效组织和管理,形成一个有机的快递服务体系。地区快递服务网络是一个快递网络中的基本组成部分及管理单位,但也可以作为一个独立的快递服务网络,具有完整的快递服务功能。

(3)区域快递服务网络

区域快递服务网络可分为两种:一种是区域型快递服务网络,一般是指在自然经济区(如珠三角经济区、长三角经济区)内,几个城市通过班车的形式将相互间的网络联通,形成一个完整的快递服务网络;一种是快递营运区,是指快递企业根据快递网络的组织及管理需要,将全国分为若干分区,各分区内设立区域管理机构和分拨中心(转运中心),实现区域内的统一协调和资源共享,形成一个相对完整且独立的快递服务网络。

(4)国内快递服务网络

国内快递服务网络是指基本上能完整覆盖全国的大型快递服务网络。一般是以省会、大型城市为中心,将全国划分为若干营运区,各分区内建立完整的快递服务网络,并通过网络干线将各营运区联通,形成一个完整的、系统化的全国性快递服务网络。

(5)国际快递服务网络

国际快递服务网络是指网络范围能覆盖多个国家甚至全球的大规模快递服务网络。国际快递服务网络一般是以大型国际空港为中心,如上海、香港、迪拜、法兰克福等,通过国际航空运输干线将各个国家的国内网络联通形成一个完整的国际快递服务网络。

国际快递服务网络也可分为两种:一种是国际分区快递服务网络,如中东区、东南亚区等由多个国家级网络形成的一个跨国的相对完整独立的快递服务网络;另一种是全球化快递服务网络,如四大快递巨头的快递服务网络。

四、快递网络的运作模式

快递网络的运作模式是指为了实现快递网络的运行目标,对快递网络进行组建、扩张和管理的方式。目前快递行业中主要的网络运作模式有自营模式、加盟模式、联盟模式。

1. 自营模式的快递网络

自营模式的快递网络是指快递网络的各类基础设施以及快递网络的组建、扩张基本上是由快递企业自身投资运作形成,快递企业对网络具有完全的控制权、管理权。

由于快递网络的各类要素均为快递企业所有,且能对快递网络的组织过程实行完全控制,因此,快递企业可根据业务需求和战略发展目标,对快递网络进行资源优化配置,对各类快递服务活动进行严格的组织及控制,实现快递网络整体的最优化。理论上来说,自营模式是最佳的快递网络运作方式。

不过,随着网络的扩张,自营模式的快递网络运作需要大量人力、车辆及营运设施,需要投入大量的资金,营运难度高。因此,一般的快递企业很难建立大规模的自营方式的快递网络。

[参考资料]

某快递公司网络的发展历程

某快递公司的服务范围涵盖占全球国民生产总值90%的区域,能在24~48h之内提供门到门、代为清关的国际快递服务。公司无与伦比的航线权及基础设施使其成为全球最大的快递公司之一，可向220个国家及地区提供快速、可靠、及时的快递运输服务。某快递公司每个工作日运送的包裹超过320万个，其在全球拥有超过138 000名员工、50 000个投递点、671架飞机和41 000辆车辆。

某快递公司全球网络的发展历程如下。

1971年，其创始人个人投资35万美元，并用家族信托基金360万美元作担保购买了两架达索尔特飞机，将其改装成货机，开始发展"隔夜送达"业务。但到1973年，这两架飞机一直闲置在仓库。

1973年4月，再次筹集了9 600万美元，正式成立某快递公司，向25个城市提供服务。第一天的业务量只有186件，并在接下来的26个月里一直处于亏损。到1975年6月，亏损达2 930万美元，负债4 900万美元。

机会：由于商业运输的需求突然猛增，该国主要货运机构对大城市的业务应接不暇，无法满足小城市的需求。

转机：1974年××包裹运输公司的员工长期罢工，导致铁路快运公司破产。

1975年7月，公司第一个月实现盈利，获利2万美元。当年的营业收入达到6 000万美元，固定客户达到3.1万个，拥有75个起降机场，为130个城市提供服务。

1976年，净收入300万美元。

1977年，年经营收入突破1亿美元，净收入820万美元。

1981年，公司的营业收入居该国航空货运公司的首位，包裹数量为3 800万件，比位居第2~5名的四家公司的总和还多。

1983年，年度收入达10亿美元，成为该国历史上第一家创办不足10年、不靠收购或合并而超过10亿美元的公司。

1984年，收购了一家为84个国家提供服务的运输公司。

1985年，在布鲁塞尔机场开设了一个分拣中心，开始向欧洲市场扩展。

1988年，年度收入超过35亿美元，净收入1.76亿美元。服务范围涵盖90个国家，员工达5.4万人。

1989年，收购了一家在21个国家拥有45年以上的航空权和降落权的航空公司。

1990年，将网络扩张到俄罗斯及其他欧洲国家。

1993年，网络覆盖214个国家和地区。

1995年，在菲律宾的苏比克港开设转运中心，为太平洋周边国家提供更为全面的服务，并在中国获得直飞中国的货机经营权。

1998年，向中国市场注入巨资，拥有了自己起飞中国的MD-11S航班，并开始在中国铺设网络。

2001年，位于上海浦东机场的快件处理中心正式投入营运。

2002年，公司宣布在未来5年内，将在中国国内202个城市网点的基础上再增加100个。

2005年，年营业额达294亿美元，净收入14.5亿美元。

2. 加盟模式的快递网络

加盟模式的快递网络是指网络加盟总公司和网络加盟者缔结契约，网络加盟总公司将商标、快递网络、经营技术授权于网络加盟者。而网络加盟者在得到上述权利之时，必须支付一定金额给网络加盟总公司，并根据网络加盟总公司的指导、培训及协助，使用相同商标、网络、服务标准和经营技术,使整个网络达到集中管理的效果。同时,加盟网络的建设,所需资金大部分(或全部)由网络加盟者负责,加盟网络所需人员原则上也由加盟者负责。加盟模式的快递网络主要特征有:统一领导、统一快递服务标准、统一市场策略等。

连锁加盟是当今世界非常流行的一种经营管理模式,快递企业把这种经营管理模式应用到快递网络的经营和管理中去,也同样取得了非常好的效果,成为我国快递网络运作模式中应用最广泛的一种。

加盟模式中的网络加盟总公司通过授权加盟的方式,实现了以较少的投资,快速建立一个较大的快递服务网络,并从网络的管理和营运中获取利润以及无形资产的增值。而网络加盟者则可以在总公司的支持和协助下,用合理的资金快速建立一个区域(地区、片区)的快递网络,并共享总公司的品牌、网络,取得该区域(地区、片区)专属营运权和经营权,实现了低风险、高效率的创业。正是这些优势,使得加盟模式的快递网络在我国快递行业取得了迅速发展,我国有相当多的全国性的大型快递服务网络是采用这种运作模式建立起来的,如申通快递、中通快递等快递企业。

不过,加盟模式也存在诸多不足之处,包括网络的稳定性差、结算方式复杂、异常处理协调难度高等。这是由于网络总公司对各加盟者没有行政管理权,无法真正地约束各加盟者,难以实现整个网络的高度协调一致和高效率运作。

[参考资料]

某企业的加盟网络管理规章
总　　则

①严格遵守国家各项法律、法规、政策和快递行业标准及公司的各项规章制度。

②＊＊＊＊＊公司(简称总部)与各＊＊＊＊＊(简称各网点)通过签订协议,明确双方的责、权、利。各网点依据《＊＊＊＊网络管理规章》和相关法律、法规确定合作关系,接受总部的垂直管理和监督。

③＊＊＊＊＊各网点都是自主经营、自负盈亏的独立合法经济实体、法人组织,各网点之间亦是一种平等、互惠互利的协作关系。为了保证网络内各网点的合法利益,使网络能健康、稳定、持续、又快又好地发展,特制订本规章。

④为保障本规章的实施,特设立加盟管理机构。加盟管理机构是一个中立的、保证网络内各网点共同利益的机构,其在网络内的权利是各网点共同赋予的;对＊＊＊＊网络网点享有调整权、管理权、领导权、处罚权;负责本网日常工作的管理;负责对各网点关系的协调、处理,接受咨询、建议、投诉、仲裁等。

⑤《＊＊＊＊网络管理规章》为本网所有快件操作的运行准则。

网点的权利和义务

①有权以"＊＊＊＊＊快递"的名义在规定的区域内经营快递业务。

②有权在总部授权的区域内使用＊＊＊＊的商标及相关标识。

③有权使用"＊＊＊＊快递"的办公、财务结算、操作等管理系统。

④有权使用总部统一印制的"＊＊＊＊＊快递"的详情单、信封及其他包装物料。

⑤有权要求派件网点在规定派送范围内投递快件,并有权要求相关网点提供与网络、快件相关信息。

⑥享受以上权利的同时必须履行以下义务。

⑦按时交纳总部规定的各项费用。

⑧在其派送范围内为各网点提供安全、快捷的服务,并提供相关信息。禁止以任何理由滞留或扣留网络内快件,一经查实严肃处理,直至解除合作关系。

3. 联盟模式的快递网络

联盟模式的快递网络是指两个或多个独立的快递网络为了实现网络扩张的战略目标,通过契约形式建立长期合作,从而使合作各方的快递网络实现互联互通、共享,形成一个更大型的快递服务网络。

加盟模式是一种纵向的网络运作与整合模式,而联盟模式是一种横向的快递网络运作与整合模式。联盟模式的各方通过制订合作协议及网络对接标准,搭建连接各方网络的网络运输干线,将多个快递网络合并成一个整体,实现网络虚拟化的扩张。联盟模式的运作过程无需常设机构,结构比较松散,具有较大的灵活性。参与联盟中的各方一般都处于平等且相互依赖的地位,并在经营中保持各自的独立性,可以根据自己的目的和需求开展快递服务活动,获取各自的利益。联盟模式的最大优势就是运作简单、迅速、经济。EMS 的国际快递网络就是联盟模式的快递网络运作成功的典范之一。

不过,由于联盟各方都有自己的快递营运标准,网络互通、快件互换时需要进行多种标准转换,操作成本高、操作效率低;而且,联盟各方是完全独立、平等的,无法实现资源的优化配置及网络内部的协调统一,其总体营运质量差、效率低。

[参考资料]

EMS 国际快递介绍

国际 EMS 承诺服务是指澳大利亚、中国、中国香港、日本、韩国和美国六邮政对本地邮政寄往其他五邮政的 EMS 邮件(不包括限时递、收件人付费等特殊服务业务)承诺指定的投递日期;对超过指定投递日期后投递的邮件,承担退还已收取的邮件资费的责任。这是中国邮政 EMS 继国内"次晨达"业务实行"限时未达,原银奉还"的承诺服务后,将诚信经营的理念再次引入跨境速递服务,为满足广大用户需求而精心打造的又一项高品质的速递服务。

国际 EMS 承诺服务于 2005 年 7 月 25 日全面启动,业务开办范围为澳大利亚、中国香港、日本、韩国、美国全境和中国内地大部分地区。

国际 EMS 承诺可以提供如下服务。

①无缝覆盖:全球邮政所拥有的网络终端覆盖到千家万户,澳大利亚、中国、中国香港、日本、韩国和美国六个邮政的邮件运递网络共拥有 2.6 亿个投递点,50 万名投递员工,14 万个邮政营业机构。邮政网络可以提供安全、准确、快速、覆盖面最广的运递服务。

②多通道信息接入:EMS 网站平台(www.ems.com.cn)、全国统一的 7×24h 的呼叫平台(11185)、移动通信短信平台(10665185)和遍布城乡的邮政营业窗口。

③实时跟踪:通过 EMS 的邮件跟踪与查询服务,可以实时了解交寄邮件的全程信息。

④承诺时限:EMS 利用邮政特有的邮政编码资源,按照从邮政编码到邮政编码的方式计算承诺时限。承诺时限是客户交寄邮件的最大运递时限,实际运递时间有可能比承诺时限短。

⑤延误赔偿:因邮政原因邮件的实际运递时间超过承诺时限时,退还已收取的邮件资费。

⑥反馈服务:对签约客户可以提供邮件实时信息的主动反馈服务。

第二节 网络运输干线管理

一、快递网络干线概述

快递网络干线是连接两个快递区域间的线路,是实现快件快速空间位移的主要运输线路,在网络中起着骨干作用。按照快递企业对网络干线所能进行管理的范围大小,可将快递网络干线分为自营快递网络干线和第三方承运方式快递网络干线。

1. 快递网络干线的特点

(1)运输距离长

由于是跨区域运输,网络干线的运输距离一般都在300km以上,而且相对于每票快件的总运输距离来说,一般干线的运输距离占该票快件总运输距离的70%以上,是快递过程中最主要的运输段。

(2)时效要求高

干线运输要求在尽量短的时间内完成尽量长的运输距离,是实现快件快速空间转移的主要手段。干线运输时效很大程度上决定了快递服务时效,反过来快递服务时限承诺也要求高时效的干线运输。

(3)运输量大

网络干线是区域之间快件相互往来的主要途径。由于集聚了一个区域一段时间内的快件,一般情况下快件量都比较大。

(4)运输成本高

以上三个特点决定了网络干线运输成本高,一般占快递运输总成本的50%以上,因此降低快递服务成本必须重视网络干线管理。

2. 快递网络干线的运输方式

(1)航空运输

航空运输是网络干线的主要运输方式。航空运输安全可靠、速度快、时效高,但具有运输成本高、不够灵活、受天气影响大等缺点,一般适用于1 000km以上的运输。

(2)公路运输

公路运输由于灵活性高,一般用于距离在500km左右两个相邻区域的中距离运输。为了提高公路运输的时效性,一般采用专车直达的方式。

(3)铁路运输

随着高速列车的使用,铁路运输的时效大幅提高,成本低、运输量大,一般不受气候影响,比较适合1 000km以下的干线运输。

3. 快递网络干线的管理目标

快递网络干线所担负的任务以及它的特点决定了其在快递网络中的重要性,它是决定快递服务时效以及快递营运成本的关键因素。网络干线的管理目标是实现网络干线运输的时效与成本的优化。

(1)时效优化

时效优化包括两方面:一是网络干线时效优化。通过对网络干线合理规划,选择合适的运输时间和运输线路,实现网络干线与其他各环节衔接时点的优化。既保证快件能及时通过网络干线进行快速运输,又充分发挥网络干线的高时效作用,保证快件及时集散且其他各环节有充分的作业时间。二是网络干线时效稳定化。通过对网络干线的营运过程进行严格的监控和管理,保障快递服务质量稳定。

(2)成本优化

成本优化是指在确保网络干线时效的前提下,通过各种优化方法,尽可能降低网络干线的运输和作业成本。成本优化要求网络干线管理实现:①选用合适的运输方式,有效控制运输成本;②充分开发区域干线资源,选择优化的运输线路;③集中运输,实现规模化效益,降低干线运输成本;④合理配载,提高干线运输工具的装载能力。

4.快递网络干线运输管理的主要职责

网络干线运输管理是指通过对各种运输资源的整合、组织,合理设计和优化运输线路,并对运输过程实行全程监控,实现快速、安全运输的目的。其主要职责如下。

(1)运输资源的整合

运输资源的整合,包括对各种运输资源的开发、采购以及优化配置,以提高运输时效性和安全性,降低运输成本。运输资源包括:企业自有的运输工具(如飞机、车辆等),社会上可供包租的运输工具,第三方运输的线路、航班等。

(2)运输准点的监控及管理

运输准点是确保快件准时送达客户,保障快递服务质量的基础。运输准点的监控及管理是运输管理的最基本职责,包括对发运时间、在途时间、到达时间、运输路线的监控、监督及考核。

(3)路由的制订及优化

路由是已确定标准的最佳运输路线。运输管理部门须根据业务发展的需要制订新的路由,并对现有路由进行进一步优化,以达到时效最佳化、利润最大化。

(4)第三方承运商的管理

第三方承运商的管理包括对第三方承运商的资质评估,与其进行运价谈判、签订运输合同以及对其服务质量、安全保障等方面进行评价和考核。

(5)运输相关管理部门关系的协调

运输相关的管理部门包括航空、机场、铁路以及交通管理、车辆管理等部门。协调好这些部门的关系是确保运输合法、安全、顺畅的关键。

(6)对运输质量及运输成本负责

运输质量是影响营运质量的关键,而运输成本是营运成本中所占比例最大的一项。因此,对运输质量及运输成本负责是运输管理最重要的职责。它包括对运输各环节的监控、监督,运输质量评价及考核,解决运输问题,改进运输方式以及对运输成本进行核算、控制、优化等工作。

二、自营快递网络干线管理

自营快递网络干线是指快递企业自主投资开发的拥有全部使用权和全过程管理权的运输线路。自营快递网络干线的运输工具一般由快递企业投资购置或以长期固定租用方式取得专营使用权。它的优势主要表现在:

①快递企业可以根据业务需要,设计运输线路。

②可以自主地制订、调整运输时间,实现营运整体的时效最佳化。

③装卸工作由快递企业负责,可以保障运输安全。

④快递企业能对运输过程实行全程跟踪管理,掌握运输时间。

自营快递网络干线具有运输时效高、运输质量好、营运效率高等优点,是实现高质量快递服务理想的快递网络干线营运方式。

但自营快递网络干线也存在着前期投资大、管理成本高、风险大等缺点。因此,合理地规划设计网络干线,对运输过程进行严格的组织和管理,充分发挥自营快递网络干线的优势,实现营运效率最大化、营运成本合理化是自营快递网络干线管理的核心。自营快递网络干线管理的主要内容有:

①合理设计线路,充分考虑起讫点两个区域的快件量情况是否达到自营快递网络干线的快件量要求,保障该线路实现保本营运;科学设计运输线路,实现运输最优化。

②合理制订运输时间,在确保快件及时到达且有足够的分拨派送时间的前提下,尽量给集货、收件作业留出更多的时间,以保障当天所有快件能及时转运且有充足的快件量。

③根据快件量的实际情况,恰当选择、调用运输工具,提高运输工具的装载率,减少运输次数。

④加强装卸管理,保障装卸过程中的快件安全,合理装配空间,提高运输工具空间利用率,并对快件进行合理的运输防护,确保长距离运输安全。

⑤加强发运时间管理和途中监控,实现100%准时发运,这是保障快件准时到达的前提。

三、第三方承运方式快递网络干线管理

第三方承运方式快递网络干线是指快递企业使用第三方运输资源组织干线运输。快递企业对运输过程没有直接管理权,一般采用托运或包舱的方式。第三方承运方式快递网络干线具有运输资源丰富、运输能力强、运输费率低、不需前期投资等优点,是快件量小的中小快递企业普遍采用的一种方式,可作为自营方式的补充,但存在运输质量差、时效不稳定等缺点。第三方承运方式快递网络干线的管理内容主要包括:

①优化干线运输资源配置,优化线路、选择航班,实现区域内的优势线路互补,合理控制成本。

②合理安排发件班次和时间,充分发挥第三方承运方式运输线路多、运输方式多样、可灵活选择的优势,有利于提高干线运输的时效。

③根据快件量的情况,合理选用承运方式,快件量少时应选用托运方式,快件量多应尽量采用包舱或包机方式。

④集中运输,提高单次发运的快件量,达到规模效益。

⑤加强快件安全防护管理,包括快件品质检查、外包装检查,采取必要的保护措施并进行投保,降低快件的破损率和运输风险。

⑥加强运输途中监控,及时发现异常问题并快速响应,保证运输的时效。

第三节 快递航空运输管理

航空运输是指利用飞机实现快件快速空间位移的现代化运输方式。航空运输有运送速度快、安全性能高、货物破损少、对货物包装要求低、不受地面条件限制等优势,是实现长距离快速送达的最主要保障,因此被快递企业广泛使用,是快递网络干线最主要的运输方式。

目前,我国快递企业使用航空运输的最主要方式有包租方式和集中托运方式两种。

一、包租方式

包租方式是快递企业应用最广泛的航空运输方式。按照包租方式的不同,可分为整机包

机和部分包机。

整机包机,是指航空公司或包机代理公司与快递企业双方商定合作条件和运价,签订包机合同,将整架飞机租给快递企业使用的运输方式。整机包机的优势在于快递企业对飞机有一定程度的控制权和管理权,可根据自己的需要与出租方商定航程起止点和中途停靠的航空港以及起飞时间,具有较高的灵活性和可控性,因此被大多数大型快递企业采用。即使是四大快递巨头也有接近一半的飞机是采用整机包机的形式。

部分包机,是指多个承租方联合包租一架飞机,或者由包机公司把一架飞机的舱位分别承包给几家企业使用的运输方式。部分包机适合于该航空线路的航空运输资源比较紧张,或有一定的快件量但不足以装一整架飞机的快件运输。相对于整机包机,部分包机无法参与管理,飞行线路及起飞时间由航空公司或包机代理公司制订,可控性较差。

由于包租方式的价格都是提前谈妥的,与快件量无关,在快件量不足导致无法充分利用航空舱位的情况下,会造成舱位浪费现象,存在运输成本偏高的风险。因此,充分发挥包租方式的优势,合理降低舱位浪费,是包租方式的管理重点。

无论采用哪种包机方式,都面临航空线路和运输时间的选择,涉及配载管理和航空对接管理。

1. 航空线路选择

航空线路选择应充分考虑以下因素:

(1)该线路所连接城市的市场需求,包括现有服务质量改进的需求、时效的需求等。

(2)货量的情况,包括现有可通过该线路运输的货量情况、货量的稳定情况,以及周边城市集货的可行性和可能集中运输的货量情况。

(3)市场的潜力分析,包括对市场可供开发资源的评估以及业务发展趋势的预测等。

采用包租方式的航空线路应该选择市场需求量大且现有货量已达到包租方式运输要求的两个城市(区域),并将其作为起止点,尽量采用直达方式进行运输。只有在这两个城市(区域)无法达到满载且不影响时效的前提下,才可考虑在这两个城市(区域)之间增加途中停靠空港。

2. 运输时间选择

航空运输是快递营运中时间效率最高的运输方式,充分发挥航空运输的高时效,是保障快件准时送达的关键。在制订快递营运流程时,一般以航空运输时间为核心,根据航空运输时间计算其他各个环节的时间进度。航空运输时间是制约其他作业环节时间安排的关键。在选择航空运输时间时,要充分考虑其他环节的作业时间限度以及整个快递服务过程的时效要求,合理地选择航空运输时间并分配好各个环节的时间进度。航空运输时间选择时需考虑如下因素。

(1)运输前端时间

运输前端时间包括收件的截止时间、快件的操作用时、集货过程用时。运输前端时间一般是越充足越好,这样可以保障当天收寄的快件能够全部发运。但在航空运输时间无法满足的情况下,只有尽量压缩各环节的时间,并将收件截止时间前移,以保证大部分快件能及时发运,同时,应以集货到足够的货量为最低限度。

(2)航空作业用时

航空作业用时包括快件检查和装机时间、飞机飞行时间、卸机时间以及机场作业时间(对于24h作业的机场则不需考虑)。航空作业时间相对比较稳定,可根据实际作业情况测算出标准时间。

(3)运输后端时间

运输后端时间包括快件提货用时、快件分拨用时、分拣用时、快件派送用时。运输后端时间以保障基本派送用时为目标,可通过对作业能力的测算,制订最低保障时间。

(4)快递服务承诺时效

快递服务承诺时效是制约整个快递营运时间的主要因素,是整个营运过程的用时标准。各作业环节必须根据这个标准进行时间分配。

选择航空运输时间一般采用后推法,从快件需送达的时间算起,从后往前推算出各个环节的时间进度要求。

如次晨送达的快递产品,最晚送达时间是 12:00,假设各作业环节的最低用时限度为:派送用时为 1h,快件分拣时间为 2h,快件分拨时间为 1h,提货用时为 0.5h,机场卸机理货时间为 1h,则飞机最迟到达时间为凌晨 6:30。假如飞机飞行用时 2h,机场装机作业时间 1.5h,则飞机起飞时间为 4:30,机场停止收件时间为凌晨 3:00(在不考虑机场作业时间的前提下),这样可以继续推算前面各环节的时间进度。再对各环节的计算结果进行可行性评价,并进一步优化调整,以满足各环节的时间需求。

实际操作中由于受限条件较多,如机场的作业时间、航空公司的飞行管理规定等,往往无法以最佳的方案实行。因此,对于时间较紧张的次晨送达服务,一般选择晚航班;次日送达的产品,可以适当选择晚航班或早航班。

3. 配载管理

配载是通过对快件的调配、航空舱位的合理分配,充分利用舱位,从而减少舱位浪费。配载管理是提高航空运输的准确度、降低航空运输成本的重要措施。

配载管理的主要内容如下。

(1)快件预报管理

及时预报快件货量是进行准确、合理配载的前提。快件预报工作要求做到:①及时。必须在规定时间内向配载部门预报快件货量,货量变动时要及时报告。②详细。快件预报应包括快件的品质、规格、重量、体积,并填写清楚、详细。③准确。要求预报信息准确无误。

(2)快件调配

配载管理人员应根据快件预报,分析货量情况,发现货量波动较大时,应及时对快件进行调配。快件调配是合理利用航空舱位的关键,当货量较少时,应通报各相关业务部门,采用各种方法扩大货量,如扩大集货区域、向同行折价促销等;当货量超过装载能力时,应根据客户的保障需求,合理分配舱位,确保急件、重点保障客户的快件及时发运,并将未能装运该航班的快件安排至其他运输班次或其他运输方式。

(3)下达配载指令

配载管理人员应及时将配载方案下达到操作部门,让相关操作人员根据配载方案进行作业。信息系统配载方法一般采用快件信息与航班号或分拨批次号相绑定的方式,快件操作员可以根据系统配载信息提示进行分类;手工配载方法则一般采用制作清单的方式,操作员根据清单对快件进行分类。

4. 航空对接管理

航空对接管理是实现航空运输与其他作业环节紧密衔接的关键,其主要内容如下。

(1)快件提发货管理

提发货环节是陆运与航运相互转换的主要环节,要求做到及时、准确、快速地完成提发货作业。有发货时必须按照规定时间准时将快件交到航空公司仓库,所有的快件都必须符合航空运输标准,实现交接过程的顺畅、快速。因此,必须准确掌握飞机到达时间,及时安排车辆到达机场提货,减少快件在机场停留的时间,实现最快的对接。

(2)快件检查

快件检查包括对快件品质、规格、外包装的检查。在快件交货时,往往因为快件中有违禁品等不符合航空运输标准的快件,导致整批快件需重新操作,严重影响交货时效。因此,只有在操作环节严格对快件进行检查,确保所有快件均符合航空运输标准,确保快件中没有航空运输的违禁品,才能实现交货过程中的顺畅、快速,保证航空运输安全。

(3)快件集装处理

对快件实行集装处理,减少需交接的件数,是提高交接效率的主要手段。

(4)加强与航空、机场等相关部门的配合度

必须加强与航空各相关部门的沟通、协调,以争取各相关部门对快递业务的支持、配合。

(5)加强运输过程的监控

对运输过程的监控包括准确掌握飞机起飞时间、飞行途中的状况以及到达的时间。只有准确掌握相关信息,才能及时、准确安排作业时间和作业进度,及时提货;对于运输过程中发生的异常情况,才能及时通知各相关部门做好应急措施。

二、集中托运方式

集中托运方式,是指快递企业将发往某一方向的快件委托给航空货运代理公司,由航空货运代理公司将不同企业发往同一方向的快件集中起来组成一票快件,采用一份总运单的方式向航空公司办理托运,并由航空货运代理公司在目的地指定的代理人收件、报关,然后分拨给各实际收件公司的运输方式。集中托运方式的运输费用是根据实际快件量计算的,快递企业承担的成本风险小,是业务量小、资金有限的快递企业普遍采用的运输方式。但是该方式快件托运受制性太大,航空舱位得不到保障,时效不稳定。

集中托运方式的主要管理内容如下。

(1)航班选择

航班选择应先搜集该地区所有航空运输资源的资料,并对各航线、航班的运输安全性、时效性进行分析,根据快递企业各环节的作业时间需要,筛选出适合的航线、航班资源。航班选择时须遵循两个原则:一是直达原则,对于可实现直达运输的,不考虑中转运输的情况;二是时效第一的原则,只有在多个航班时效接近的情况下,才考虑成本因素,进行选择。

(2)订舱管理

为保证快件及时发运,应及时根据货量情况向航空公司预订舱位。这要求订舱负责人要及时接收快件预报,准确掌握快件货量和所需的舱位,快速地查询各航班的舱位情况,合理选择航班并预订舱位。

(3)发运管理

快件的发运要求发货人员要熟悉各航空公司的发货流程及相关规定,准时发货,准确填写航空托运单证,快速办理各环节的交接手续。

(4)监控管理

监控管理主要是指装运环节的监控,需确认快件是否已及时装机且装运的是否是指定的航班、飞机是否准时起飞、其飞行状况和途中停靠作业的情况以及飞机到达的准确时间。通过对各环节严密监控,及时安排提货及操作进度,并对发生的异常情况及时进行处理。

(5)提货管理

要求准确掌握飞机抵达时间,及时安排车辆、人员到达机场提货。提货时应仔细核对件数、检查快件外包装情况,对于提货现场发现的异常情况,应要求航空公司确认并开具证明。

第四节 快件公路运输管理

由于陆运方式的运输量大、运输成本低,因此是快件短距离运输采用的主要运输方式。特别是公路运输方式,由于其快速、灵活、方便,可以实现门到门运输,符合快递营运的特点和需要,因此被快件企业广泛应用于快件的派送、区域集散以及一定距离内的干线运输(一般为1 000km以内)。按管理方式的不同,陆运方式可分为自营运输方式和第三方承运方式。

一、自营运输方式管理

自营运输方式,是指快递企业自行购置快件运输车辆,专门负责企业内的快件运输。由于车辆为企业所有,快递企业可以根据需要灵活调用车辆,制订发运时间、运输线路、行驶要求,在运输途中进行监控和管理,可以有效地保障运输的时效和安全,是快递运输的首选。不过,在企业业务量不足或无法双向运输的情况下,自营运输成本偏高,会造成运力浪费。因此,快递企业应根据实际情况,合理配置车辆,组织自营运输作业,充分发挥自营运输的优势,尽量降低运输成本。

1.车辆配备

车辆配备,是指在对运输需求以及影响运输的各种因素充分考虑的基础上,恰当地选择车型,合理地调配车辆,最大限度地减少装载空间及运力的浪费。

(1)影响车型选择的因素

①运输任务。快递车辆最大的特点是有固定的运输任务和要求。在配备车辆时,首先必须确定快递网络中某条线路的运输任务及任务的个数。运输任务决定了运输距离、运输时间等因素。

②运输量。运输量决定了对车辆装载空间和载重的要求。运输量的分析应充分考虑该运输线路现有的运输量情况和市场潜力,对最大运输量以及正常运输量进行合理估算,以满足大部分时间内的需求。

③运输距离。运输距离决定了运输频率和单次运输的运载量以及运载成本。一般来说,长距离运输,要求一次装载完毕所有的快件,所需的车型较大;而短距离运输,可以采用分批多次运送的方式,因此可以选择较小的车型。

④运输时效。时效要求高的,尽量选择机动、灵活、单次运输成本小的车型;时效要求不高的,可尽量增加单次运输量以降低成本,因此应该选择较大的车型。

(2)车型选择

一般按载质量对载货汽车进行分类,主要可分为四类,见表4-1。

载货汽车类型 表4-1

载货汽车类型	微型	轻型	中型	重型
汽车的最大总质量(t)	≤1.8	1.8~6	6~14	≥14

表4-1中所示各类型载货汽车的适用范围如下:

①微型车,适用于运输距离短、运输频次多、时效要求高的运输任务,如市内运输、快件派送、特殊的加急任务等;

②轻型车,主要适用于城市间运输、区域内集散货等中距离的运输;

③中型车、重型车,主要适用业务量较大的区域之间和长距离的运输。

车型选择时应综合考虑以上因素,在保障时效的基础上,合理选择车型,最大限度地削减运输成本。

2.车辆调度及管理

车辆调度是指为保证快件及时到达,通过对快件预报的分析,了解各快件作业环节的运输需求,对车辆、驾驶员进行合理调配,下达运输任务,并对运输过程进行监控管理,确保运输准时、有序地进行。调度工作具有计划性、预防性、机动性,是实现快件运输合理化,提高运输效率,降低运输成本的关键。

(1)车辆调度内容

①编制车辆运行作业计划。其包括编制运输方案、运输计划、车辆运行计划总表、分日运输计划表、单车运行作业计划等。

②现场调度。所谓现场调度,就是根据快件分日运输计划、车辆运行作业计划和车辆动态分派运输任务,即按计划调派车辆,签发行车路单;勘察配载作业现场,做好装卸车准备;督促驾驶员按时出车;督促车辆按计划送修进保。

③实时车辆监督。实时车辆监督是指随时掌握车辆运行信息并对其进行有效监督。发现问题应采取积极措施,及时解决和消除,尽量减少运输过程的中断时间,使车辆按计划正常运行。

④检查计划执行情况。其包括检查配送计划和车辆运行作业计划的执行情况。

(2)车辆调度原则

车辆运行计划在组织执行过程中常会遇到一些难以预料的问题,如航班延误、装卸机械发生故障、车辆运行途中发生技术障碍、临时性路桥阻塞等。针对以上情况,需要调度部门有针对性地加以分析和解决,随时掌握快件货量、车况、路况、气候变化、驾驶员状况等,确保运行作业计划顺利进行。车辆运行调度工作应贯彻以下原则。

①全局原则。坚持从全局出发,局部服从整体的原则。在编制运行作业计划和实施运行作业计划过程中,要从全局出发,保证重点、统筹兼顾,运力安排应贯彻"先重点、后一般"的原则。

②安全与时效并重原则。在运输过程中,要始终把安全工作和时效管理放在首要位置。

③计划性原则。调度工作要根据快件作业要求认真编制车辆运行作业计划,并以运行作业计划为依据,监督和检查其执行情况,按计划运送快件,按计划送修送保车辆。

④合理性原则。要根据快件品质、体积、重量、车辆技术状况、道路桥梁通行条件、气候变化、驾驶员技术水平等因素合理调派车辆。在编制运行作业计划时,应科学合理地安排车辆的运行路线,有效地降低运输成本。

(3)车辆调度方法

车辆调度的方法有多种,可根据运输任务、运输线路、运输的快件量以及运输时效要求的不同采用恰当的方法。如当运输任务较简单时,可采用定向专车运行调度法、循环调度法、交叉调度法等;当运输任务较重,交通网络较复杂时,为合理调度车辆的运行,可运用运筹学中线性规划的方法,如最短路径法、表上作业法、图上作业法等。下面给出几种常用的车辆调度方法。

①图上作业法。图上作业法是将配送业务量反映在交通图上,通过对交通图初始调运方案的调整,求出最优配送车辆运行调度方法。运用这种方法时,要求交通图上没有快件对流现

象,以运行路线最短、运费最低或行程利用率最高为优化目标。其基本步骤如下。

A. 绘制交通图。根据快件预报情况、交通线路、各站点的布局,绘制出交通示意图。

B. 将初始调运方案反映在交通图上,一般可先按各站点要求到达的时间先后顺序进行连线。

C. 检查与调整。面对交通图上的初始调运方案,对交叉线路、迂回线路进行优化,可重复利用多种不同的优化方法,分别画出优化图,并计算各方案中的线路总长及到达各站点的时间,如果满足各站点要求到达的时间要求且线路总长为最短则为最优方案;否则,即为非最优方案,需要对其进行调整。

②经验调度法和运输定额比法。在有多种车辆时,车辆使用的经验原则是尽可能使用能满载运输的车辆进行运输。如运输5t的货物,安排一辆5t载质量的车辆运输。在能够保证满载的情况下,应优先使用大型车辆,并且先载运大批量的货物。一般而言,大型车辆能够保证较高的运输效率和较低的运输成本。

3. 运输过程管理

运输的过程包括运输前准备、快件装运、快件发运、在途管理、快件交付五个环节。对运输各环节进行严格的管理是提高运输效率,保障运输质量的基本方法。

(1) 运输前准备

①快件准备。其包括待发运的快件必须按照规定时间操作完毕,统计出该批快件的总件数、总重量、总体积通报运输部门,将待发运快件整理整齐摆放于快件待发区。

②单据准备。单据包括交接单、快件清单以及其他随货资料,要求作业人员在发运前制作好各类单证。

③车辆准备。要求车辆必须于指定时间到达装运区,并在装运前对车况进行检查。

(2) 快件装运

快件装运是影响运输质量的主要因素,快件装运时必须做到以下几点。

①有计划、有组织地装运。在装运前必须根据待发快件的体积与车辆装载能力合理分配装载空间,根据快件的缓急程度及卸货的顺序安排装运顺序,根据发车时间要求安排装运进度,调配装卸人员,制订装运计划并按计划组织装运作业。

②合理装运。其包括在装运时充分利用装载空间,根据快件形状合理码放快件;码放快件时必须严格遵循"大不压小、重不压轻、实不压泡"的原则;对于易碎品及外包装脆弱的快件,应合理予以保护或单独处理;严格按照先出后进的顺序装货,对于需途中卸货的,应摆放在靠近门口的位置,并尽量与其他快件隔离;合理使用装卸工具和集装用具,提高装运效率等。

③文明装运。文明装运是指在装运时必须轻拿轻放,摆放整齐,不得有扔、抛、摔快件等不良行为。

④及时装运。及时装运是指在车辆到达装运区后,应及时开始装运作业,装运过程应注意时间进度,及时完成装运任务。

(3) 快件发运

①发运前检查。其包括对待发快件是否已全部装运完毕、加封加锁是否牢固的检查。

②交接手续办理。交接手续办理是指双方在交接单上签字确认快件与随附资料的交接。

③发运时间登记。发运时间是关系到快件能否准时到达的关键,是运输管理的重点内容。发运前的各项工作要以准时发运为目标,严格控制各项作业的时间进度,确保车辆准时发运。

发运时一定要对发运时间进行登记,并需双方签字确认。

(4)在途管理

在途管理包括对行驶要求、行驶路线、途中追踪查询、途中停靠作业的管理。

①行驶要求。要求驾驶员在行驶过程中遵守交通规则、合理控制车速、不得随意停靠,及时汇报行驶状况等。

②行驶路线。要求严格按照既定的行驶路线行驶,不得私自更改行驶路线。对于有特殊情况需要绕道行驶的,应征得主管领导同意。

③途中追踪查询。要求驾驶员在行驶过程中手机必须处于开机状态,GPS设备处于正常工作状态。车辆监控人员应定时追踪车辆行驶轨迹并了解行驶的状况和道路交通情况,对于途中发生的异常情况应及时处理,并通报相关部门准备应急措施,使行驶全程处于可控状态。

④途中停靠作业。对于需途中停靠作业的,驾驶员应及时与停靠站点联系,预报到达时间。作业站点应根据报到到达时间和快件预报,充分做好卸货准备,车辆到达时应优先处理,争取在最短的时间内完成作业。

(5)快件交付

车辆到达前,驾驶员应预报到达时间,通知作业站点做好卸货准备。车辆到达后,站点应登记到达时间,并及时引导车辆停靠站台进行卸货作业。卸货过程驾驶员必须在场监督作业,办理交接手续,对于发现的异常情况,应双方确认责任及原因,并及时反馈。

二、第三方承运方式管理

第三方承运方式又称契约运输,是指快递企业与承运人签订运输契约,并按契约规定进行快件的运输方式。第三方承运方式具有运输资源多、不需前期资金投入、运输成本直接与货量挂钩、营运风险小等优点,主要适用于以下几方面的情况:

①运输工具购置成本及运输管理难度大的运输项目,如跨国境运输、深港运输等;

②运输成本高的运输项目,如长距离运输;

③快递企业货量少的运输线路;

④作为快递企业运力资源不足时候的后备资源。

但是,由于运输时间、运输线路的制订和运输管理均由第三方承运商负责,快递企业无法完全根据营运需要进行灵活调配,作业计划需根据第三方承运要求被动配合,降低了快递企业整体的营运效率。另外,由于快递企业无法对运输过程进行有效控制及风险防范,运输质量完全取决于第三方承运商的服务质量,导致不可控因素较多。因此,在采用第三方承运方式时,必须慎重地对承运商进行评估和选择,并对运输过程及时地跟踪查询,尽可能采取风险防范措施。

1. 承运商的选择与评估

(1)承运商的选择标准

①具有合法经营手续,包括营业执照、税务登记证、道路交通运输许可证等;

②具有良好的市场信用,良好的售前、售后服务意识和服务能力;

③注册资金达到一定标准以上;

④具有健全的企业管理流程和制度;

⑤具有良好的财务状况;

⑥合作线路必须是该企业的优势线路,具有自己或者固定的车辆往返于合作线路上;

⑦线路两端有固定经营场所、仓库和场地,具备自有的提送货车辆;
⑧运输价格在本地区必须具有相当的竞争力;
⑨具备良好的职业操守,能够保守商业机密等。
(2)承运商的评估方法

一般采用能反映承运商服务质量、价格、安全等方面的指标,并对各指标进行评分的办法对承运商进行评估。评估的指标如表4-2所示。

承运商综合实力评估 表4-2

标　准	权　重	标　准	权　重
运输成本		运输的能力	
运输时间		运输的直达性	
运输的可靠性		运输的安全性	

一般情况下,各快递企业可根据各个指标对企业关键度的不同对其赋予不同的权重。

通过对各个承运商上述指标的衡量,再乘以权重,最终可得出各个承运商的评分。多个承运商对比评分表如表4-3所示。

多个承运商对比评分 表4-3

承运商	标　准						总分
	运输成本	运输时间	运输的可靠性	运输的能力	运输的直达性	运输的安全性	
承运商1							
承运商2							
承运商3							
承运商4							
承运商5							

对承运商的选择,应根据选择标准、承运商的评估结果、承运商运输线路与快递企业业务的配合度、承运商对快递企业业务发展的支持度等多方面综合考虑,最终确定选择对象。

2.运输环节管理

虽然运输环节是由第三方承运商负责,但是为了提高与第三方承运业务的衔接度以及最大限度地防范风险,快递企业应加强发运环节、提(收)货环节以及运输途中的查询跟踪等方面的管理。

(1)发运管理

发运环节是快递企业发挥风险防范作用的重要环节,也是第三方承运管理最重要的环节,包括如下内容。

①准时发货。一定要按照承运商的发运要求准时将快件送达承运商的仓库,确保承运商有足够的交接和操作时间,赶上承运商的最佳发运班次。

②外包装检查。发货前要检查快件的外包装是否符合一般的运输标准,快件的封口是否完好、牢固,快件运单以及标签是否粘贴牢固,贵重物品的封签是否按规定粘贴且完好等。外包装检查是确保快件运输安全和防范快件丢失以及界定第三方责任的重要措施。

③集装处理。对于小件快件进行集装处理,是防止快件破损、丢失的最好办法。同时,也可以减少交运的件数,提高交接效率和装卸货效率。

④现场交接。现场交接是划分双方对快件管理责任的界线,一定要做到准确无误。交接时双方应根据快件清单,仔细核对快件的票数、件数、重量,并对快件品质及外包装进行检查。对于承运方有疑义的快件,应及时处理。验收完毕,应要求验收人员在快件清单上签字确认验收结果。

⑤交接单据管理。交接完毕后,承运方根据验收结果制作交接单,快递企业交货人员应仔细核对交接单上的内容,确保内容填写无误、与实际交接情况相符合,并签字确认交接结果。交接单和快件清单是交接的重要凭证,办理完交接手续后应装订整齐,按相关规定妥善保存、存档。

(2)在途运输管理

虽然运输过程由承运方全权负责,快递企业无法直接参与管理,但仍应密切关注运输的情况,定时通过各种查询跟踪方法了解快件的运输状况,及时掌握快件的最新动态以及到达时间,安排快件提(收)货准备工作。当运输过程有异常情况发生时,应及时通知各相关部门,做好应急准备。

(3)提(收)货管理

提(收)货要求做到及时、准确,是快递企业与第三方承运高效衔接的关键。其管理的重点内容有:

①准确掌握快件到达时间,合理安排车辆(装卸工具)和人员,及时提(收)快件。

②验收环节时要仔细核对快件的票数、件数,认真检查快件的标签、品质和外包装,确保正常验收的快件准确无误。

③验收过程发现异常情况时,应详细记录,并要求承运方人员确认。异常情况要及时上报、反馈到相关部门。

第五节 路由管理

一、路由定义

路由在邮政中称为"邮路",是指从快件受理到客户签收的业务环节的总和,包括受理、下单、取件、站点操作、分拨、运输、提货、派送、签收等流程的一体化衔接的过程。快件路由具有唯一性、完整性、可控性等特点。

路由包括三个方面的要素,分别为结点、线路、时间。

(1)结点

广义的物流结点是指所有进行物资中转、集散和储运的节点,包括港口、空港、火车货运站、公路枢纽、大型公共仓库及现代物流(配送)中心、物流园区等。快递企业的转运中心、分拨中心、各级网点等都是结点资源。

(2)线路

快件运输路线,包括航空、公路、铁路的干线和支线。

(3)时间

各个结点的到发时点及路由全程用时,包括受理截单时间、取派送时间、分拨批次、区域集散时间、提发货时间、分拨时间、串点快件班车时间。

二、快递路由确定步骤

1. 确定分拨批次时间和地点

路由确定时首先考虑分拨批次的时间和地点,然后根据分拨批次确定的时间、地点,选择和调整航班的落地时间、提发货车辆发车时间、到达分拨中心的时间。

以早航班进港市内派送分拨批次为例,该分拨批次的确定是由所有进港早航班的落地、提货、分拨时间以及市内快件班车到达最后一个网点和取派时间来决定的。

分拨批次设计的核心点有两个:一是航班的落地截止时间,二是到达客户的时间。如要求到达客户的时间是15:00,如果提货时间2.5h、分拣时间30min、串点班车到最后一个网点2h、派送1h,合计6h,那么航班的截止时间就可以定在9:00。由此,分拨批次的时间可以确定为12:00。分拨批次的时间是指到达分拨中心的时间,所以航班落地时间9:00加3h,即提货时间是12:00。

2. 航班的确定

(1) 制作航班时刻表

即将区域内可以使用的航班资源汇总成为一个电子表格,如表4-4所示。

航 班 时 刻 表　　　　　　表4-4

发站	早 航						晚 航					
	班期	离站	到达	航班号	机型	分拨批次	发站	班期	离站	到达	航班号	机型	分拨批次
北京	1234567	605	720	CA1845	737		北京	1234567	2215	2335	CZ3176	737	
	1234567	630	750	CZ3174	737								
	1234567	640	800	CZ3180	737								
深圳	1234567	830	1030	CZ3989	320		深圳	1234567	2055	2310	CZ3974	737	
	1234567	855	1110	ZH9843	737								
							重庆	1234567	2210	2340	CZ3480	737	

(2) 填列航班

按照表中的格式,分别列出所有的出港早航班、出港晚航班、进港早航班、进港晚航班,并按照"早航班最早,晚航班最晚"的原则选择航班。

(3) 航班选择原则

由于快递营运的特色及服务需要,快件航班的选择一般以各城市早、晚航班为主要资源。

① 早航班选择原则。上午航班到达时间或离港时间在规定时间(不同的企业有不同的标准和规定,一般为12:00)以前的最早几趟航班。

② 晚航班选择原则。下午航班的离港时间在规定时间(不同的企业有不同的标准和规定,一般为19:00)以后的最晚几趟航班。

③ 班期原则。班期是指一周内航班固定营运的天数。班期要求稳定且天数达5d以上(最好是每天都有)。

(4) 出港早航班的确定原则

出港早航班的确定,以到达进港方落地的时间为原则。也就是说,根据进港方早航班分拨批次的时间来确定出港早航班,出港早航班的落地时间必须在进港方早航班的分拨时间之前。

将已确定的出港早晚航班在航班表中标出,并注明航班的舱位、合同类型,最终确定航班的原则是必须保障不能落货。

三、路由分析

1. 路由数据分析常用软件

路由数据分析常用的软件有 OFFICE 软件中的 EXCLE 和 ACCESS。EXCLE 是常用的电子表格,OFFICE 2003 版本的 EXCLE 每个表单最多能存储 66 000 条数据,可以完成基本的查询、筛选、排序等数据加工,但是数据一旦过大,运行速度会受到很大的影响,因此,数据量大时,建议使用 ACCESS。ACCESS 是一个小型数据库,可以自定义各种不同的条件或自行编写程序来进行各类处理,数据可以导入 EXCLE。

2. 路由数据分析常用资料

(1)路由表

(2)全国网络表

(3)某一段时间实际发货的情况

其包括始发站、到达站、实发方式、到达口岸、快件重量、快件件数。

3. 路由数据整理步骤

(1)整理路由始发到站的列表

打开全国网络表,把本单位所在的城市作为始发站,以到达城市、片区、网点作为到达地,到达地分别按区域、地区、片区对照基本信息表整理,最后整理出区域、地区、片区路由始发到站的列表。

(2)整理路由基础表

在路由始发到站的列表后增加受理截单时间、出港批次、车次、发车时间、到达时间、进港批次、中转线路、实现的快递产品、成本,即是本单位的路由基础表。

4. 路由数据分析方法

(1)制订分析目标

分析目标一般是指某快递产品所要实现的时限和成本,应根据企业所要发展的目标而制订。

(2)无法达到时限目标的分析

①直达路由分析

第一步:查看该路由所选择的资源,在不加入进、出港批次的前提下,是否能达到预期产品目标。如果资源本身能实现,那么按第二步分析,否则考虑重新设计。

第二步:如果资源本身能实现,则重点查看进港分拨的设计是否合理,即进港分拨时间是否能在要求的时间点送达。如果进港分拨的设计合理,则分析班车的设置或市内派送线路是否最优。

②中转路由分析

第一步:判断中转节点的选择是否合理。中转节点主要选择离该城市最近的分拨中心或机场,如果中转节点的选择合适,则按第二步分析,否则重新更换中转的分拨中心或机场。

第二步:在选择节点正确的情况下,分析资源选择及中转衔接是否合理。查看选用的资源是否合理,原则上是希望快件到港后,采用最快的方式到达目的地。如果是采用最快的方式到达,则分析中转时间衔接问题可转化为确认是否是离最近的一个批次进行中转的;如果不是,则需要在成本方面作资源变更分析。

(3)在实现时限目标的基础上,分析是否有更低成本的资源

如果有足够的中转时间,则可以向成本更低的方面考虑资源是否可以变更。当有新的资源时,应找出使用该始发和到站的资源有哪些,其运行时间、航班始发的时刻、成本是否优于原有的资源。如果运行时间优先原有的,则在现有的分拨批次中选择合适的进、出港批次,分析是否可以提高时效。如果成本优于原有的资源,则需判定是否可以在不改动分拨批次的情况下,替换掉原有的资源。

5. 路由数据分析报告

路由分析完成以后,应对分析结果制作路由分析报告。路由分析报告的内容包括:可以优化的路由数量、已运行线路的改进建议、需要寻找的新线路资源(运行时间段、价格等)。最后,附上一份测算优化路由后的详情表(包括对线路、快递产品、成本、汇总测算的影响)。

四、路由表考核

1. 考核目的

考核目的包括:掌握所有快递产品实现的实际时效以及掌握实际营运中遵照路由中转运输的情况。

2. 考核方法

(1)发运路由遵守界定

考核实际路由与标准路由是否一致。如果实际营运中使用航班/车次与应出港航班/车次号相符,则为发运路由遵守,否则为不遵守。

(2)派送路由遵守界定

将实际到港时间与进港批次表里的航班落地截止时间进行比对,确定进港分拨批次对应的送达时限。如果签收时间小于应送达时限,则为路由遵守,否则为不遵守。

如:某地区早航落地截止时间是11:20,赶中午的进港批次17:00派送;晚航落地时间是22:00,赶早上的进港批次12:00派送。那么,航班落地时间在11:20~22:00之间的应该在第二天12:00前签收,如果签收时间超过12:00,就是路由不遵守;晚22:00到次日11:20之前落地的应该在第二天17:00前签收,如果签收时间超过17:00,就是路由不遵守。

(3)路由遵守率计算

路由遵守率是实际营运中按照标准路由派送的快件票数与总票数之比。计算公式如下:

$$路由遵守率 = \frac{遵守票数}{快件总票数} \times 100\% \tag{4-1}$$

(4)考核对象

将不同的快递产品、不同的运输线路、不同的操作单位分别作为考核对象,计算路由遵守率。

(5)考核标准

考核标准是根据实际营运情况制订的改进目标,不同线路、不同操作单位的标准可能不一致,不同的快递企业制订的标准也不一致。

第六节 快件运输优化管理

快件运输的优化,是指从快递营运的总体目标出发,运用各种优化理论和方法,充分利用各种运输方式优点,合理规划、选择运输路线和运输工具,以最短的路径、最少的环节、最快的

速度和最少的费用进行快件运输,避免不合理运输情况的出现。通过对快件运输的优化管理,实现快件运输的合理化,提高运输的时效性,降低运输的成本,从而提高快递服务质量。

一、快件运输优化管理的目的

(1)提高快递营运的整体效率和营运质量

合理组织快件的运输,促进快递营运的各环节紧密衔接,协调、高效、快速地进行快递营运,提高其整体效率和营运质量。

(2)节约运输费用,降低物流成本

运输费用是构成快件营运费用(成本)的重要组成部分。在快件运输过程中,运输作业所消耗的活劳动和物化劳动占的比例最大。据统计,快件营运成本中运输费用的支出约占30%。如果把运输过程中的装卸搬运费加上,其比例更大。因此,降低运输费用是提高快递系统效益、实现快递营运目标的主要途径之一。

快件运输的优化管理,就是通过运输方式、运输工具和运输路径的选择,进行运输分类的优化,实现快件运输的合理化。由此,必然会缩短运输里程,提高运输工具的运用效率,从而达到节约运输费用、降低运输成本的目的。

(3)缩短运输时间,加快快件速度

运输时间的长短决定着快件速度的快慢,因此,只有合理组织快件运输,使快件在途时间尽可能缩短,才能达到及时到件的目的,实现加快快件速度的目标。

(4)达到运输合理化

运输合理化不仅可以节约运力,缓解运力紧张的状况,还能节约能源。快件运输合理化能够克服许多不合理的运输现象,从而提高快件的运送能力,起到合理利用运输能力的作用。同时,快件运输的合理性还可以降低运输部门的能源消耗,提高能源利用率。

二、快件运输优化需考虑的主要因素

快件运输优化时需考虑的因素很多,起决定性作用的因素有如下五个方面。

1. 运输距离

运输的若干技术经济指标,都与运距有一定比例关系。运输里程的远近是运输是否合理的一个最基本因素,从宏观、微观角度考虑都会带来好处。因此,应尽可能就近运输,避免舍近求远,要尽量避免过远、迂回运输,缩短运输距离。

2. 运输环节

每增加一次运输,不但会增加起运的运费和总运费,而且必然会增加运输的附属活动,如装卸、包装等,各项技术经济指标也会因此下降。所以,减少运输环节,尤其是同类运输工具的环节,对合理运输有促进作用。

3. 运输工具

各种运输工具都有其使用的优势领域,要根据不同类型快件的特点,最大限度地发挥运输工具的特点和作用,同时还要按运输工具特点进行装卸运输作业。最大限度地发挥所用运输工具的作用,是快件运输优化的重要一环。

4. 运输时间

运输是快递营运过程中需要花费较多时间的环节,尤其是远距离运输,在其全部快递营运时间中,运输时间占绝大部分。所以,运输时间的缩短对整个营运时间的缩短起决定性作用。

此外，运输时间短有利于运输工具的加速周转，能够充分发挥运力的作用，有利于运输线路运送能力的提高，实现快件运输合理化。

5. 运输费用

运费在全部物流费中占很大比例，运费高低在很大程度决定整个快递服务的竞争能力。实际上，运输费用的降低，对快递企业来讲，是运输优化的一个重要目标。运费的判断，也是各种优化措施实施是否行之有效的最终判断依据之一。

三、快件运输过程存在的问题

快件运输中的主要问题是存在着不合理运输现象。不合理运输是指在现有条件下未达到可以达到的运输水平，从而造成了运力浪费、运输时间增加、运费超支等问题的运输。其主要表现如下。

1. 返程或启程空驶

因无快件可装造成车辆空驶是不合理运输的最严重形式。在实际运输组织中，有时必须调运空车，从管理上不能将其看成不合理运输。但是，因调运不当、快件量信息了解不准确、各种运输资源使用不合理而形成的空驶，是确切的不合理运输的表现。造成空驶的不合理运输主要有以下几种原因：

①线路设计不合理，没有充分利用各种运输资源，往往出现单程重车、单程空驶的不合理运输；

②由于工作失误或计划不周，造成快件货量与预报不符，车辆空去空回，形成双程空驶；

③由于车辆过分专用，无法实现双程运输，只能单程实车、单程回空周转。

2. 迂回运输

迂回运输是舍近求远的一种运输，即舍弃可行的短距离运输而选择长距离运输的一种不合理形式。只有当计划不周、地理不熟、组织不当而发生的迂回，才属于不合理运输，而最短距离线路有交通阻塞、路况不好或有对噪声、排气等的特殊限制造成不能通行时发生的迂回，不能称为不合理运输。

3. 重复运输

重复运输有两种形式。一种是指可以直接将快件运达目的地，但在到达目的地之前，将快件卸下，再重复装运送达目的地。另一种是指同一派送批次快件或同一目的地的快件，在同一地点运进，同时又向外运出。重复运输的最大问题是增加了非必要的中间环节，延缓了快递速度，增加了货损率及运作成本。

4. 运力选择不当

在运输过程中未选择合理的运输工具会出现不合理现象，包括运输工具承载能力选择不当，不根据快件的数量及重量选择而盲目决定运输工具，造成过分超载、损坏车辆及快件未满载、浪费运力的现象。

5. 托运方式选择不当

(1)不需要发航空的快件选择了航空运输，造成运输成本提高，导致单票快件亏损。

(2)应当发航空快件的没选择航空运输，造成快件延误，影响了快递服务质量。

(3)对于快递企业来说，在可以选择最好托运方式时而未选择，是造成运力浪费及费用支出加大的一种不合理运输。例如，应选择包租方式运输的而采取集中托运方式，应当直达而选择了中转运输等都属于这一类型的不合理运输。

四、快件运输优化的方法

1. 提高运输工具满载率

满载率是指实际运输的快件重量(或体积)与该运输工具可用的标准载重(或体积)之间的比例。运输工具的标准载重为:采用整车运输的是该车的标准载重(或体积);采用包租方式的是实际包租舱位的重量或体积。

提高满载率的意义在于,充分利用运输工具的额定能力,减少舱位浪费和未满载行驶的时间,降低运输成本,提高运输效率,实现快件运输的合理化。

2. 合理使用第三方运输资源、优化运输结构

随着我国运输业的发展,社会上可供选择的运输资源越来越多,提供的服务也越来越多样化,可以满足企业的各种需求。而快递企业如果单靠自身的运输资源,经常容易出现空驶、运力选择不当(因运输工具有限,选择范围太窄)、不能满载等浪费现象,以及在货量高峰期出现运力不足的情况。因此,快递企业有必要充分利用社会上的第三方运输资源。对于货量少、运输成本高的运输线路,采用第三方运输资源运送,可以避免对流、倒流、空驶、运力不当等多种不合理运输形式的出现。当快件量超过自身运载能力的时候,可以及时地调用第三方的运输工具,保障快件及时发运,而不必等待车辆多次往返运送。这样不仅可以保障运输的时效,而且可以追求规模效益。

3. 尽量发展直达运输

直达运输是追求运输合理化的重要形式,其对合理化的追求要点是通过减少中转过载换载,从而提高运输速度,省却装卸费用,降低中转的快件风险。直达的优势,尤其是在满载的情况下表现最为突出。特别需要注意的是,如同其他合理化措施一样,直达运输的合理性也是在一定条件下才会有所表现的,不能绝对认为直达一定优于中转,这要根据具体的快件量和运输线路情况而定。当批量大到一定程度时,直达是最佳的选择;当批量较小时,直达的成本往往太高,这时适当地选择中转也是合理的。

4. 加强运输的计划性

在组织运输的过程中,临时运输、紧急运输或无计划地随时运输都会大幅度增加运输成本,因为这些运输不能使车辆满载,会浪费里程。因此,为了加强运输的计划性,需要建立各环节的快件预报制度。运输组织部门通过对快件预报的分析,可以充分了解各环节所需的舱位、车型,对车辆进行统一、合理调配,实现运输合理化。

5. 制订合理的运输路线

采用科学的方法制订合理的运输路线,是运输管理中的一项重要工作。制订运输路线的方法很多,既可采用方案评价法,拟订多种方案,以使用的车辆数、驾驶员数、油量、运输的时效要求等作为评价指标,对各个方案进行比较,从中选出最佳方案,也可以采用数学模型进行定量分析。

第七节 运输质量分析

运输指标是反映运输质量、评价运输管理工作的重要依据,运输指标主要有以下几类。

一、运输时效指标

1. 准点发运率

准点发运率是指在一定时间内,快件准点发运的次数与发运总次数之比。准点发运是确

保快件准时到达的前提,是运输管理的重点工作之一。准点发运率反映了运输管理工作的质量。

$$准点发运率=\frac{统计期内准点发运的次数}{统计期内发运总次数}\times 100\% \qquad (4-2)$$

2. 准时运输率

准时运输率是指在一定时间内,快件准时到达的次数与运输资料之比。它是反映快件运输质量的最主要指标。

$$准时运输率=\frac{统计期内准时运输次数}{统计期内运输总次数}\times 100\% \qquad (4-3)$$

二、运输成本指标

1. 运输费用水平

运输费用水平是指快件运输总费用与快件营业总收入之比。它是考核运输营运方面的一项重要指标。

$$运输费用水平=\frac{运输费用总额}{承运快件总收入} \qquad (4-4)$$

2. 实际油耗

实际油耗可以用报告实际油耗与报告期实际吨公里数之比来表示。

$$实际油耗=\frac{报告实际油耗}{报告期实际吨公里数} \qquad (4-5)$$

3. 保修费

保修费可以用车辆保修及小修费用占行驶公里数的比重来表示。

$$保修费(元/千公里)=\frac{车辆保修及小修费用}{行驶公里数/1\,000} \qquad (4-6)$$

4. 满载率

满载率是指运输工具实际装载量与该运输工具实际装载能力之比。运输工具实际装载能力为:车辆的装载能力为该车的额定载重或体积,包租舱位的装载能力则是实际包租舱位的载重或体积。满载率反映了运输的合理性,是运行运输成本控制的主要参考指标。

$$满载率=\frac{实际装载量}{实际装载能力}\times 100\% \qquad (4-7)$$

三、运输完好指标

运输完好是指在运输过程中没有发生破损、丢失等异常现象的快件。反映运输完好的指标如下。

1. 运输破损率

运输破损率是指在运输过程中破损的快件票数(或件数)与运输总票数(或总件数)之比。

$$运输破损率=\frac{破损票数}{运输总票数}\times 100\% \qquad (4-8)$$

或

$$运输破损率=\frac{破损件数}{运输总件数}\times 100\% \qquad (4-9)$$

2. 运输丢失率

运输丢失率是指在运输过程中丢失的快件票数（或件数）与运输总票数（或总件数）之比。

$$运输丢失率 = \frac{丢失票数}{运输总票数} \times 100\% \tag{4-10}$$

或

$$运输丢失率 = \frac{丢失件数}{运输总件数} \times 100\% \tag{4-11}$$

3. 运输损失率

运输损失是指在运输过程中发生的异常情况给企业造成的损失。运输损失率是指造成经济损失的总和与快件承运总收入之比。

$$运输损失率 = \frac{经济损失总和}{快件承运总收入} \times 100\% \tag{4-12}$$

四、安全评价指标

对于运输中的安全程度，可以用事故频率和安全间隔里程来衡量。

1. 事故频率

事故频率一般用报告期内事故次数与报告期内行驶公里数之比来表示。

$$事故频率（次/万公里） = \frac{报告期内事故次数}{报告期内行驶公里数/10\,000} \times 100\% \tag{4-13}$$

2. 安全间隔里程

安全间隔里程一般用报告期内行驶公里数与报告期内事故次数之比来表示。

$$安全间隔里程（万公里/次） = \frac{报告期内行驶公里数/10\,000}{报告期内事故次数} \tag{4-14}$$

第八节 快递营运质量的监控及分析

快递营运质量是快递服务管理的核心。营运质量的好坏直接关系到快递服务质量的整体水平。快递营运质量监控是指通过制订快递营运质量指标，对快递营运全过程进行营运质量的监督与控制，及时发现异常，并对其进行持续性改进的过程。

一、快件准点率的监控

快件准点率是指在承诺时间内或客户合理要求时间内准时送达客户并正常签收的快件票数与快件企业受理的快件总票数之比。计算公式如下：

$$准点率 = \frac{准时签收票数}{快件总票数} \times 100\% \tag{4-15}$$

快件准点率是反映快递营运质量以及快递服务质量最直观也是最重要的指标。快件准点率高说明快递营运质量高、快递服务水平好；反之，则说明快递营运质量低，快递服务水平差。快递行业普遍存在着这样一个标准：快件准点率在95%以上，视为优质服务；在95%以下，则会招致大量投诉，降低客户满意度，导致客户流失。目前国际上成功的快递企业的快件准点率几乎达到了99%以上，而我国的快递企业的快件准点率则普遍在90%以下。因此，提高快件准点率是快递营运质量管理中最重要的一项工作。而提高快件准点率的有效措施，就是对快件的收寄、操作、运输、派送等环节进行全过程的准点监控,及时发现中转过程出现的问题,并予以快速处理,确保快件准时到达。快件准点率的监控主要有两方面:一是对快件轨迹进行持续的跟踪查询,二是建立快件准点监控表。

1. 实施快件轨迹跟踪查询

快件轨迹跟踪查询是指从受理环节开始,通过各种查询工具,包括电话查询、信息系统查询、网上查询等,定时、循环式地对快件最新的状况进行跟踪了解,并核对准点情况。一旦发现晚点情况,及时通报相关部门,予以补救处理。快件轨迹的跟踪查询是一个持续性、全过程的跟踪管理模式,是对快递营运质量进行有效控制的重要措施。

2. 建立快件准点监控表

快件准点监控表是对快件营运全过程的时间记录,是指将每天受理的快件汇总到一个电子表格上,并在表上记录每一票快件从收寄到派送的各个环节的时间。通过对到达各个环节的时间与标准到达时间对比,发现晚点情况。快件准点监控表可以系统、全面地反映快递营运过程,并发现营运各环节存在的问题。快件准点监控表的具体作用如下。

(1)及时发现晚点情况

在准点监控表上预先设计标准到达时间,当超过标准到达时间未录入到达时间或录入的时间超过标准时间,监控表可发出晚点警报,从而及时发现晚点情况,尽快通知相关部门调查原因,并采取补救措施。

(2)记录各环节时间

通过准点监控表记录各环节时间,可以计算出快件服务全过程的时间及各个环节的用时,反映出各个环节的时间效率和中转运输线路的问题。

(3)进行汇总、分析

通过对准点监控表进行汇总、分析,可以发现晚点频率高的环节,从而及时通知该环节管理人员加强管理,改进作业质量。

通过准点监控表,可以随时掌握快件准点情况,反映快递服务水平,为加强质量管理、改进服务质量提供决策依据。

二、在库滞留快件的监控

在库滞留快件是指须按规定时间出库中转或派送的快件没有出库,仍停留在库房中的快件。在库滞留意味着已错过最佳操作时间,可能会造成服务事故,因此应加强对在库滞留快件的监控和管理,并进行及时处理以免造成严重的后果。在库滞留快件的监控管理措施有以下几个方面。

1. 建立定时清点快件制度

核查在库快件的处理情况,及时发现未按时出库的快件。要定期、全面、仔细地对作业中心每一个地方进行巡视检查,清楚地掌握在库快件的时间安排及进度情况。

2. 信息检查制度

信息检查是指通过信息系统对在库快件进行监控,定期在系统中检索在库时间超过规定标准的数据,或已分配操作批次且该批次已发运而没有出库记录的数据。通过系统数据检查并与现场核对,及时发现异常在库滞留的快件。

3. 原因分析制度

当发现有快件在库滞留时,应及时向相关人员了解原因,并分析造成滞留的主要原因。

4.及时处理制度

造成在库滞留快件的原因较多,应根据不同原因分别进行处理。主要原因及其措施可归纳如下。

(1)待通知送货

待通知送货一般是应客户要求,故不将此类快件作为异常处理,但会收取仓储费。处理时应定时与客户联系,及时送出快件。

(2)操作差错导致未及时出库

此类快件应及时、重点地予以处理,若时间允许,可待下一运输班次或派送批次出站;若时间较紧,应考虑加急处理。

(3)发生异常待处理快件

此类快件应按相关规定摆放在异常管理区,定期进行盘点,采用循环式跟踪处理,并定期上报处理情况和库存情况。

作业完毕后应对所有在库快件进行清点、登记,注明在库原因,并上报到相关部门。

三、快件破损率的监控

快件破损是快递营运过程普遍发生的问题,是影响快递服务质量的主要因素之一。因此,加强对快件破损率的监控是快递营运质量管理的一项重要工作。

1.快件破损率的计算

快件破损率是指快递营运过程发生破损的票数与快件承运总票数之比。计算公式如下:

$$快件破损率 = \frac{破损票数}{快件总票数} \times 100\% \tag{4-16}$$

2.快件破损率的监控措施

(1)制订完善的快件破损的反馈、上报流程和处理方法

在发现快件破损时应及时反馈、上报到相关部门,并在信息系统中注明快件破损及原因。

(2)检查快件状况,及时发现和上报快件破损情况或存在的破损隐患

检查快件状况可以确保相关监控部门准确地掌握快件的状况,从而追查出破损的主要责任方。

(3)定期对快件破损率进行统计和分析

快件破损率的统计应按不同的作业环节、不同的破损原因分别进行,主要包括对各个环节发生破损的频率、次数统计,以及造成破损次数较多的原因统计。

(4)加强对破损发生次数较多的环节的监控和管理

从统计结果中发现破损频发环节,应通报相关责任人,要求相关环节改进及加强作业管理,同时监控部门也应加强对其监控。

四、快件丢失率的监控

快件丢失是快递服务中严重的服务事故,每一起丢失的发生都会给企业带来负面的影响。加强对快件丢失率的监控,目的就是防范快件丢失的发生。

1.快件丢失率的计算

快件丢失率是指在一定时间内丢失的快件票数与受理的快件总票数之比。计算公式如下:

$$快件丢失率 = \frac{丢失票数}{快件总票数} \times 100\% \tag{4-17}$$

2. 快件丢失监控表

快件丢失监控表是对快递营运发生的丢失事件的汇总表,基本内容包括:丢失快件的基础信息、丢失时间、丢失责任环节、丢失原因、丢失处理结果、丢失造成的经济损失等。各环节发生快件丢失时,应及时上报相关部门,由快件监控责任部门将上报数据登记到快件丢失监控表。

通过制作快件丢失监控表,可全面地了解整个快递营运系统各个环节快件丢失的情况,以及造成快件丢失的主要原因,发现快递营运系统中存在的问题,为质量改进和管理提供了基本依据。

3. 快件丢失分析

按责任环节、丢失原因等对快件丢失监控表进行分类汇总、排序,可以发现丢失频率较高的环节和造成丢失的主要原因。针对这些环节和原因,应通报其相关责任人,使其协助加强监控及作业改进。

4. 快件丢失预警方法

快件丢失预警是指对各环节、各种丢失原因制订预警参数,并定期统计快件丢失率,当丢失率超过预警线时,发出预警信号。这样,监控人员就能及时加强对该环节的监控,制订防范措施。

五、营运数据统计及分析

营运数据统计及分析是快递营运质量管理的一项重要的基础工作。快递质量管理的实现过程是严格要求按照规定的各项标准进行的,而这些标准的制订需要从各作业环节获得计量数据,如操作速度、分拣效率等。要得到各种准确可靠的计量数据,必须有合理、标准的统计方法和数据分析方法。

1. 快递营运数据统计的基本要求

(1) 统一计量单位

由于各作业环节的统计侧重点不同,往往会出现不同的计量单位。如有的部门会采用"元/件"来表示装卸成本,而有的部门会用"元/kg"来表示;有的部门会采用"d"作为时间单位,有的部门却用"h"来表示。这样会造成数据无法进行合理的对比分析。因此,快递企业应对各项作业指标规定统一的计量单位。

(2) 统一统计表的规格及各项统计标准

统一统计表的规格可以实现数据对比性,提高数据表合并效率,减少统计工作量。各项统计标准包括:统计周期、统计范围以及各类数据的标准统计方法等。只有统一各项标准才能实现各类数据的可比性,进行数据分析。

(3) 定期上报统计数据

定期上报统计数据是统计人员的重要工作内容,各作业环节都应按规定时间上报指定的各类作业数据和统计表。只有相关人员及时、准确地上报统计数据,管理部门才能掌握快递营运的情况,并通过统计、分析及时发现和改进快递营运过程中的问题。

2. 快递营运数据分析过程

(1) 制订各类参考标准

参考标准是通过数据分析发现存在问题的关键。参考标准的制订一般可采用：①本企业历史参考数据；②同行业中普遍使用的标准；③通过抽样测试的方法获取的数据。

(2)统计各类营运数据

按照标准的统计方法定期对各类营运数据进行统计，包括对各类数据进行汇总、分类汇总，计算其各类指标等工作。

(3)进行数据对比

将实际统计的成果与参考标准进行对比，从而发现问题。一般可采用电子表格进行数据分析，制作折线图、因果图、直方图等。

(4)撰写分析报告

分析报告应包含各类数据的统计结果、数据的对比情况、变动趋势分析、存在的问题分析、改进的建议等。

第五章 快递信息系统管理

第一节 快递信息系统概述

一、信息与快递信息

1. 信息定义

信息是对客观事物特征和变化的反映,是经过加工的有用的资料。

2. 快递信息定义

快递活动进行中必要的信息称为快递信息,是反映快递各种活动内容的资料的总称。

快递活动涉及作业环节多,作业量大,因此快递作业必须是有计划的作业,整个复杂的作业流程必须通过精确的信息来控制。一套先进适用的信息管理系统不但可以极大地提高快递作业效率,还有助于减少作业环节和提升快递作业速度,从而最终实现高质量、低成本的快递服务目标。

3. 快递信息分类

(1)按快递功能分类

按快递功能划分,快递信息可分为计划信息、控制及作业信息、统计信息等。此外,其他快递业务以外但对快递业务产生影响的信息也属于快递信息的范畴。

①计划信息。对未来快递作业或管理进行规划的信息称为计划信息。快递企业按照系统实际情况、客户需求,为提供低成本、高质量的快递服务,在制订快递管理或作业计划时需要收集计划信息。计划信息对制订准确实用的快递管理或作业计划起着决定性作用。

②控制及作业信息。控制及作业信息是指在快递作业过程中产生的信息,例如:正在收件或派件的作业情况、客户及作业人员情况等。

③统计信息。统计信息是指在快递作业结束后,对其作业结果分门别类地进行统计得到的信息。例如:每月的出入库量统计,每月不同客户的出入库量统计,每年不同快递物品作业的收入、利润统计等。

④支持信息。支持信息是指快递业务以外,但对快递业务能够产生影响的信息,例如:快递行业人才需求情况、国家的相关政策法规等。

(2)按快递信息来源分类

①快递系统内信息。快递系统内信息是指伴随着快递业务活动而发生的信息。

②快递系统外信息。快递系统外信息是指快递活动以外但与快递作业有紧密联系的信息,例如:商流信息、资金流信息等。

(3)按管理层次分类

①操作管理信息。操作管理信息是由操作管理层产生的信息,例如:作业票数、客户名称、作业人员情况等信息。

②知识管理信息。知识管理信息一般指行业经验、行业知识和技术等。

③战术管理信息。战术管理信息指的是部门级中短期的规划管理信息,例如:月度作业量、单位业务量成本等。

④战略管理信息。战略管理信息主要是企业高层决策信息,例如:经营策略的选择等。

4. 快递信息特点

(1)快递信息分布广

快递全球化贯穿于快递活动从收件到派件的整个过程,使得快递信息具有分布广的特点。

(2)快递信息时效性强

快递物品的信息随时随地都在变化,因此快递信息具有很强的时效性。

(3)快递信息复杂多变

快递业务的作业环节和所涉及的行业众多,因此给快递信息的采集及集成带来较大困难。

5. 快递信息的作用

快递信息有助于加强快递业务各环节之间的相互衔接。快递是一个包含运输、仓储、收派件等多个作业环节的系统,各个环节要求有计划地精确衔接。因此,快递信息是衔接各个作业环节的"链条",同时也是快递业务系统高效率的保证。

快递信息有助于快递业务活动各环节之间的协调与控制。要合理组织快递活动,必须依赖快递信息的沟通,只有通过高效的信息传递和反馈才能实现整个系统合理有效的运行。

快递信息有助于快递管理和决策水平的提高。快递信息,特别是诸如财务统计指标等,对经营决策能起到支持性作用。

二、快递信息系统

1. 快递信息系统的概念

信息系统是以加工处理信息为主的系统,它由人、硬件、软件和资料资源组成,其目的是及时准确收集、处理、存储、传输和提供信息。快递信息系统是根据快递业务管理运作的需要,在管理信息系统的基础上形成的快递信息资源管理、协调系统。它是一种通过多方式收集、输入快递相关业务资料,根据管理工作的需要,采用特定的计算机技术,对原始数据处理后输出对管理工作有用的信息的系统。它具有实时化、网络化、系统化、规模化、专业化、集成智能化等特点。

从本质上讲,快递信息系统是利用信息技术,通过信息流将各种快递业务环节或者快递业务活动连接在一起的系统平台。快递业务系统中不同作业单元的相互衔接是通过信息予以沟通的,基本资源的调度也是通过信息共享来实现的,因此,组织快递业务活动必须以信息为基础。为了有效地对快递系统进行管理和控制,使快递业务活动正常而有规律地进行,必须建立完善的信息系统,保证快递信息畅通。信息系统水平是快递现代化的标志,快递信息系统几乎覆盖了整个快递活动过程。通过信息系统集成、整合每个快递作业环节,使快递信息系统成为快递作业的指挥调度平台,因此快递信息系统是快递生产经营的重要组成部分。

2.快递信息系统的特点

(1)具有复杂性、动态性

随着经济全球化的发展,快递业务覆盖地域越来越广泛且涉及单位众多,这就要求快递系统提供更加完备、迅速和灵活的服务,并随时保证快递信息的畅通。因此,现代快递信息系统要求较以往具有更复杂的功能,并且需要根据业务环境的客观要求进行动态调整。

(2)功能集成化

由于快递作业环节涉及的对象广泛,因此需要对快递的各个环节进行集成。例如对总公司、分公司、各个业务站点、渠道商之间等的业务环节进行集成管理。

(3)功能多样化

快递信息系统除了具有信息采集、传输、处理,对作业进行计划、控制等功能以外,还需要扩展至财务结算、客户服务、数据统计分析、快递决策支持等众多功能。

3.快递信息系统的作用

(1)信息收集

信息收集是用某种方式记录快递系统内外的有关部门资料,将其集中起来并转化为快递信息系统能够接受的形式并输入到系统中。

(2)信息传输

信息传输是指从信息源出发,经过一定的媒介和信息通道传输给接受者的过程。

(3)信息处理

信息处理是指对已经收集到的快递信息进行某些加工处理,使快递信息更加符合快递信息系统的目标,或者更加适于管理人员使用。

(4)信息存储

信息存储是指保证已有快递信息不丢失、不失真、不外泄,整理得当,随时可用。

(5)信息检索输出

快递信息系统的服务对象是快递业务管理者。因此,它必须具备向快递管理者提供信息的功能,否则就不能实现其自身价值。经过解释的快递信息,根据不同的需要以不同形式输出,有的可以直接使用,有的还需提供给计算机进一步处理。

信息系统对快递作业过程实际资料的记录、统计、分析计算等加工处理,有助于企业分析决策,加强对快递业务的计划和控制等。

总之,快递信息系统通过现代信息网络可以做到既能对各个网点实施分布式控制,又能进行总部集中管理。在业务操作层面,可以实施从收件、发件、到件、派件、签收、财务回款的各个业务环节的操作及管理,提高了业务操作效率;在管理层面,通过统计指标信息反馈控制,实现全部业务的全程控制、全程跟踪、即时核查、信用资金提示等各个环节的监控与查询;在企业决策层面,通过经营指标、财务指标的信息为企业决策层提供决策工具,支持企业决策营运管理。

4.快递信息系统的主要功能

快递信息系统的主要功能包含:营运管理、客服管理、客户关系管理、财务结算管理、人力资源管理等功能模块,如图5-1所示。

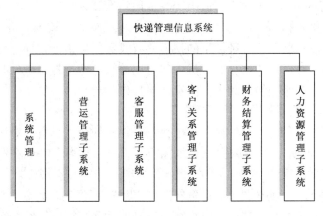

图 5-1　某快递企业快递信息系统结构图

第二节　快递信息系统基本功能

快递信息系统的各应用子系统运行在共享的操作平台上,对共享资源进行统一管理和调度,保证了信息和业务处理的完整性和连续性,并通过网络实现了互联互通。

系统管理包含系统基本资料和数据的管理,主要有总公司、分公司、站点、分拨中心、中转站、总公司或分公司的部门、人员及用户权限管理等资料。此外,快递企业客户的相关资料或数据管理也包含在系统管理子系统,一般包括客户的基本信息、寄件人管理、收件人管理、预付金管理、客户联系记录、代理信息管理、代理收寄件管理等。

系统常用数据管理,包括国家/地区管理、机场管理、航班管理、快件名称及分类、文件类别、载货汽车类别、航空舱位集装箱类别、服务方式与中转渠道管理、货币类别及汇率、代理汇率等。

一、营运管理系统介绍

(一)营运业务系统管理

1. 快递业务信息采集管理

利用便携式数据采集器,可在快件揽收过程中及时录入快件信息并发送至数据中心。同时,还可利用便携式数据采集器进行相关数据的查询,包括快件资费的查询和估算、大客户信息的直接查询等。

利用无线式移动数据终端,可及时准确地将收派信息反馈到数据处理中心,大大缩减反馈时间,提高生产效率。收派员随身携带无线数据终端,可在收派过程中将采集到的数据通过 GPRS/CDMA 向数据中心发送,也可通过 GPRS/CDMA/SMS 接收调度指令,发送位置信息。当快件投递到客户手中时,收派人员使用采集器扫描快件条码,若事先已下载了所要投递的快件数据,则可将此数据发送至处理中心,或者利用短信将该快件的签收信息发送至数据处理中心。由于采集器上已下载了需要投递的所有快件数据,投递员可随时查看投递情况,对已投递了多少件,尚未投多少件等情况一目了然。

(1)电子秤到件扫描

通过"运单发放记录"、"最早扫描网点"或"录单的寄件网点"可自动获取"上一站"信息,通过发件扫描可获取目的网点、班次来完成中转等费用的计算。

(2)有线数据采集器扫描

网点可完成收、发、到、派等各种类型的扫描。有线数据采集器扫描可支持多种功能,包括支持网点业务功能(如收件扫描计算业务员中转费用等)、支持预报功能(如在发件扫描前可以先预报本网点的收件和到件,然后和当前的发件单号作对比)。

(3)无线数据采集器扫描上传

无线数据采集器支持不同扫描类型、多个数据采集器的数据解析。对发件扫描按"发件下一站维护"基本资料,根据发件记录班次、目的网点可自动获取"下一网点"资料。

(4)数据采集器文件预设

在采集器上预先设置系统的"业务员资料"、"网点资料"、"客户资料"、"地址名表"等所需资料,自动生成并写入数据采集器。揽收大客户快件时,只需输入大客户编码,即可从采集器中获得大客户的姓名、地址。若客户时间紧张,收件人姓名、地址、发件人地址等信息都可由揽收人员事后填写。这些快件的相关数据在揽收过程中录入后,发送到数据处理中心,再补充填写较少的数据即可完成信息的完整采集。该信息处理方式加快了数据采集速度,提高了作业效率,减轻了数据处理中心的录入压力。

(5)面单扫描上传

面单扫描上传就是通过扫描仪扫描面单,并将相关信息快速保存至服务器(包括寄派面单,以便客户网上查询及公司内部处理问题件)。对于寄件面单,能同时自动生成收件扫描;对于派件面单,则能同时生成签收记录,最终达到大幅提高网点操作速度的目的。

(6)实现运单系统管理

实现运单系统管理,首先要将纸质运单录入、修改,然后通过网络数据库对运单的状态进行管理和监控,实现快递业务中心对站点运单的管控。

2. 快递信息监控

快递信息监控就是对整个网络实现运单的统一管理,对快件的流程进行全程跟踪,对班车进行实时电子化监控,实现数据共享,方便客户查件。

(1)快件跟踪管理

快件跟踪管理,是指中心或站点利用数据采集器采集信息,对出入的快件实施全程跟踪。如果出现丢件等问题,可以快速查询到丢件环节并追查丢失原因。每个中心或站点都可对到件进行预测,也可对中心或站点的到件和发件进行对比,让中心或站点提前知道是否有遗漏的到件和发件。

(2)快件签收管理

对站点快件的签收进行时效监管,根据寄出时间可在信息系统平台上查询寄出快件当前状态,如已经签收票数、在分拨中心票数、问题件票数、正在派送中的票数、退回票数等,从而实现对整个快递过程的监控。

(3)班车监控管理

利用GPS卫星定位系统和GIS地理信息系统,采用SMS和GPRS作为数据传输手段,建立在途跟踪系统,及时调配车辆和人员,获取车辆和快件信息,实现对班车远程跟踪控制。

利用监控管理平台,调度人员根据客户的即时需求向驾驶员发送调度信息,驾驶员通过通信设备查阅相关信息并反馈,确认是否前去取货。在此过程中,驾驶员可持续向调度中心发送位置信息和快件的装载、卸载情况,调度中心可及时获取信息并根据实际情况控制车辆运行。

在途跟踪系统能回放重现车辆的行驶过程,实时查询车辆的位置和行驶数据信息。在途跟踪系统一般还具有报警、语音监听、指定行驶路线、查询营运数据等功能,可对班车的车门进行监管,防止快件中途人为丢失。通过 GIS 功能模块,可在电子地图上查找客户的地理位置和合理的行车路线。

(4)常见问题监控

充分利用信息系统数据库数据,及时发现问题,并做出适当的调整、修正、补救,对改善企业的经营管理,提高客户服务水平具有重要意义。通常可以通过在系统中的查询发现营运操作中的以下问题:

①快件在库房是否滞留;
②快件是否出现异常;
③快递班车是否晚点;
④质量考核指标是否合格;
⑤快件出港是否晚点;
⑥发货方式选择是否错误;
⑦发货垫付费用是否偏高;
⑧分单员工作量是否饱和。

3. 快递营运信息查询

快递营运模块是快递业务信息系统中的核心功能模块,快递信息查询为快递业务管理提供基础数据,为快递业务的管理提供了极大的方便。在快递业务营运过程中,常见的业务查询内容如下。

(1)未上传删除扫描记录查询

未上传删除扫描记录查询可以查询出扫描人员在数据上传服务器前被删除的数据。

(2)未到件查询

未到件查询可以查询发往本网点但还未到达的所有发件扫描记录。

(3)应到件查询

应到件查询可以查询所有发往本网点的发件扫描记录。

(4)派件回单对比

派件回单对比可以查询本网点有派件但还未签收的派件扫描记录。

(5)有到未发件查询

有到未发件查询可以查询本网点有到件但还未做发件的到件扫描记录。

(6)有发未到件查询

有发未到件查询可以查询本网点有发件但未做到件的发件扫描记录。

(7)收发对比

收发对比可以查询本网点有发件但未做收件的扫描记录或有收件但未做发件的扫描记录。

(8)上站未发查询

上站未发查询可以查询本网点做了到件扫描但到件扫描所指上一站并未做发给本网点的扫描记录。

4. 决策分析

所谓决策分析,就是在对公共信息管理平台的数据进行管理维护的基础上,根据决策信息需要采用的数据仓库和数据挖掘技术，进行快递业务数据统计分析，生成各种统计报表，为决策提供依据。

按月或按天统计全网任何一个网点或中心的收、发、到、派票数及重量，并且可以按收、发、到、派的收件业务员、上下网点、派件业务员来统计汇总，甚至可以用图形显示，这样有助于清晰了解快递企业每个中心、网点的业务量走势，为中心、网点的发展策略制订提供基础数据。例如表5-1~表5-3中的统计内容可为企业掌握经营情况提供重要信息。

月 度 件 量 统 计　　　　　　　　　　　　　表5-1

月 份	总计票数	同比增长(下降)	日均票数	同比增长(下降)

月 度 重 量 统 计　　　　　　　　　　　　　表5-2

月 份	总计千克	同比增长(下降)	日均千克	同比增长(下降)

月 度 作 业 质 量 统 计　　　　　　　　　　　表5-3

月 份	收派准时率	收派准确率	破损率	缺失率

(二)营运业务系统管理要点

信息系统为企业提供了方便、统一的操作和管理平台，极大地提高了企业的经营水平和作业效率。但是，信息系统本质上是一个用来管理和操作快递业务的工具，企业相关人员在使用信息系统时要严格按照信息系统的使用要求和规则来进行，否则会造成信息失真、遗漏等问题，影响系统的正常使用。在使用信息系统时，常见的问题及原因如下。

1. 统计数据失真

多录、少录都会导致统计数据失真。

2. 费用分摊不准确

进港票数数据重复计算，导致费用分摊不准确。

3. 财务核算不准确

回款不销账、销账无回款，影响财务核算的准确性。

4. 影响客户的查询

单证已签收，但未录入，或单据没有签收，却录入信息。此外，延迟录入单据信息等都会影响到客户的查询。

5. 不能对上一环节实行控制

信息不全、信息错误、随意更改会影响对上一环节的控制。

二、客服管理系统介绍

为客户提供优质服务，建立良好的客户关系是快递企业经营的目标。快递信息系统基于内部业务系统，对外通过各种信息媒介(互联网络、短信、电话等)提供系统自动应答、网络下单、网络查单等自动或人工客户服务。这在一定程度上能提高客户满意度和忠诚度，增强企业盈利能力，降低营运及互动成本，提高营运效率。

(一)快件信息综合服务网络平台

快件信息综合服务网络平台以快递网站为依托,向企业用户、大众用户提供多种电子商务服务。其服务功能如下。

1. 数据服务中心

数据服务中心可向用户提供查询快件信息的功能,实现快件的跟踪查询。

2. 业务结算中心

业务结算中心的功能包括注册用户可在线查询和结算账单。

3. 网上委托

用户可在线选择快递公司,委托快递业务,输入委托递送的快件情况及要求、用户信息以及送达地址、收件人姓名等。系统会将委托信息传送至相应的快递公司。

4. 企业信息咨询

企业信息咨询包括为加盟企业做网络宣传、向公众提供快递企业资讯。

5. 供求信息

供求信息包括快递服务供应信息和需求信息。

(二)客户服务中心子系统

客户服务中心子系统通过电话、传真、E-mail、多媒体等接入手段,向客户提供快递服务。系统包括以下功能。

1. 呼叫平台功能

系统采用先进的CTI技术及其产品,实现呼入受理、语音引导、电话转移、席际联络、来话保留、接续通话、折线、自动拨号、自动播音、多方通话、监听、回复等多种呼叫处理和电路操作,以满足实现多种服务功能的要求。此外,系统还具备全程录音功能以及自动收发传真功能等。

2. 自动语音业务功能

自动语音功能包括语音导航、自动语音查询、自动语音咨询、留言服务等。

3. 人工业务功能

(1)业务咨询

业务咨询,是将一些快递业务知识、政策法规整理分类,形成知识库,提供简便快捷的查询方式,方便业务人员为客户解答。具体包括以下内容:

①提供快递业务咨询;

②各公司、营业部信息查询和介绍;

③快递业务范围咨询;

④根据客户的要求提供各种运输方案;

⑤快递时限咨询;

⑥快递费率咨询;

⑦为客户提供相关运输法律、法规和政策等。

(2)业务查询

业务查询的范畴包括车辆位置查询、快递人员信息查询、各种资费查询。

(3)业务受理

业务受理,包括受理客户取件请求,生成呼叫记录,对人员、车辆进行收派调度,对客户信息进行登记管理。

(4)投诉处理

投诉处理主要受理客户投诉,并及时将处理结果通报客户。

三、客户关系管理系统介绍

从行业特点来看,快递属于服务性行业。快递企业通过为客户提供满意的快递服务,赚取一定的利润,从而获得生存和发展。

在经济全球化的今天,市场对快递企业的客户服务水平要求越来越高。快递服务的复杂性和信息技术特别是通信网络技术的快速发展,为企业做好客户关系管理,提高客户服务水平,提供了广阔的发展空间。

(一)CRM 的概念

CRM(Customer Relationship Management),即客户关系管理,是指企业为了提高核心竞争力,达到竞争制胜、快速成长的目的,树立以客户为中心的发展战略,并在此基础上开展包括判断、选择、争取、发展和保持客户所需实施的全部商业过程。它是企业以客户关系为重点,通过开展系统化的客户研究,通过优化企业组织体系和业务流程,提高客户满意度和忠诚度,提高企业效率和利润水平的工作实践;也是企业在不断改进与客户关系相关的全部业务流程,最终实现电子化、自动化营运目标的过程中所创造并使用的信息技术、软硬件技术和优化的管理方法、解决方案的总和。CRM 既是一套原则制度,也是一套软件和技术。它的目标是缩减快递周期和成本、增加收入,寻找扩展业务所需的新的市场和渠道,以及提高客户的价值、满意度、盈利性和忠实度。CRM 应用软件简化协调了各类业务功能(如销售、市场营销、服务和支持)的过程,并将其注意力集中于满足客户的需要上。CRM 应用还将多种与客户交流的渠道,如面对面、电话接洽以及 Web 访问合为一体,这样,企业就可以按客户的喜好使用适当的渠道与之进行交流。

1. 客户关系管理是管理的核心理念

在客户关系管理的理念和思想指导下,企业将顺利建成或实现新的以客户为中心的商业模式,通过流程重组,集成企业所有资源,确保直接关系到企业利润的客户满意。任何企业都必须依赖客户才能生存与发展,客户关系管理是企业管理的首要工作。同时,客户关系管理也是企业为提高核心竞争力而实施的全部商业过程。

2. 客户关系管理是新的商务模式

客户关系管理是企业以客户关系为重点,开展的系统化客户研究。它通过优化企业组织体系和业务流程来提高客户满意度和忠诚度。CRM 实施于企业市场营销、服务与技术支持等与客户有关的业务领域,与传统的生产、销售的静态商业模式存在着根本区别。

(二)应用系统方法和手段

客户关系管理的内容包含大量的信息,只有借助现代网络计算机信息系统才能实现。通过计算机系统建立精确描述客户关系的数据库,实现客户信息的集成,并进一步分析处理,如客户的概况分析、客户忠诚度分析、客户利润分析、客户性能分析、客户未来分析、客户产品分析、客户促销分析等。因此,CRM 作为一个信息系统术语,更多地被看成是一个应用软件系统。

(三)CRM 系统的功能构成及在快递市场中的应用

1. 功能构成

CRM 系统作为管理软件主要包括市场营销管理、销售管理、服务与技术支持管理、现场服务管理、后台数据分析五个子系统。

(1)市场营销管理子系统

市场营销管理子系统通过资料分析工具帮助市场人员对客户和市场信息进行全面的分析,从而对市场进行细分,产生高质量的市场策划活动,指导销售队伍更有效地进行工作。

(2)销售管理子系统

销售管理子系统把企业所有销售环节有机地组合起来,在企业销售部门之间、异地销售部门之间以及销售与市场之间建立一条以客户为导向的工作流程。该子系统能将企业最新的动态客户信息、产品价格信息甚至同行业竞争对手的信息等及时传递给销售业务员,使业务员与客户能进行更好的沟通交流,最终达到缩短企业的销售周期、提高销售的成功率等目的。

(3)服务与技术支持管理子系统

服务与技术支持管理子系统为客户服务业务人员提供业务资料支持或解决方案以及问题分析诊断等查询检索工具。其目的是为了使客户服务人员能够有效地提高服务效率和服务能力,及时准确地捕捉、跟踪服务中出现的问题,并能根据客户的需求进行分析调研,扩大、提升销售,保持和增强客户对企业的忠诚信任度。

(4)现场服务管理子系统

现场服务管理子系统支持收派人员使用移动通信系统进行管理,通过现场服务管理能实现呼叫中心业务人员、商业合作伙伴和客户在内的随时连接及通信。

(5)后台数据分析子系统

后台数据分析子系统对从客户服务中获取的资料进行统计、处理、分析,可以为改善客户服务提供决策依据。例如:对快递服务质量进行量化,设立质量指针,对一定时期的质量指针进行统计计算,找出服务的瓶颈所在,加以改善提高。这对增强快递企业的竞争能力,提高经营效率具有不错的功效。

2. CRM系统在快递业务中的应用

快递服务不仅指快递实体作业活动本身,还包括提高服务质量的管理活动。具体形式有:提供交易前作业流程的介绍资料,提供电话或面对面的咨询等服务,提供交易中准确的收取、派送时间,接受客户的抱怨、投诉和退件等。这些服务处理正是通过客户关系管理中的市场营销管理、销售管理、服务与技术支持管理、现场服务管理等子系统来完成的。

通过客户关系管理系统对客户信息进行分析。例如:通过与客户交流、合作,建立客户资料,分析筛选客户的反馈意见(包括产品特性、销售渠道、需求变动等),并对客户的行为、客户的需求进行分析预测,从而帮助企业管理者更全面地作出决策,改善和发展企业与客户的协同关系,发展与客户的长期战略关系,为客户提供个性化服务,提高客户服务水平。

通过客户关系管理,向快递企业的作业、销售、市场和服务等部门和人员提供全面的个性化信息,从而强化跟踪服务和信息分析能力,建立与客户的协同互动关系,为客户提供高质量、及时的服务。通过客户关系管理,能够建立与客户共享的信息平台,为客户提供良好的交流工具。

四、财务结算管理系统介绍

财务管理涵盖企业的应收、应付、业务运作账单的审核与核销,实收款、实付款、业务流水账、业务利润和业务人员业绩的统计以及其他经营分析类财务报表的管理。

(一)财务结算

1. 对整个网络的报价体系进行统一管理

报价变动时能够即时在整个网络生效;对运费、中转费、派件费、货款手续费等费用标准进行统一的管理,根据具体的产生条件来自动产生费用并报价;报价需要变更时,更新网络数据库报价资料即可达到全网络自动变更的效果。

2. 对整个网络费用结算进行自动计算

3. 在录单过程后,根据客户、快件重量、目的地等因素可自动计算出快件的运费

在整个网络实行预付款结算的方式。中心对加盟的站点要求其先期缴纳一定的费用,才能给予站点发件许可,以防收取费用困难,同时通过计算机网络对预付款进行自动扣减,实现对网络的预付款结算。

4. 对中转费、派件费、车费等费用实行计算机自动计算

(1) 中转费管理

在扫描过程中,根据快件重量、操作要求、运输成本等因素可自动计算出快件经过该中心的中转费用。

(2) 全网络派件费管理(按票数)

根据站点和中心之间所发生的快件业务票数,进行结算管理,可极大地促进网络的签收率,提高服务质量,有利于整个网络票量提升。

(3) 全网络派件费管理(按重量计算)

根据寄件运单的重量乘以价格来计算派件费,收取寄件站点的派件费。

(4) 签收率自动罚款

超时签收和没有签收的快件按票数罚款,并自动从该站点扣除一定的预付款。

5. 代收货款管理

(1) 预入货款结算

由寄件站点录入货款金额,中心做到件扫描(如果需要重量信息以备理赔之用,则可以使用电子秤到件扫描,通过锁定目的网点来加快到件扫描速度),检查寄件站点是否录入货款,只有录入货款的快件才能派发。派件站点签收时,系统自动把货款从派件站点预付款账号划拨到寄件站点预付款账号,完成整个货款的结算,中心货款部只需要每天监控货款是否签收即可,可大幅度地节省人力成本,降低人为的出错概率。

由寄件站点录入货款金额后,中心必须进行发件或者到件扫描才能产生对派件站点的应收货款。只要是派件站点应退的货款,中心都会在当天收取,中心只有收到派件站点的货款才会退款给寄件站点。中心人员在勾选退货款给寄件站点后,系统才会自动把货款从派件站点预付款账号划拨到寄件站点预付款账号。对于欠货款太多的站点,中心财务人员可以通过人为勾选来限制该站点从中心派发快件,直至该中心交清货款。

(2) 不预入货款结算

由寄件站点录入货款金额,派件站点在签收之后把需要退给中心的货款进行登记,中心的财务人员在确认派件站点已把货款划拨到中心银行账号以后进行收款确认登记,并生成对寄件站点的退货款日期记录,然后中心财务在退款日期内把货款退给寄件站点。

由寄件站点录入货款金额,派件站点在签收之后进行已收货款登记,派件站点人员到中心之后把所退货款退给中心,中心进行收款登记,并于第二天把所收货款退给寄件站点,进行退

寄件站点货款登记。

(二)决策分析核算

成本指标是快递企业重要的管理指标。管理人员及时掌握快递业务营运成本情况,对企业改善经营管理,提高核心竞争力具有极为重要的意义。

快递信息系统根据录入的相关营运信息进行统计分析等加工处理,形成各种营运成本指标,以报表或图表的形式输出,便于管理人员阅读和分析。例如表5-4～表5-6可为企业决策分析提供重要信息。

客户利润汇总　　　　　　　　　　　　表5-4

客户编号	客户名称	应收汇总	应付汇总	利润

不同快递物品利润汇总　　　　　　　　表5-5

物品编号	物品类型	应收汇总	应付汇总	利润

运单利润记录　　　　　　　　　　　　表5-6

运单号	发件人	日期	件数	重量	目的地	转运通道	转运单号	转运重量	应付运费	应收运费	其他应收费	利润

(1)运输成本核算

根据信息系统录入的运输业务量和成本费用,计算机自动计算生成运输成本核算报表或图表。按照成本/(kg·km)、成本/票等指标,对照同行业的指标或以往的统计指标分析运输成本的变化,并采取改善或维持措施。

(2)操作成本核算

根据信息系统录入的操作业务量和成本费用,计算机会自动计算生成操作成本核算报表或图表。按照成本/操作量等指标,对照同行业的指标或以往的统计指标对操作成本的变化进行分析,并采取改善或维持措施。

(3)人员工资核算

根据信息系统录入的业务量和人员工资费用,计算机可自动计算生成人员工资核算报表或图表。按照工资费用/单位操作量等指标,对照同行业的指标或以往的统计指标分析人员工资费用的变化,并采取改善或维持措施。

(4)其他费用核算

根据信息系统录入的操作量、成本和收入,计算机将自动计算生成其他费用核算报表或图表。例如按客户统计利润指标、按运单记录每单的利润指标、按不同快递物品的类型进行统计等。快递企业管理人员根据这些指标来采取适当的管理措施。

五、人力资源管理系统介绍

信息系统具有信息采集、录入、储存、加工处理等基本功能,可对快递企业的人力资源相关数据、图片进行储存、查询、加工处理、统计分析等，为人力资源管理活动提供了极大的方便。利用信息系统的储存、查询等功能可对人力资源资料进行如下管理。

（一）人力资源资料管理

人力资源资料管理，可以实现对组织、岗位、职务、人员档案等资料的全面管理，包括：单位、部门管理，岗位管理，职务管理，人员档案管理，人员变动处理，合同管理，薪资管理，保险福利管理，考勤管理，招聘管理，培训管理等资料的录入、查询、修改等。

（二）人力资源资料统计及分析

人力资源管理子系统除了应具有基本的资料储存、查询等功能以外，还应能够对相关数据进行加工处理，提供管理数据、统计指标，帮助管理者对快递企业进行人力资源管理。

1. 人力资源档案管理

对人力资源档案的管理，既可以使用系统预置的分析报表，也可以根据企业的需要，灵活定制分析报表。通过部门、个人、在职周期等各个角度，分析人力资源管理的基本配备状况，实现人力资源的动态盘点分析。

2. 薪资管理的统计分析

薪资管理分析是指按照部门、项目、月份分类分析薪资状况。它可以反映薪资的变动汇总状况和明细状况，生成相应的报表。通过薪资分析，可以准确掌握部门、项目的薪资变动趋势。

3. 排班管理

排班管理是指将具有相同或相似排班规则的员工定义成班组。它可以实现自动排班、手工排班、参照排班、轮转排班、调班的管理，并形成排班结果的完整记录和报表，也可根据业务需要和已有的排班规则，进行灵活的排班调整。

4. 考勤的统计分析

考勤的统计分析，可以反映考勤的日、月状况，反映员工的工作时间利用率，为监督工作时间提供手段。

5. 招聘的统计分析

招聘的统计分析，通过分析招聘的需求、编制控制、费用、活动计划，为掌控招聘提供辅助决策信息。

第三节　快递信息系统维护及管理

一、系统维护的目的及作用

企业的发展以及环境的变化会对快递管理活动不断产生新的要求。因此，需要不断地对管理信息系统加以修改、维护。在管理信息系统投入日常运行后，系统维护的工作人员就需要定期对该系统进行维护，使程序和运行始终处于最佳的工作状态。没有一成不变的系统，没有一成不变的程序，也没有一成不变的资料。任何一个管理信息系统，在它存在的整个生命周期中，都应当不断地改进。系统在实际运行中常会产生错误，需要修改，这些都属于系统维护的范畴。一般来说，用于维护系统的费用比建立系统所花的费用多一倍以上。

二、系统维护管理

1. 系统维护的类别

系统维护是指新的信息系统运行以后，为了改正错误或满足新的需要而修改系统的过程。根据维护活动的目的不同，系统维护可分为改正性维护、适应性维护、完善性维护和预防性维护。

(1) 完善性维护

一个信息系统投入使用和成功运行后，用户常会提出增加新功能、修改已有的功能等一些改进要求和建议，为了满足和部分满足这类要求，就要进行完善性维护。这类维护占据了软件维护工作的大部分。

(2) 改正性维护

软件测试不可能找出一个大型软件系统中所有潜伏的错误，所以任何大型软件在使用期间，仍可能发生错误。诊断和改正这类错误的过程称为改正性维护。

(3) 适应性维护

由于信息技术的发展，计算机领域的各个方面都在急剧变化。随着新的计算机硬件系统的不断更新，新的操作系统与数据库或者操作系统与数据库的新版本会应运而生，需要更新，同时外部设备和其他部件也要经常改进，这称为适应性维护。

(4) 预防性维护

为了进一步改进信息系统的可维护性和可靠性，或者为了提供更好的基础而对信息系统进行的修改，称为预防性维护。相对而言，在系统维护中这类维护较少发生。

根据上述内容可知，系统维护不仅是在运行过程中改正系统的错误，有关资料表明，维护工作的一半左右是完善性维护。

2. 系统维护管理

(1) 程序的维护

程序维护是指改写一部分或者全部程序。程序维护时通常充分利用旧有程序，在原有基础上加以修改，修改后要填写程序修改登记表，写明新、旧程序的不同点。程序维护不一定在发现错误或条件改变时才进行，效率不高的程序和太大的程序也要设法不断地予以改进。

(2) 资料的维护

数据文件维护（主文件的定期更新不算在内）多数是不定期进行的，必须在现场要求的日期和时间内维护好。维护时一般使用开发厂商提供的文件维护程序，但有时也要为适合本系统而作一些改动或编写一些专用的文件维护程序。

(3) 代码的维护

随着用户环境的不断变化，原有的代码如果不能继续适应新的要求，就必须对其进行变更。

(4) 设备的维护

除了以上列举的软件维护内容以外，系统维护还包括使系统使用的计算机及其外部设备保持良好的运行状态，应注意使用期间对设备的保养，定期检修并保证在损坏后及时修复。

3. 维护过程

许多人往往以为系统的维护要比系统开发容易，其实在更多的情况下，维护比开发更为困难。这是因为维护人员必须用较多的时间整理别人编写的程序和文件，且对系统的修改不能影响该程序的正确性和完整性,整个维护工作又必须在规定时间内完成。维护过程分为以下几个步骤。

(1)确定维护目标,建立维护人员组织

软件维护人员的组织必须与信息系统软件的环境相适应。维护前,应当递交维护申请报告,评估问题的原因、严重性,确定维护目标和维护时间。

(2)建立维护计划方案

由于程序的修改涉及面较广,某些修改很可能影响到其他模块的运行。所以,建立维护方案时要考虑的重要问题是确定修改的影响范围和作用。维护工作应当是有计划、有步骤的统筹安排。维护计划应包括维护任务的范围、所需的资源、维护费用和维护进度安排等。

(3)修改程序及调试

在维护过程中,应当特别注意维护的副作用,因为在改变程序的过程中,维护人员往往把注意力集中到改变的部分,而忽视系统中未改变的部分。因此,产生潜在错误的可能性就会增加。按照预定方案完成修改后,还要对程序及系统的有关部分进行重新调试。

(4)修改文档

软件修改调试通过后,则可修改相应文档,结束本次维护过程。

第六章 快递企业安全管理

第一节 人员安全管理

快递属劳动密集型行业,快递企业员工是快递作业的直接参与者,是快递服务过程中最重要的因素。因此,做好快递企业安全管理,首先要做好人员安全管理。

一、人员安全教育

人员安全教育包括安全知识宣传、安全事故警示教育以及上岗安全培训等方面内容。

1. 安全知识宣传

加强安全知识宣传,使员工牢固树立"安全第一,预防为主"的理念,让安全管理制度深入人心,指导人的行为,使员工的安全意识从"要我安全"向"我要安全"转化,最终实现"自主安全"。

2. 安全事故警示教育

加强员工的安全事故警示教育。一是坚持定期对企业人员进行有针对性的安全事故警示教育,加强对新进人员及转岗人员的安全知识、规章制度、法制观念等的教育培训,使员工牢固树立"安全是天,安全无小事"的理念。二是坚持利用企业内部刊物、安全会议、安全标语等形式进行安全警示教育,营造积极向上的安全舆论氛围。三是坚持举办形式多样的安全知识竞赛、安全演讲比赛等活动,增强员工的安全意识;四是坚持每天作业前的班组安全警示教育,针对具体作业现场进行安全注意事项和操作规程的详细解释和说明,使员工增强自我保护能力。

3. 上岗安全培训

新员工或转岗员工一定要在上岗前通过观看安全教育片或进行实际操作等多种形式接受上岗安全培训。每天工作前安排15～20min的班前会,进行当天工作的安全培训。

要实现安全管理的目标,还必须逐步提高员工的综合素质。这样才能提高员工对安全隐患、事故的预见性,才能更有效地消除人的不安全行为,改变快件的不安全状态,弥补管理上的缺陷,以确保快递服务安全。因此,企业要以多种形式开展业务知识、操作规范、操作技能的培训,为员工创造机会、创造环境,不断提高员工素质,增强员工执行安全规章制度的自觉性。

二、人员安全管理方法

人员的不安全行为和心理的不安全状态是导致事故的直接原因。因此,人员安全管理主要是对人员不安全行为的控制。由于人的行为是心理活动结果的外在表现,因此,要控制人的不安全行为应从心理调节方面采取措施。

1. 心理调适法

安全心理调适是指采取一定的手段将容易引发事故的不良心理状态调节到有利于操作安全的心理状态。作为安全管理人员应设法引导职工调节心理状态。针对不同的人、不同的心理状态,具体的调节方法也不同,应根据具体对象而定。

(1)心理调适的一般方法

①注意每个员工的心理特征,特别要注意做好非安全型心理特征人员的转化工作。需要在培养作业人员的全过程中,通过安全教育、作业指导、作风培养做好其心理状态的转化工作。对于危险作业岗位,应尽量选配安全型心理状态人员。

②加强员工心理调节训练。

③避免危险、单调作业岗位的人员过度疲劳。

(2)情绪控制与调节

情绪对安全影响极大,所以如何发挥情绪对安全的积极作用,避免其不利影响,是人员不安全行为控制中的一个重要问题。实际安全管理中应引导员工学会控制自己的情绪,只有保持良好心理状态,才能减少工作中的失误,保证安全生产。

2. 行为激励法

安全行为是指员工在工作过程中表现出保护自身和保护设备、工具等物资的一切动作。要控制员工的不安全行为,激励是一种重要手段。通过激励措施,可引导员工把安全需要作为一种自觉的心理活动和行为准则。主要方法有物质激励法和精神激励法,其中精神激励法包括目标激励、形象激励、荣誉激励、兴趣激励、参与激励以及榜样激励。

3. 制度控制法

强化作业安全政策和规定,对违规者进行制度惩处,是安全工作的重要组成部分。经常强化对安全行为方式要求和及时表彰安全工作积极分子,将十分有助于减少事故。制度措施从本质上说是预防性质的,其目的是为了提高员工遵守企业安全制度的自觉性,减少或杜绝各种安全违章行为。快递企业应要求各级负责人在安全工作方面上作出表率,加强安全制度教育,不折不扣地执行安全管理制度。

从管理角度来看,利用安全管理制度对人员不安全行为的控制方式可分为预防控制、过程控制以及事后控制。

(1)预防控制

预防性控制是指为了避免产生不良后果而采取的控制方法,如分拣场地禁止吸烟,违者开除。

(2)过程控制

过程控制是指对正在进行的活动给予监督与指导,以保证工作按规定的安全操作流程或方法进行。过程控制一般在作业现场进行,因此,安全管理人员要经常深入作业现场,加强巡视,及时发现和纠正违规行为。在监督和指导过程中,应以安全管理制度为依据,兼顾客观实际情况,克服主观偏见。

(3)事后控制

事后控制,即人员不安全行为出现并导致事故后而采取的控制措施。它可防止不安全行为的重复出现,但是事后控制的缺陷在于事故已经发生,行为偏差已造成损害,并且无法补偿。

三、人员安全事故的处理

1. 发生人员安全事故的应急措施

快递操作属于劳动密集型活动,作业人员的人身安全是首要前提。一旦发生人员受伤,应采取以下应急措施:

①现场的管理人员应根据受伤人员情况判定是轻度受伤还是严重受伤。

②如属轻度受伤情况,应在现场立即进行包扎、止血等简单处理,或直接送到最近的医院进行就诊。

③如属重度受伤情况,应立即拨打120急救电话,同时联系其家人,并在救护车到达之前给予正确的救护协助,将情况向上级领导及时汇报。

2.人员安全事故处理程序

①若发生轻伤事故,工伤者应填写《工伤事故登记表》,由部门负责人进行现场调查,并在工伤表格内写明事故原因和责任,提出处理意见和整改措施。

②若发生重伤事故,发生事故部门必须及时报告安全管理部门,安全管理部门应及时向企业主管领导汇报,并成立事故调查小组进行调查,召开事故分析会,认真查清事故原因及责任,提出处理意见及改进措施。伤者或委托者应及时、如实地填写《工伤事故登记表》。

③若发生死亡事故必须立即报告,由企业主管领导及安全管理部门协同政府有关部门组成事故调查组进行调查处理。事故发生部门应及时、如实地填写《工伤事故登记表》。

④发生重伤或死亡事故的部门要会同安全管理部门等立即组织抢救伤员和做好现场保护工作,及时拍照及记录有关数据,并绘制现场示意图,未经主管部门同意,任何人不得擅自改变或清理现场。

3.人员安全事故的防范措施

①及时召开事故分析会,找出事故原因。事故分析应做到事故原因没有查清不放过,事故责任者和员工没有受到教育不放过,没有防范措施不放过。对于违反规章制度及相关操作规范而造成的事故,要追究领导和当事人的责任,并根据情节轻重和损失大小分别给予罚款、赔偿经济损失或行政处分。

②制订预防事故重复发生的措施。这些预防措施涉及作业操作规范、作业环境和作业条件诸多方面,需要有计划地实施,以消除危险因素及安全隐患。

③加强安全知识教育和安全意识教育,对负伤者进行复工安全教育。

④在管理上完善和执行各项人员安全管理规章制度,落实各个作业环节的人员安全防范措施。

第二节 快件安全管理

快递服务要求"安全、快捷、便利",其中安全是前提。在快递服务中快件安全显得极其关键,快件安全出了问题,快递服务质量就无从谈起。要保证快件安全,必须建立一套科学、严密的快件安全管理制度。按照快递服务过程来分,快件安全管理可分为收派过程快件安全管理、场地处理过程快件安全管理、在库快件安全管理、在途快件安全管理,此外,还有对特殊快件的安全管理。

一、收派过程快件安全管理

收派过程快件安全管理是指对快递业务员上门收取的快件、客户送来的快件及上门派送的快件的安全进行管理。

上门取件和客户送来的快件要严把验收关,查看快件是否属于禁限寄物品。如果属于禁限寄物品,应在说明情况后礼貌地予以拒收;特殊情况下应扣下快件,并向有关部门报告。如果不属于禁限寄物品,查看物品与快递单上的品名、数量是否相符,包装及物品是否有损坏;如果存在以上情况,按相关规定处理。收派的快件要捆扎牢固,装好,做好防雨与防盗措施。

除了在快件收派环节严格把关外,快递企业还应建立和落实收派员快件安全责任制。收派过程中快件安全发生问题,除不可抗力因素外,由收派员负责。收派员收取的快件要与场地处理人员进行交接,办好交接手续。派送的快件,收派员要凭客户签收单证明快件已派送成功。

二、场地处理过程快件安全管理

快件处理现场应与外界隔开,安装全方位监控系统,人员应到指定位置查货。查货过程必须进行监控系统录像,查货完毕应签字盖章,确认快件安全。快件传递过程轻拿轻放,管理人员应每天调取录像,发现未按规定搬运、装卸的,应严肃处理。处理完的小件快件建立总包,由两人核对快件与总包清单,检查完快件安全后,施好封条。

三、在库快件安全管理

在库快件安全管理主要是严把"收、存、发"关,办理入库手续要清晰,应在严格检验后签字确认。快件保存时要细心,保证提供快件物品所要求的保存条件,仓库要安装 24h 不间断监控,需要打开包装时,要求两人在监控摄像头下进行,并在相关单据上签字。快件出库时应和下一道工序的作业人员办理交接,检查快件安全。如果快件安全出现问题,由在库管理快件的相关人员负责。

四、在途快件安全管理

在途快件安全管理要做到车辆防水,将快件总包按装车规则装车、施封,驾驶员安全驾驶,车辆安装 GPS 定位系统,车厢内安装监控系统,保证在途快件安全。

五、特殊快件安全管理

特殊快件主要指性质特殊或价格昂贵的快件。对于特殊快件,要纳入重点操作对象,格外关注。全部操作过程须在监控摄像头下进行,实行分区分类存放。一般快递企业都设置有特殊快件作业区,此区域和外界用铁栅栏严格隔开,贵重物品有专门的保险柜或保管箱。外包装须加封志,环环交接,哪个环节出问题,由哪个环节负责。建立特殊快件安全管理责任制,严格按照要求进行作业,一旦出现问题,能迅速查明原因,明确责任。

快件安全管理的关键在于建立快件安全管理责任制,明确交接程序及责任划分,如接触物品的作业场地必须安装监控设施、特殊物品必须双人作业等。此外,还应加强对员工的安全教育,每月召开快件安全分析会,查找问题,不断改进,把快件安全管理工作做好。

第三节 车辆安全管理

一、出车前的车辆安全管理

出车前,驾驶员要认真做好车辆设备检查和行车证件检查,并监督装车方安全合理装载,以确保行驶过程安全顺畅。

1. 车况检查

检查制动系统轮胎、制动器、喇叭、前灯、后灯、转向系统、车门等是否良好,检查油表、气表、水表、电源、导航系统等是否充足或正常,不符合要求应立即修理,严禁驾驶安全设备不全、等待维修检测或机件失灵的车辆。厢式车辆还要查验车厢是否有缝隙,以避免快件淋湿;以及车厢内是否卫生,避免污染新装载货物。

2. 证件检查

包括驾驶员、车辆、快件的证件单据。如驾驶员的《驾驶证》、《上岗证》,车辆的《行驶证》、《道路运输经营许可证》、《养路费及保险卡》,进出口的快件还须携带《报检报关单据》。如果是危险品,还须悬挂或粘贴危险运输标志,持有《危险货物作业证》等,以备运输途中随时查验和使用。

3. 安全装载

车辆的装载必须符合以下规定:

①车辆的额定载质量应符合制造厂规定。

②经过改装、改造的车辆,或因其他原因需要重新标定载质量时,应经车辆所在地主管部门核定。

③车辆换装与制造厂规定最大负荷不相同的轮胎,其最大负荷大于原轮胎的,应保持原车额定载质量;最大负荷小于原轮胎的,必须相应地降低载质量。

④车辆增载必须符合交通部1988年发布的《汽车旅客运输规则》和《汽车货物运输规则》的有关规定。

⑤所有车辆的载质量,一经核定,严禁超载。

⑥车辆总重力超过桥梁承载重力或运输超长、超宽、超高货物时,应报请当地交通、公安主管部门,采取安全有效措施,经批准后方可通行。

⑦车辆运载易散落、飞扬、泄漏或污秽物品时,应封盖严密,以免污染环境。

二、在途行驶车辆安全管理

1. 在途运输中的安全操作规程

车辆在安全行驶过程中,驾驶员须爱护车辆,严格遵守驾驶操作规程。行车前做到预热启动,低速升温,低挡起步;行驶中注意保持温度,及时换挡,行驶平稳,安全滑行,合理节油。在拖带挂车时,加强主、挂车之间连接机构的检查。行车中车辆发生故障,应立即停止使用,汇报车队领导后就近进行修理。

2. 在途运输中的驾驶员管理制度

驾驶员驾车一定要遵守交通规则,文明开车,严禁危险驾车(包括高速、紧跟、争道、赛车等)。晚间驾驶员要注意休息,严禁疲劳、酒后驾车。雨天、雾天、夜间应打开车灯,降低行车速度,确保安全。短途行车可一车一驾驶员,中长途行车要确保一车两驾驶员,以便换休。驾驶员不得将自己保管的车辆随便交给他人驾驶或练习驾驶,不得进行公车私用。因故意违章或证件不全被罚款的,费用不予报销,违章造成的后果由当事人负责。

3. 加强运输途中的安全监控

智能化道路运输GPS监控系统可对所有营运车辆的运行动态实施24h监控,及时掌握车辆的运行动态,有效遏制超速违章行为,对预防因超速违章而导致交通事故起到极其重要的作用。作为监控管理人员,在进行监控时要严格按照GPS监控人员岗位责任制认真负责地进行监控,在收集、整理处罚依据时要本着"尊重科学,实事求是"的原则,耐心细致地工作,不能因疏忽大意而冤枉没有违章的驾驶员,也不能因掉以轻心而遗漏违章的驾驶员。目前,GPS技术还存在一些缺陷,如定位不及时、超速数据回传慢、偶尔有信号飘移的现象。因此,监控人员一旦发现软件缺陷应及时向该软件开发公司进行反馈,使GPS监控系统能够更加完善,发挥更好的监控作用。

三、停放车辆安全管理

出车在外或出车归来停放车辆,一定要注意选取停放地点和位置,不能在不准停车的路段或危险地段停车。当车辆进入停车场、停放和驶离时,应遵循以下管理方法。

车辆进入停车场应一停二慢,必须服从管理员的指挥和安排,征得管理员同意后方可进入。驾驶员须向管理人员交验该车的有效证件,由管理人员发给停车证,登记停车牌号、车辆牌号、进入时间,并注意外表配件是否齐全,以备停车场查阅之需。

车辆停放时必须服从管理人员指挥,注意前后左右车辆的安全,在规定位置上停放,并与周围车辆保持适当距离,不得对其他车辆的进出和其他车位的使用造成阻碍。驾驶员必须锁好车门,调整防盗系统到警备状态,车内物品及停车证必须随身带走。

车辆驶离停车场前,应先观察车辆有无异常状况,如有应及时询问停车场管理员,也可调看监控录像。驶离时应注意周围车辆的安全,缓慢行驶,并在出口处向管理员交回停车证。管理员核对牌号后,收回停车证,车辆方可驶离。

四、车辆的日常维护和定期保养

1. 车辆维护与检查

车辆的维护保养是车辆自身运动的客观要求,它体现了一种追加劳动。车辆维护的目的,是避免车辆在运行过程中由于技术状态的改变而引发常见问题,改善车辆设备使用状况,确保设备安全正常运行,延长车辆的使用寿命。

车辆维护分为日常维护、一级维护和二级维护。各级车辆维护作业的主要内容和周期都有专门的规定,必须根据车辆结构性能、使用条件、故障规律、配件质量及经济效果情况综合考虑。另外,新车运行时,要根据车辆制造厂的有关规定进行磨合维护。

2. 坚持"三检"、"四清",防止"四漏"

车辆的日常维护是驾驶员必须完成的日常性工作。车辆维护作业,主要内容是:坚持"三检",即出车前、行车中、收车后检视车辆的安全机构及各部机件连接的紧固情况;保持"四清",即保持机油、空气、燃油滤清器和蓄电池的清洁;防止"四漏",即防止漏水、漏油、漏气、漏电。

3. 建立车辆维修制度

企业车辆的维修工作是通过车辆维修制度来实施的。车辆修理必须根据国家和交通部门发布的有关规定和修理技术标准来进行,贯彻"保养为主,视情维修"的原则,确保修理质量。车辆修理按作业范围可分为车辆大修、总成大修、车辆小修和零件修理。

4. 车辆的改造、更新与报废

车辆磨损和报废是难以避免的事实,因此车辆的改造与更新,既是科学技术迅速发展的客观要求,又是车辆磨损消耗规律所决定的必然趋势。对于性能低劣、车型老旧、耗油增加、污染增大、运作不安全且确实无法改造的车辆,应该按照规定履行车辆的报废手续。

第四节　场地、设备安全管理

快递企业具备良好的场地、设备是做好快递服务的基本条件,因此,场地、设备的安全管理将直接影响快件安全管理、人员安全管理。场地、设备安全管理包括场地出入管理、场地监控管理、场地消防管理和设备安全管理。

一、场地安全管理

1. 场地出入管理

作业区域应采取封闭式管理,进、出口分开,人员凭证件或指纹出入。进出作业区域人员要将证件挂于胸前,主动接受安保人员检查。携带易燃、易爆、剧毒等危险物品者,当值安保员应礼貌拒绝其入内,并将危险物品作妥善处置。作业区域内员工携带物品或驾驶车辆离开时,当值安保人员应严格检查放行手续。如已办理有效的放行手续,应严格核查放行物品与放行条列明的物品是否相符,如不相符,只按放行条列明的物品给予放行;如未办理有效的放行手续,应要求物主进行办理。物品经核对无误放行后,当值安保人员应及时在放行条上签署姓名及当值日期、时间,便于日后查询;交接班时,应交接好放行条数目,并在交接班本上做好记录。

2. 场地监控管理

场地监控管理包括监控设备的安装和有效使用。监控设备的安装既要考虑成本,又要考虑监控区域的需要。对于重要作业区域,监控必须24h覆盖。此外,确定监控的角度、位置对于监控设备的安装来说也尤为重要,要引起一定重视。监控设备的有效使用则是指安排专人负责维护和使用,对于及时发现安全隐患或防范安全事故者应予以奖励。

3. 场地消防管理

场地消防管理,要按照消防管理的有关法律法规,建立消防管理制度,配备专、兼职消防队伍,定期检查消防设备,保持消防通道畅通,不定期举行消防演习。

快递企业法人代表为安全消防第一责任人。企业应制订并落实安全消防责任制和防火、灭火方案,以及火灾发生时保护人员疏散等安全措施;配备安全消防器材,落实定期维护、保养措施;开展消防安全检查,改善防火条件,及时消除安全隐患;组织员工进行消防安全教育,防火、灭火训练等。此外,企业还应组织火灾自救,保护火灾现场,协助火灾原因调查。

企业在建立安全消防体系和安全消防责任制时,应层层分解、落实到位,横向到边、纵向到人。各部门都应确立责任人,并制订相应的安全消防制度的措施,还应定期或不定期进行安全检查,并记录备案。此外,企业应加强培训和示范教育,普及安全消防知识,督促所有员工遵守消防安全守则,有条件的可举办模拟演示。

快递企业建筑工程和内装修防火设计,必须报公安消防监督机构审核批准后组织实施,应符合国家和当地消防技术规范要求,不得私自改动。施工完成后,要向公安消防监督机构申请消防验收。

二、设备安全管理

快递企业设备主要包括叉车、计算机、打印机、扫描设备、分拣设备、消防器材、呼吸器、保护带等。设备管理主要包括设备的保管、检查和使用。设备应建立台账,指定专人保管维护,每天检查并进行登记;还应做好设备防盗工作,并注意维护保养。企业相关管理部门要不定期组织检查设备的维护、保养和使用情况,并做好记录,特别要保证消防器材、呼吸器、保护带等安全设备无故障,关键时刻能使用。对全体员工开展使用安全设备的教育,使每一位员工都能熟练使用安全设备,如消防栓、灭火器、呼吸器等。

场地、设备安全无小事,必须高度重视,快递企业应坚持"预防为主,防治结合"的原则,做好场地、设备安全管理工作。

第五节 信息安全管理

一、资料保密管理

资料指企业的内部资料,包括各类企划、营销方案、客户信息、会议记录、操作流程以及整理而成的档案。各类资料包含了企业内部的重要信息,关系到企业的安全和利益,是高度的商业机密。因此,快递企业应强化保密意识,规范和加强资料使用、存放的管理和监控,杜绝和防范各类资料外泄。

资料保密管理的主要方法如下。

1. 资料打印的管理规定

①资料原稿由提供部门领导签字,签字领导对资料内容负责,不得出现对企业不利或不该宣传的内容,同时确定资料编号、保密级别、发放范围、打印份数。

②打印部门要做好登记,打印校对人员姓名应在发文单中反映,保密资料应由专门机构负责打印。

③打印完毕,所有资料废稿应全部销毁,电脑存盘应消除或加密保存。

2. 资料发送的管理规定

①资料打印完毕,由文印室专门人员负责转交发文部门,并做登记,不得转交无关人员。

②发文部门下发资料应认真做好发文记录。

③保密资料应交由发文部门负责人或其指定人员签收,不得交给其他人员。

④对于剩余资料应妥善保管,不得遗失。

⑤发送保密资料应由专人负责,严禁让未转正员工发送保密资料。

3. 资料复印的管理规定

①原则上保密资料不得复印,特殊情况由相关领导批准执行。

②资料复印应做好登记。

③复印件只能交给部门主管或其指定人员,不得交给其他人员。

④一般资料复印应有部门负责人签字,注明复印份数。

⑤复印废件应即时销毁。

4. 资料借阅的管理规定

借阅保密资料必须经借阅方、提供方领导签字批准,提供方进行专项登记,借阅人员不得摘抄、复印,不得向无关人员透露,确需摘抄、复印时,要经提供方领导签字并注明。

5. 传真件的管理规定

①保密资料传递,不得通过公用传真机。

②收发传真件应做好登记。

③保密传真件收件人只能是部门主管负责人或其指定人员,不得为其他人。

6. 档案的管理规定

①档案室为材料保管重地,无关人员一律不准出入。
②借阅资料应填写申请借阅单,并由主管领导签字。
③保密资料限下发范围内人员借阅,特殊情况由保密资料管理机构批准借阅。
④保密资料保管应与普通资料区别,按等级、期限加强保护。
⑤档案销毁应经鉴定小组批准后指定专人监销,必须两人以上参加,并做好登记。
⑥档案材料不得借给无关人员查阅。
⑦保密档案不得复印、摘抄,特殊情况由企业负责人批准后执行。

二、信息网络安全管理

通信、计算机和网络等信息技术的发展大大提升了信息的获取、处理、传输、存储和应用能力,信息数字化已经成为普遍现象。互联网的普及更方便了信息的共享和交流,使信息技术的应用扩展到社会经济、政治、军事、个人生活等各个领域。因此,信息安全的重要性可以上升到国家安全的高度。无论在计算机上存储、处理和应用,还是在通信网络上传输,信息都可能被非授权访问而导致泄密,被篡改破坏而导致不完整,被冒充替换而导致否认,也可能被阻塞拦截而导致无法存取。这些破坏可能是有意的,如黑客攻击、病毒感染;也可能是无意的,比如误操作、程序错误等。

网络安全技术主要包括网络安全层次模型及各层的网络安全技术,主要有防火墙技术、IP层安全技术、传输层安全技术、应用层安全技术及3W安全技术等。

1. 网络安全层次模型

国际标准化组织ISO在开放系统互联标准中定义了7个层次的网络参考模型,它们分别是物理层、数据链路层、网络层、传输层、会话层、表示层和应用层。

从安全角度来看,各层能提供一定的安全手段,针对不同层次的安全措施是不同的。需要对网络安全服务所属的协议层次进行分析,没有哪个单独的层次能够提供全部的网络安全服务,网络安全服务与每个层次都相关。在物理层,可以在通信线路上采用某些技术使得搭线偷听变得不可能或者容易被检测出。在网络层,防火墙技术被用来处理信息在内外网络边界的流动,可以确定来自哪些地址的信息或者访问哪些目的地址的主机是安全的。在传输层,可以执行端到端的加密,也就是进程到进程的加密。虽然这些层次上的解决方案都有一定的作用,并且有很多人正在试图提高这些技术,但均不能提出一种充分通用的办法来解决身份认证和不可否认问题。解决这些问题的关键在应用层。应用层的安全主要是指针对用户身份进行认证并且建立起安全的通信信道。有很多针对具体应用的安全方案,能够有效地解决诸如电子邮件、HTTP等应用的安全问题,能够提供包括身份认证、资料保密、资料完整性检查乃至访问控制等功能。

2. 防火墙技术

在TCP/IP网络中,IP层实现的安全技术通常包括IP过滤技术和IP加密传输信道技术。其中IP过滤技术为路由器和防火墙产品所广泛采用,是最常见的互联网安全技术。

防火墙不能替代内部网络的安全措施,不能认为网络安全措施就是建立防火墙。它只能是网络安全政策和策略中的一个组成部分,只能解决网络安全的部分问题。

3. IP层安全性

在IP加密传输信道技术方面,目前使用认证头部(AH)和安全内容信封(ESP)两种机制。前者提供认证和资料完整性,后者实现通信保密。

IP层非常适合提供基于主机的安全服务,相应的安全协议可以用来在互联网上建立安全的IP信道和虚拟私有网。例如,利用它对IP包的加密和解密,可以简捷地强化防火墙系统的防卫功能。

4. 传输层安全性

由于TCP/IP协议本身非常简单,没有加密、身份认证等安全特性,因此,要向上层应用模块提供安全通信的机制就必须在TCP之上建立一个安全通信层次。传输层网关在两个通信节点之间代为传递TCP联结并进行控制,这个层次一般称做传输层安全。最常见的传输层安全技术有SSL、SOCKS和安全RPC等。

同网络层安全机制相比,传输层安全机制的主要优点是它提供基于进程对进程的安全服务和加密传输信道,利用公钥体系进行身份认证,安全强度高,并支持用户选择的加密算法。这一成就如果加上应用级的安全服务,就可以具备更加可靠的安全性。

5. 应用层安全性

IP层的安全协议能够为网络联结建立安全的通信信道,网络层的安全协议允许为主机之间的资料信道增加安全属性。但它们都无法根据所传送内容的不同安全要求作出区别对待。如果确实想要区分一个具体文件的不同的安全性要求,就必须在应用层采用安全机制。

6. 3W安全技术

随着3W应用领域的扩大,安全和管理问题日益受到重视。由于最初HTTP协议在设计时注重的是方便交流,并没有考虑安全的问题,对于3W的资源管理缺乏有效的安全保护。后来的HTTP1.0和HTTP1.1协议本身也只是提供了相当有限的认证机制,仍然没有全面的安全保证。加上3W是建立在互联网的基础上,互联网的安全隐患也使得3W的进一步应用受到限制,阻碍了它的实际商业使用。

解决3W应用安全的方案需要结合通用的互联网安全技术和专门针对3W的安全技术。前者主要指防火墙技术,后者是指根据3W技术的特点改进HTTP协议或利用代理服务器、插入件、中间件等技术来实现的安全技术。

三、数据安全管理

数据是信息的直接表现形式,数据安全的重要性不言而喻。数据安全的着眼点在于数据在存储和应用过程中是否会被非授权用户有意破坏,或被授权用户无意破坏。数据通常以数据库或文件形式来存储,因此,数据安全主要是数据库或数据文件的安全问题。数据库系统或数据文件系统在管理数据时采取什么样的认证、授权、访问控制及审计等安全机制,达到什么安全等级,机密数据能否被加密存储等,都是数据的安全问题。数据安全研究的主要内容有安全数据库系统、数据存取安全策略和实现方式等。

数据库系统中的资料是由DBMS统一管理和控制的。为了适应资料共享的环境,DBMS必须提供资料的安全性、完整性、并发性和数据库恢复等数据保护能力,以保护数据库中资料的安全可靠和正确有效。

1. 安全性

数据库的安全性是指保护数据库,防止因用户非法使用数据库造成资料泄露、更改或破坏。

网络数据库的资料可以共享,但资料共享必然带来数据库的安全性问题。数据库中放置了大量有价值的资料,如果 DBMS 不能严格地保证数据库中资料的安全性,就会严重制约数据库的应用。因此,数据库系统中的资料共享不能是无条件的,而必须是在 DBMS 统一、严格的控制之下,只允许有合法使用权限的用户访问允许其存取的资料。

安全性控制的一般方法如下。

(1)用户标识和鉴定

每次用户要求进入系统时,必须提供用户名和密码。系统内部记录着所有合法用户的标识,由系统将用户提供的身份标识与系统内部记录的合法用户标识进行核对,通过鉴定后才能提供系统使用权。用户标识和鉴定是系统提供的最外层安全保护措施。其方法是由系统提供一定的方式让用户标识自己的名字或身份。

(2)存取控制

在数据库系统中,为了保证用户只能访问其有权存取的资料,必须预先对每个用户定义存取权限。对于通过鉴定获得上机权的用户,系统根据之前的存取权限定义对其各种操作请求进行控制,确保只执行合法操作。

(3)视图

通常使用视图机制屏蔽一部分保密资料,然后在视图上再进一步定义存取权限。

(4)跟踪审计

在系统中,当资料的处理极为重要时,可以使用一个专用文件或数据库。系统自动将用户对数据库的所有操作记录在上面,利用审计追踪的信息,就能重现导致数据库现有状况的一系列事件,以找出非法存取资料的人。审计功能一般主要用于安全性要求较高的部门。

(5)资料加密

对于高度敏感性资料,如财务结算资料、企业商业机密资料等,除以上安全性措施外,还可以采用资料加密技术,以密码形式存储和传输资料,这样能够防止企图通过不正常渠道获取资料的行为。

2. 完整性

数据库的完整性是指数据的正确性和兼容性。数据库是否具备完整性关系到数据库系统能否真实全面地反映现实世界,因此维护数据库的完整性是非常重要的。

资料的完整性与安全性是数据库保护的两个不同的方面。安全性是防止用户非法使用数据库,包括恶意破坏资料和越权存取资料;完整性则是阻止合法用户对数据库进行不合语义的操作和非法操作。

为维护数据库的完整性,DBMS 必须提供一种机制来检查数据库中的资料,看其是否满足语义规定的条件。这些加在数据库资料之上的语义约束条件称为数据库完整性约束条件。它们作为模式的一部分被存入数据库中。而 DBMS 中检查资料是否满足完整性约束条件的机制称为完整性检查。

3. 并发控制

数据库一般是指网络数据库,可以供多个用户共享使用。因此,为了充分利用数据库资源,发挥其可共享的特点,应允许多个用户并行地存取数据库。但这样就会产生多个用户程序并发存取同一资料的情况,若对并发操作不加控制就可能会存取不正确的资料,破坏数据库的一致性,所以数据库管理系统必须提供并发控制机制。并发控制机制的好坏是衡量一个数据库管理系统性能优劣的重要标志之一。

4. 恢复

为了保证各种故障发生后,数据库中的资料都能从错误状态恢复到某种逻辑一致的状态,数据库管理系统中必须具有恢复数据的功能子系统。数据库管理系统若无数据恢复功能,系统一旦发生故障,将会带来灾难性的损失。因此,恢复功能对系统的可靠程度起着决定性作用,而且对系统的运行效率也有很大影响,是衡量系统性能的重要指标。

(1) 恢复的实现技术

恢复就是利用存储在系统其他地方的冗余数据来重建数据库中被破坏的或不正确的资料。因此,恢复机制涉及两个关键问题:第一,如何建立冗余数据;第二,如何利用这些冗余数据实施数据库恢复。建立冗余数据最常用的技术是资料转储和登录日志文件。通常在一个数据库系统中,这两种方法是一起使用的。

① 资料转储。一旦系统发生介质故障,数据库将遭到破坏,因此,需要通过资料转储制作后备副本以保证数据的恢复。转储是指 DBA 将整个数据库复制到磁带或另一个磁盘上保存起来的过程。系统发生故障以后,可以将后备副本重新装入,把数据库恢复起来。转储是数据库恢复中采用的基本技术。需要提醒的是,重装后备副本只能将数据库恢复到转储时的状态,要想恢复到故障发生时的状态,必须重新运行自转储以后的所有更新事务。

② 登记日志文件。日志文件是用来记录事务对数据库的更新操作的文件。不同数据库系统采用的日志文件格式并不完全一样。概括起来,日志文件主要有两种格式:以记录为单位的日志文件和以数据块为单位的日志文件。

(2) 恢复策略

当系统运行过程中发生故障,利用数据库后备副本和日志文件就可以将数据库恢复到故障前的某个一致性状态。不同故障其恢复技术也不一样。

① 介质故障的恢复。发生介质故障后,磁盘上的物理资料和日志文件被破坏,这是最严重的一种故障,恢复方法是重装数据库,然后重做已完成的事务。

② 事务故障的恢复。事务故障是指事务在运行至正常终止点前被中止,这时恢复子系统应撤销此事务已对数据库进行的修改。具体做法为:反向扫描日志文件(即从最后向前扫描日志文件),查找该事务的更新操作;继续反向扫描日志文件,查找该事务的其他更新操作,并做同样处理,如此处理下去,直至读到此事务的开始标记,事务故障恢复就完成了。事务故障的恢复是由系统自动完成的,不需要用户干预。

③ 系统故障的恢复。系统故障造成数据库不一致状态的原因有两个:一是一些未完成事务对数据库的更新已写入数据库,二是一些已提交事务对数据库的更新还留在缓冲区没来得及写入数据库。因此,恢复操作就是要撤销故障发生时未完成的事务,重做已完成的事务。

第七章 快递企业客户服务管理

随着市场经济的发展,客户服务越来越受到客户和企业的重视。在现代市场竞争中,客户服务已不仅是企业获取利润、求得生存与发展的基础,而且已成为与产品研发、成本控制、人力资源、技术创新同等重要的企业发展战略问题。快递属于服务性行业,客户服务管理已成为快递企业经营和管理的重要内容之一。

第一节 快递企业客户服务管理概述

随着客户服务竞争的日益激烈,任何短期的行为和粗放的管理都会导致企业的损失。面对激变的市场环境、多样化的客户需求,快递企业已清醒地认识到客户服务管理的长远性和重要性,并站在企业发展的战略高度,加强和规范企业的客户服务管理。

一、快递企业客户服务含义及内容

1. 快递企业客户服务的含义

所谓快递企业客户服务,是指快递企业通过一定的方式向其客户及客户的客户(如收件人)等提供服务的过程。通过客户服务,快递企业将自身的良好信誉和形象展现给客户,取得客户乃至行业和社会的良好评价。

2. 快递企业客户服务的意识及理念

在客户服务过程中,员工的基本行为规范、服务管理规范必不可少。而要使客户服务成为一种持续的内在的自觉行为,则取决于整个企业全体员工的客户服务意识和理念。

(1)客户服务意识

客户服务意识是企业员工发自内心地主动做好服务工作的一种观念和愿望。它是服务人员的一种本能和习惯,通过不断培养、教育训练可以形成和提高这种意识。客户服务意识以客户价值为导向,而不是以企业的利润或员工自身任务作为直接目标。

现代快递企业的竞争,很大程度上是对客户服务的竞争。快递企业对客户服务人员的要求,早已超出了"微笑服务"、"关怀服务"的范畴,不仅要设身处地为客户着想,还要把顾客当作合作伙伴,甚至与客户结成战略同盟。

[参考资料]

客户服务意识

小刘是××技师学院物流专业的学生,毕业后在一家大型民营快递公司就职。两个月后的一天,他处理一票大件货物时,拨通了客户张小姐的电话,用标准而礼貌的用语告知客户到货的事实,计划约定送货时间。这时客户在电话里传出了一阵连续的咳嗽声,小刘立刻停止了预约对话,询问客户咳嗽的原因,并进行了问候。之后,双方预约好了派件时间。随后,小刘先来到药店购买了一盒止咳药,再像往常一样前往客户处送件。当客户收到药和包裹时,非常吃惊和感动,她立即致电公司客户服务部,表达了对于这一举动的"惊喜"。之后的几周,企业明显感觉到来自该客户的订单量增多了,也接到了来自该客户合作伙伴的业务咨询电话。"看似简单的这件事,却反映出了一个员工的客户服务意识和综合素养;而这也许是不少经过了多次培训,而且工作了几年的老员工所不能做到的",负责公司营运的陈总这样评价。

(2)客户服务理念

如果说客户服务意识更多的是来自客户服务人员的话,那么客户服务理念则是来自于企业自上而下的一种集体价值观和群体意识。它和企业文化一样,是企业营造的一种客户服务氛围和自觉约束,能够反映出企业对客户服务在其发展中的重要性的认识。当员工认同和内化了这种理念后,会于无形中影响自身行为。当发现自身行为与企业倡导的服务理念不符时,员工会自觉地进行控制或调整,从而实现服务水平的提高。

目前,几乎所有的快递企业都非常重视客户服务理念的树立,如客户不分大小都是上帝;客户永远是正确的;时间就是命令;快件虽小责任重大;快件第一,时间第一;快件轻于鸿毛,但责任重于泰山;确保物件安全,确保按时投递;快捷就是竞争;服务、服务再服务等。

3.快递企业客户服务的内容

客户服务是以"客户需求"为导向的,因此,客户服务的内容也就是"客户需要什么或者期望什么,我们就服务什么"。就狭义来讲,客户服务就是收派员上门时的一个微笑,是客服代表通话时的一声问候,是客服经理握手时显示出的风度……就广义而言,任何能提高客户满意程度的因素,都属于客户服务的范畴。

根据服务提供的过程来看,快递企业客户服务的内容可以分成交易前、交易中和交易后三个阶段,每个阶段都包含不同的服务内容。

(1)交易前的客户服务内容

交易前的内容包括快递企业向客户受理业务前的各种服务要素。这些服务趋向于非常规和与政策相关的活动,有时需要管理部门的介入,如解答客户的服务咨询、公开快递企业的服务质量承诺、进行快递产品介绍等服务。

(2)交易中的客户服务内容

交易中的内容包括快递企业人员从客户处将快件收取后到送交收件人签收全过程的各项服务要素。这些服务与客户有着直接的关系,并且是制订客户服务目标的基础,对客户满意度具有重要影响,如服务交易的便利性、客户查询的及时响应、客户快件的加急处理、客户收派件指令的更改等服务。

(3)交易后的客户服务内容

交易后的内容包括快递企业将客户的快件交付收件人签收后,根据客户要求所提供的后续服务的各项服务要素,如收集客户的反馈意见、处理客户的投诉、处理损坏件及延迟件等的赔偿、进行签收单据的统计与返回等服务。

二、快递企业客户服务管理

快递企业的客户服务管理,同生产企业的产品质量管理一样重要。在整个业务过程中,客户服务无处不在,贯穿于整个服务交易过程。客户服务管理,就是对其进行全方位的控制、协调、督导和跟进的全过程,包括制订完善的客户服务管理制度和原则、设计客户服务的标准工作流程、建立客户服务质量控制指标,以及对客户服务人员的培训、对客户服务部门的绩效考核管理等。

客户服务管理水平的高低,不仅决定了现有客户能否继续维持下去,而且决定了潜在客户是否能够成为现实的客户。客户服务管理的目的,是使客户服务的行为过程形成规范化、制度化、常规化的客户服务管理体系,提高客户服务的满意度,提升企业客户服务的品牌地位。

第二节 快递客户服务工作标准

规范化管理是客户服务管理的重要目标。对于快递企业来说,客户服务管理的规范化,首先需要制订出客户服务的各项工作标准,进而对员工进行培训,严格落实各项标准,这样才能在市场竞争中赢得客户,树立品牌。

一、咨询及接单服务管理

1. 咨询服务

咨询服务是指客户下单前对企业服务优势、收费情况等进行了解,客户服务人员给予解答的沟通过程。它是客户接触快递企业和业务的第一道关。成功的咨询服务可以加深客户对公司和业务的充分了解,并促成客户下单业务;反之,糟糕的咨询服务可能会损失潜在的客户或业务合作机会。

(1)标准操作流程

客户来电——接听电话(铃响不超过3声)——问候用语——客户信息询问(老客户自动弹出信息,新客户建立客户资料档案)——聆听并记录问题(不要打断客户讲话或抢话)——问题解答(3min内)——询问是否需要其他帮助——结束用语——挂机(不要在客户挂机前挂机)。

(2)管理要点

①提高客户服务人员的业务知识水平。要求客户服务人员十分熟悉公司状况、业务范围、服务优势等情况,避免答错或不知如何回答,以减少客户等待的时间。

②提高客户服务人员的服务技巧。比如,不能解答的客户问题或过于复杂的问题,客户服务人员可以先委婉告知客户,待请示主管或查阅公司服务手册等资料后,再次致电客户,予以回答。

③加强咨询服务规范管理。比如,客户索要相关资料或信息,客户服务人员应迅速判断是否可以提供给客户。一般情况下,只有公司对外的业务宣传资料、对外统一的收费标准、服务网点地址和联系电话等外部资料是可以提供给客户的,而涉及其他客户资料、公司制度、服务加盟商资料、其他部门或员工的联系方式等内部资料是严禁泄露的。

2. 接单服务

接单服务是指客户在对所咨询的企业及相关快递服务进行充分了解后,确认将自己的收派件任务委托给快递企业的业务沟通过程。它是双方进行业务确认和业务受理的过程。对于新客户而言,接单服务是咨询服务成功转换的体现;对于老客户来说,接单服务则是对企业服务予以肯定的表现。

(1)标准操作流程

客户来电——接听问候——记录客户信息——询问有关发件信息——确认发件要求——询问是否需要其他帮助——结束用语——挂机。

(2)管理要点

①规范受理信息。受理信息包括快件品名、重量体积、收件人地址及电话、收件时间、付款

方式、业务联系人、其他特殊要求等。接单人员在业务受理时，必须准确全面地记录快件信息。如果其中有一个信息没有确认到位，都可能会造成后续服务的被动，甚至服务失败、遭受投诉。

②规范接单形式。接单形式包括传真、电话、网络系统等。在受理业务时，接单人员应做到接单形式规范。如对于初次合作的客户，应要求客户传输书面资料，一方面可以确认合作的具体内容，另一方面可以建立新客户的资料，保证服务的有效性。

二、查询服务及快件跟踪管理

1. 查询服务

查询服务是指已下单客户向快递企业了解快件的派送情况，客户服务人员给予查询答复的过程。查询服务是客户服务人员发现和解决各种问题的过程，涉及其他业务操作部门和服务网络等的操作速度、操作流程等，所以有时也被誉为售后服务的监视窗口。

(1)标准操作流程

客户来电——接听问候——询问客户姓名及查询单号——确认客户及查询单号——客户服务信息系统自动弹屏——查询客户快件动态记录——答复客户疑问——询问是否需要其他帮助——结束用语——挂机。

(2)管理要点

①客户服务人员要做到礼貌、及时、准确给予客户答复，做好相应的工作记录，包括客户问题、跟进情况和处理过程。若系统未有相关查询信息的快件，客户服务人员不应凭主观经验答复，应在挂机后致电相关部门或所辖收派员进行了解，再答复客户。

②查询服务要尽可能给客户提供多种查询途径，不仅是电话查询，还要设立网络查询、手机短信查询、各营业点协助查询等。

2. 快件跟踪管理

快件跟踪是指客户服务人员对内部运作部门或第三方外包服务商进行快件运作情况的了解、跟踪、协调、反馈的沟通过程。

(1)标准操作流程

接到异常件报告——客户服务员记录——系统查询异常件信息——运作部门内部跟踪异常件运作情况——反馈或答复异常件运作信息——客服员与客户协调意见——实施改进或补救计划——结果反馈——情况备案。

(2)管理要点

如快件处于正常送派时间内，客户服务人员应在适当的时间对各收派员或运作部门进行跟踪，但不宜频繁跟踪，以免干扰运作部门的正常工作。

如发现快件异常或无相关运作记录，客户服务人员应及时进行跟踪。通过内部呼叫中心向运作部门进行查询，追踪快件目前处于哪个环节，判断这个环节是否在正常的作业时间内，确认快件有无异常情况及何时进入到下一个交接环节，并将信息及时录入到客服系统；如有异常状况，分析客户原因和公司操作原因，分别向客户和公司相关人员反馈，并通过协商形成最为合理的处理方案，再将此方案告之运作部门实施，直至跟踪处理完毕。

三、异常(问题)件处理管理

异常件是指在各操作环节中出现的异常情况以及在希望到达时间内未送达、未签收的快件，包括退回件、错发件、转寄件、损坏件等。异常件是潜在的可能导致服务事故的快件，需要客户服务人员及时、主动地将异常情况反馈给客户及相关部门,尽量避免因异常情况而导致的客户投诉,并尽快、妥善、有效地处理异常情况,将异常件给客户带来的影响及对快递企业造成的损失降低到最小。

1. 标准处理流程

及时发现异常件情况——详细、完整地记录异常内容和过程——情况严重的及时汇报领导和客户——调查异常原因和相关资料——协调处理方案——妥善处理问题——反馈处理结果——分析、总结异常情况。

2. 管理要点

(1) 异常受理规范

要求客户服务人员在收到异常报告时,详细、完整地记录异常内容和异常发生的过程,及时调查异常原因,搜集相关资料。相关资料必须按照各种异常类型的处理规范搜集齐全、准确,如快件的破损情况,必须要有记录快件破损情况的相片;航空运输破损的,要有航空公司的破损证明。

(2) 异常反馈规范

异常反馈包括两个方面:一是向客户反馈,二是向企业内部的相关部门反馈。向客户的反馈,要求客户服务人员及时、主动地将异常情况反映给客户,态度诚恳并耐心地向客户解释相关问题和异常原因,将异常处理措施(如已安排航班运输、加急派送等)向其告知,最大可能地争取客户的谅解和认同。向企业内部的反馈,要求按照异常上报规范,将异常的相关资料整理整齐,根据上报流程反馈到相关部门和相关领导。

(3) 异常处理规范

异常处理规范应遵循及时性原则、持续性原则、明确性原则。及时性原则要求在规定时间内处理完毕,及时处理是妥善处理异常的前提;持续性原则要求在处理过程中要持续性地与客户、相关部门沟通协调,直到处理完毕;明确性原则要求处理结果必须明确,处理结果应是客户接受并经客户确认的。

(4) 异常分析和总结

异常分析和总结是指客户服务人员定期对异常件进行统计、分类汇总,对异常原因进行深入分析,以及对异常处理工作取得的效果和存在的问题进行工作总结,撰写分析报告,上报到相关部门和领导的一系列业务进程。

四、客户投诉处理管理

在快递服务过程中,会因各种因素造成一些差错和意外,比如快件丢失或延迟送达、信息查询未能及时或真实报告给客户等。这些差错和意外,会引起客户对快递企业服务的不满和投诉。

对于这些差错和意外,若处理得当,则会加深客户对快递企业诚信度等方面的认识,增进客户与快递企业的感情;若处理不当,则会对客户形成负面的影响,损坏快递企业的形象。因此,对客户投诉的处理,往往比正常的服务更能反映出一个快递企业客户服务的能力和素质。

1. 标准操作流程

客户投诉来电——倾听客户的不满,对客户表示同情——记录投诉内容(如有可能,可电话录音以存档)——通过投诉事件的基本信息初步判断原因——尽快联系内部运作部门,核实客户反映情况是否属实——向客户致歉、解释,并记录过程——提出或征求客户的处理意见——报部门领导审批——实施补救措施——对责任部门或责任人进行处罚——结果记录,持续改进。

2. 管理要点

情节较轻或情况比较简单的业务投诉，客户服务人员应尽量在一次通话中给予答复和解决。在向客户承诺送达时间等问题时，应尽量留有一定的回旋余地。投诉问题涉及操作部门或人员的，应注意沟通方法，尽量充分了解实际原因，或交由操作部门主管直接进行处理。

在投诉管理中，并不是所有投诉都是成立的，可能有客户的恶意投诉，或者服务失败的原因是由客户造成的。因此，必须谨慎分析，根据投诉的原因恰当处理。某快递公司投诉管理监控衡量指标体系如表7-1所示。

某快递公司投诉管理监控衡量指标体系 表7-1

服务质量类	服务效率类	营运管理类	前台支撑类	部门协作类	升级控制类
投诉处理满意度	人均结果效率	百万客户投诉比	前台一站式解决率	投诉一站式解决率	百万客户升级投诉率
短信满意度	投诉处理及时率	投诉量	首次问题解决率	部门处理及时率	升级投诉量
质检抽查满意度	平均投诉处理时长	投诉现场解决率	前台出单差错率	重复派单率	升级投诉判责量
重复投诉率		平均延误时长			各渠道升级投诉量
派单差错率					投诉处理解决率

涉及客户索赔或提出补偿、赔偿要求的投诉，应按照标准流程处理并在相关领导批准后，予以客户正式答复。

对投诉情况进行每周或每月统计，分析相应指标和事件原因，持续改进，以减少投诉数量。

第三节 快递企业呼叫中心管理

一、呼叫中心介绍

目前，呼叫中心已经成为各个行业客户服务体系中不可或缺的重要组成部分。从电信到百货，从IT到金融，很多企业都已把客户服务工作转移到了这种高效率、低成本的方式上来。其中邮政快递行业约占五分之一的比例，如图7-1所示。

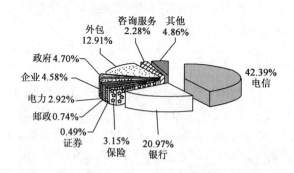

图7-1 中国呼叫中心行业分布图

1. 呼叫中心的概念

呼叫中心（Call Center）又称客户服务中心（Customer Service Center），是充分利用电信技术与计算机网络技术相结合的多功能集成化的综合信息服务系统，是一种新的基于CTI技术的服务方式，能够利用现代的通信手段，有效地为客户提供高质量的服务。

呼叫中心是快递企业普遍采用，旨在提高工作效率的应用系统。它主要通过电话、网络系统来承担受理客户委托、帮助客户查询快件信息、回答客户有关询问、受理客户投诉等一系列业务工作。

2. 呼叫中心建设的目的

①快递公司往往有区域性或全国性的网络，建立呼叫中心有利于各分公司业务的统一调度和管理。

②快递行业的客户比较分散，建立呼叫中心有利于加强客户资料的收集、统计。

③由于客户服务人员水平不一，建立呼叫中心可以使客户服务人员在客户咨询或投诉时统一服务口径。

④呼叫中心一般24h运作，可随时记录快件轨迹并将其反馈给客户。

⑤快递行业的客户数量比较多，建立呼叫中心可对客户给予更加细致的关怀，提高客户满意度和忠诚度。

⑥少数精干的业务员掌握着公司大多数客户的动态资料，建立呼叫中心可避免因业务员离职带来的客户流失情况。

3. 呼叫中心的系统功能

①来电话时，坐席电脑屏幕显示来电客户的信息。

②对操作员、管理员等各种权限进行分级设置。

③坐席电话转移时，将该客户的信息转移到相应的坐席电脑上。

④输入、编辑、查询客户信息。

⑤在坐席电脑上查询、播放电话录音。

⑥查询身份证号来源地、手机号来源地、邮政编码、电话区号等信息。

⑦在坐席电脑上显示相关的电话数据，如打出、打入的电话次数及相应时间等。

⑧任意扩展其他应用项目。

⑨查询、统计、分析电话记录。

⑩数据备份恢复功能。

⑪监控服务器来电功能。

⑫监控客户端屏幕功能。

⑬消息通知功能。

二、呼叫中心工作流程及标准

1. 呼叫中心的业务类型

呼叫中心的业务类型主要包括呼入和呼出两项。其中，呼入业务主要有业务咨询、业务下单、快件查询、业务催促、业务变更、客户投诉等；呼出业务主要有信息业务推介、收派件指令下达、业务跟踪反馈、客户满意度调查、客户关怀等。

2. 业务工作流程

呼叫中心的业务工作流程如图7-2所示。

三、呼叫中心营运管理

1. 呼叫中心人员管理

呼叫中心是一个劳动密集型系统，大型呼叫中心每天要处理数万甚至数十万呼入、呼出电话，需要配置大量的客服代表岗位。

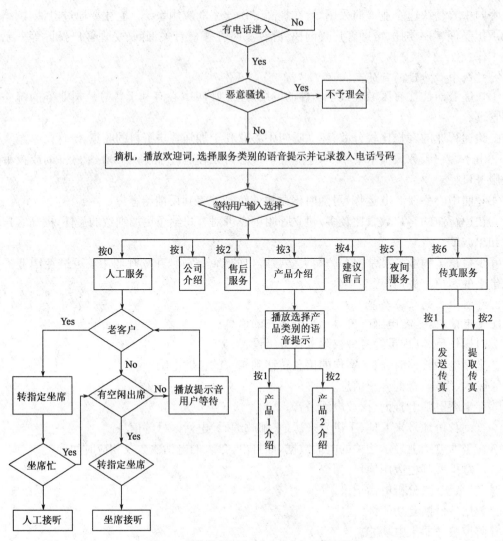

图 7-2 某快递企业呼叫中心的业务工作流程图

呼叫中心的人员管理,除了要做好岗位分配、岗位排班、人员培训、绩效考核、薪酬激励等方面的工作,更重要的是要了解和稳定客服代表的情绪,给与其人性化的关怀。在呼叫中心,客服代表每天需要面对不同类型的客户,处理不同类型的业务,有时还需要面对某些客户的指责和误解,工作压力较大,工作情绪也容易出现波动。因此,人员管理应充分考虑客服代表的情绪和状态,通过各种有效途径帮助其进行情绪疏导和情绪管理。

2. 呼叫中心成本控制

呼叫中心是一个资金密集型系统,它被看做是快递企业一个重要的成本中心。因此,对于营运管理者来说,必须尽可能地控制各项成本,提高成本管理水平,提升呼叫中心的营运效率,从而实现投入产出的最大化和最优化。

呼叫中心的营运成本一般包括人力成本、设施设备成本以及系统工具成本等。而对人力成本的控制应该是管理的重点,因为各种设施设备、系统工具一般比较固定,不会轻易更换。

对于人力成本的控制,首先是科学合理地做好排班;其次是强化业务培训,提高客服代表的工作效率;最后,要及时掌握企业发展动向,以便提前做好人员储备或人员分流,最大限度降低人力成本。

3. 呼叫中心现场管理

呼叫中心现场管理,主要是指呼叫中心经理或坐席班长通过现场巡查的方式,了解员工处理客户服务业务质量的过程。借此,管理者可了解员工的精神面貌与工作情绪、使用系统的熟练程度、客户服务的态度、业务量状况以及设备的运转情况等。

在进行巡查的过程中,经理或坐席班长可直接指出客户服务人员工作的不足之处,传授相应的处理技巧;也可以根据现场突发情况进行适时的工作调整,如当出现业务量不均或市场变化时,可进行岗位、排班、设备、流程等方面的调整。此外,通过巡查,可使基层员工和管理层更好地融合,加强团队的战斗力。

4. 通话录音和通话监听

进行通话录音和通话监听的目的,一方面是为某些客户投诉或纠纷提供重要原始资料,另一方面可以让员工更加自觉地提高自己的服务质量。监听中,管理者可以更多地关注新任员工的通话、通话时间长的通话、异常号码电话等,借此查找和处理问题。在培训中,还可以通过播放优秀的通话记录,让新员工反复聆听,加快角色转变,提高业务处理技巧。

电话监听的注意事项有以下几点。

①监听可在客服代表不知情的情况下进行,或由监控人员坐在客服代表身边,进行现场监听。

②在监控人员进行监听后的24h之内,应该将监听结果反馈给被监听的客服代表。

③在电话监听中,尽量使用一个标准式的监听评分表。

④在对客服代表指出错误的同时,也要指出优点。

⑤定期让客服代表互相监听,特别是监听服务成绩优良的服务人员,并可将此纳入培训经验之中。

⑥在不同的时间里对客服代表进行监听。

⑦监听/管理人员应该制订对客服代表监听的时间表。

⑧在客服代表出现严重服务问题时,监控/管理人员应将问题记录下来,并将其纳入自我提升计划中。

⑨对于新的客服代表,监听的次数要多于资深客服代表。

四、呼叫中心服务质量监管

建立呼叫中心系统需要较高的投入,但是它的应用对于快递企业提高客户服务质量和处理效率具有重要意义,特别是通过呼叫中心客户业务数据的统计和分析能够实现对服务质量的监管。

1. 系统本身的服务监控

呼叫中心系统储存有客户服务的相关数据,并能通过悬挂在走道中的显示屏显示。显示信息包括:正在接入的电话数、正在排队等候的电话数、累计已处理的电话数、平均通话时间、平均通话数量等。员工的电脑系统上则可以显示出本人已接听的电话数量、本人的平均通话时间。因此,员工可清楚地找出自身与呼叫中心平均速度的差异,管理者也很容易实现后续的管理和考核。

2. 服务质量指标分析

除以上所提到的可直接显示的数据外,还有一些服务指标,具有更深层次的分析意义,需要通过调查或测算得出。如客户对呼叫中心服务的满意度、客户忠诚度、工时利用率、有效接通率、通话一次解决率(即客户对同一事情的来电,在一次通话中完全解决问题与需要两次或多次通话才能解决问题的比率）、服务转营销率（即客服代表通过客户服务将公司的新业务成功推介出去的通话数量与总通话数量的比例）；此外，还有坐席班长或部门经理对每位客服代表的电话监听打分等。

通过对服务质量指标的分析，可以使客户服务管理做到精细化，并为客户服务人员的绩效考评提供客观依据。

总之，通过呼叫中心系统获取相关业务数据并进行分析（表7-2）可使快递企业的客户服务水平不断提高，企业竞争力相应提升，为进行决策提供数据和依据，受到快递企业的普遍重视。

某快递公司呼叫中心周总结　　　　　　　　表7-2

类别			目标
服务管理	呼出总电话数	5 163	5 000
	平均每日呼出总数	38	42
	总交谈时间		
	平均交谈时间		
	成功总数		
	成功比	0.80	1
	一次性电话成功比		
	核对数据库数	8.22	5.0
	提供信息准确		>95
	顾客满意		>85
人员管理	总人数	7	>90%
	出勤	100	>95
	平均生产	81	>60
	坐席人员流动	3	<5

第四节　快递企业客户服务部门管理

客户服务部门不仅是快递企业的重要组成部分，而且是企业对外宣传和形象展示的窗口。部门员工的素质和精神状态、部门工作的计划与推进、部门管理的水平和层次从一定程度上反映了整个企业的管理能力。因此，快递企业的客户服务部门管理显得尤为重要。

一、客户服务部门工作管理

1. 客户服务部门工作计划

制订一个系统的可行的工作计划，是部门管理者组织部门各种活动有条不紊进行的保证。详实的部门工作计划需要整个客户服务团队的一致努力工作来实现，因此，客服部门的团队建设非常重要。在制订客户服务部门的执行计划时，不仅要考虑整体层面，还必须将整个管理团队、甚至是一线员工纳入到计划的制订当中。只要秉承客观、公正、科学、以实际情况为基础的原则，就一定能够制订出可行的工作计划。

与此同时，还必须注重对整个计划的分解，将具体的目标分解到各工作岗位，形成具体的实施方案，确立执行的具体步骤，便于监控与考核。另外，必须定期对计划的执行状况进行总结、分析和调整，要不断改进客服中心整体及各岗位的执行状况。在计划的执行过程中必须抓住以上关键点，以确保整个客服中心对计划的执行力度。

2.客户服务部门工作制度

不成规矩，无以成方圆。一个部门的工作要想做出成效，还需要规范严格的工作制度做保障，它包括各项工作的标准工作流程、各岗位的工作职责、各项信息渠道沟通的机制等。

客服中心的业务流程是指围绕部门工作目标有序进行的一系列活动。这些活动将实现服务水准协议所规定的业绩目标，已在本章第三节中阐述。

信息渠道沟通机制的建立，对于客户服务这样以沟通为主要方式的部门尤为重要，具体包括如下方面：

(1)员工意见的反馈机制；

(2)每周/月例会制度，有条件的情况下还可以建立早会制度；

(3)客服中心内部沟通机制（如员工智囊团、各部门内部每周例会制度等）；

(4)及时的内部信息发布及规范系统；

(5)良好的信息共享系统及辅助制度；

(6)迅速、及时的报告制度（如日报、突发事件报告、周报、月报、季报、年报等）。

通过以上工作流程、工作职责、工作机制的建立和规范，可以使员工的工作过程和行为更加标准化。可将这些流程、职责和制度悬挂于工作室墙壁，随时提醒员工遵守。

3.客户服务部门对外工作管理

客户服务部门是一个以对外协调沟通为主要工作方式的部门。然而，在对外工作处理中，部门需要有一定的管理制度。比如，什么样的服务价格是可以由客户服务人员直接报给客户的，而什么样的客户或业务是必须由主管或经理权衡多方面后才能进行报价的，这都需要严格的规定。再比如，并不是所有客户在投诉中提出的处理意见或客户服务人员自己提出的补救意见都是可以执行的，而需要经过部门管理者的决策。

另外，对公司内部的其他运作部门的工作协调，不是所有的客户服务人员都可以解答或处理的，这需要有一个清晰的授权约定或程序文件指导。

二、客户服务部门工作职责

1.客户服务代表工作目标与工作职责

(1)工作目标

成为客户与公司间的纽带和联络人，通过履行岗位职责，兑现"一站式"解决问题的服务承诺。

(2)工作责任

①在合理范围内，以灵活方式满足客户需求。

②主动抓住商机，善于将客户咨询转化为预约取件。

③恰当处理客户提出的异议，成功促使客户产生购买行为。

④探询增值服务的需求，挖掘增值服务的潜能，为公司创造新收益。

⑤处理快件查询，记录客户要求及建议，协调"无法派送件"的二次派送。

⑥在不违背服务条款的前提下，采取一切可行方法，使问题得以解决，让客户满意。

⑦以专业举止和自信态度，正确答复客户咨询，包括：限制规定、转运的时间、报关单证、清关延误、价格异议等。

2.部门经理工作目标与工作职责

(1)工作目标

①利用现有的人、财、物资源，有计划有组织地为公司内部及外部客户，提供满意的标准化

服务。

②有效地控制、监管和引导整个服务过程,以保证服务标准的贯彻执行。

③保持和维系良好的客户关系,确保公司的预期市场份额,推动公司利润的同比增长。

(2) 工作责任

①督导、培训和激励全体客户服务人员,不断提升工作质量和服务水平。

②参与公司客户服务及市场开发相关策略的制订、修订与执行。

③组织新项目的推广与实施,把超前和超值服务目标落到实处。

④与相关部门和人员,及时沟通最新服务信息,确保服务工作的主动。

⑤及时了解不断变化的市场需求,与作业部门通力合作,为重要客户提供最好的服务。

⑥制订本部门年度预算,包括人员配置、薪酬建议、项目经费等计划。

⑦在确保服务标准的前提下,积极寻找降低费用的办法。

三、客户服务部门例会及培训

1. 客户服务部门例会

客户服务部门例会是部门经理与员工进行交流、沟通、学习的一种非常好的形式,同时也是开展部门培训的好时机。

(1) 客户服务部门例会的目的

①对部门工作中的情况进行实时的掌握和部署;

②分享客户服务人员的工作经验,以便更多地了解客户的需求;

③为客户服务人员提高客户服务技巧提供实践机会;

④对于未解决的问题寻求解决方案和讨论;

⑤提供团队合作及沟通的良好时机;

⑥完成公司信息传递和员工意见反馈。

(2) 客户服务部门例会的时间安排

多数企业安排在周一或周五的下午进行客户服务部门例会,也可以根据实际情况不定期进行,呼叫中心可以安排在班前或班后进行。一般,一次例会时间为1h内,主要以部门小型会议的形式开展。如果有部门经理出差或部门员工不在同一办公地点,可以以多方通话的方式进行电话会议,特殊情况也可以以邮件抄送的方式进行。

(3) 客户服务部门例会的主要内容

①当日/周工作情况的汇报;

②疑难客户特别案例分析;

③解决方案的探讨或调整;

④公司或客户服务的信息传递;

⑤工作中的愉快/不愉快的经验分享;

⑥表现良好的员工及工作情况的表扬;

⑦表现欠佳的员工及工作情况的批评。

(4) 客户服务部门例会的管理

①要将部门例会形成为一种工作制度,无特殊情况不得取消或推迟;

②每次例会要有明确的议题,能有实质性的问题解决或工作推进;

③每次例会必须有正规的会议记录,并进行存档管理;

④会议要兼顾全面,每个员工都应该有发言机会,而不是局限于个别资深员工;

⑤部门例会由客户服务经理主持,经理不在时,由主管负责主持。

2.客户服务部门培训

客户服务部门需经常组织业务培训,其培训需求、培训计划及内容应由客服部门提出,人力资源部门则应将客服部门的培训纳入整体培训计划。

部门培训的组织形式很多,除了上面提到的每周例会外,还包括如下内容。

(1)离岗培训

离岗培训是指利用工作时间对全部员工进行集体培训。离岗培训具有系统性,适用于知识的培训,但会因为培训成本、时间协调等原因难以推行。

(2)在岗训练

在岗训练是指在工作的过程中指导员工,发现问题并适时教育。在岗培训专业性强,对时间利用非常充分,是客户服务部门经理应该加以重视的培训形式。

(3)轮岗培训

轮岗培训,即对部门内的不同职位进行轮换工作。这种方式可使员工保持工作兴趣;为员工提供发展的前景,确定个人优势与特长;增加对个人及他人工作成果的认识,丰富个人经历;使员工成为多面手,增强适应能力,是一种值得提倡的培训形式。

(4)模范示范

优秀员工以及部门经理自身严谨规范的作风,熟练的业务技能本身就是一种看得见的培训。

(5)个别交谈

与员工的个别交谈,是部门经理值得关注的一种培训方式。只要用心观察,随时随地都可以对员工进行指导,从而纠正问题,在体现对员工关怀的同时,完成培训。

通过不断地培训,员工业务知识和专业技能会不断提高,客服的意识和理念得到深入,对企业文化、企业愿景的认识也会逐步加深。另外,部门经理对员工进行培训管理的同时,也是一个自我提高、学习思考和创新的过程。

第五节 客户服务质量管理

现代快递企业的经营与管理,已不仅仅局限于快递成本的降低,而是已涉及采取何种方法与手段能够向客户提供满足要求的快递客户服务质量,因为客户服务质量已成为服务型企业的生命和根本。

一、客户服务质量管理的意义

在服务已渗透到生活诸多细节的今天,每个人既是享受服务的"客户",又是为"客户"提供服务的个体。随着客户享受服务经历的增多,对企业的客户服务质量也会有更高的期待,这就给企业的客户服务质量管理提出了更高的要求。

有数据显示:如果客户服务做得不好,94%的客户会离去;如果没有妥善解决客户的问题,89%的客户会离去;每个不满意的客户,平均会向9个亲友叙述不愉快的经历;不满意的用户中有67%的用户会投诉;有效地解决用户投诉,可挽回75%的客户。正因如此,越来越多的企业希望通过完善或建立客户服务中心,来为客户提供快捷、高效、统一、优质的服务。同时,很多从事客服工作的管理人员也正在探索如何建立更合理的质量监控体系,进一步提升客户服务质量,全面提升客户的满意度与忠诚度。

客户服务质量的高低,对企业的信誉和形象有直接的关系。从狭义上来理解,客户服务质量主要取决于团队成员的素质与水平、客户服务部门的管理方式和结果,以及企业内操作部门、营销部门、财务部门、技术支持部门与客服部门通力协作的程度等;从广义上来理解,客户服务质量应该取决于快递企业自身的服务理念、企业文化、战略定位、行业地位等。

快递客户服务质量的形成来源于三个方面:
①设计来源,即快递客户服务规范、服务提供规范和服务质量控制规范;
②供给来源,即快递客户服务供给客户的方式;
③关系来源,即快递客户服务人员与客户之间的关系。

二、快递客户服务质量的内容

快递客户服务质量一般包括:快递服务过程中的技术质量、职能质量、形象质量和真实瞬间。它是快递客户感知质量与预期质量的差距的具体表现。其中技术质量和职能质量构成了感知服务质量的基本内容。

1. 技术质量

技术质量是指快递客户服务过程的结果,能够反映是否满足了快递客户的主要需求。一般来说,技术质量都有比较客观的标准,容易为客户所感知和评价,因为它是快递客户服务交易的核心内容,并且具有一定的可感知性。如快递公司为客户收派件服务中提供的服务质量标准、环境条件、网点设置、服务设备以及服务项目、服务时间等是否适应和方便客户的需要。技术质量通常能得到许多客户比较客观的评估,企业比较容易掌握这一质量。

2. 职能质量

职能质量是指在服务推广过程中客户所感受到的服务人员在履行职责时的行为、态度、着装等给客户带来的利益和享受。这种利益和享受很难用一个非常客观的评价标准来说明,有些主观印象往往起着决定性的作用。同样的服务,由于服务对象不同,获得的服务质量评价可能会有很大的差异。即使是从在同一时间、同一地点享受同样服务的不同对象,其所给予的服务质量评价也不完全相同。这是因为服务过程的质量不仅与服务时间、地点,服务人员的仪态仪表、服务态度、服务方法、服务程序、服务行为方式有关,而且与客户的个性特点、态度、知识和行为方式等因素有关。人们难以对它进行客观而公正的评价,职能质量完全取决于客户的主观感受。

3. 形象质量

形象质量是指快递企业在社会公众心目中形成的总体印象。它包括企业的整体形象和企业所在地区的形象两个层次。企业形象通过视觉识别、理念识别、行为识别等系统多层次地体现,如快递企业对包装袋、运单、背包、着装、胸卡进行规范化、实用化、法律化、个性化、新颖化设计等,客户可从企业的资源、组织结构、市场运作、企业行为方式等多个侧面认识企业形象。企业形象质量是客户感知服务质量的过滤器。如果企业拥有良好的形象质量,某些失误也许会赢得客户的谅解;倘若企业形象不佳,则任何细微的失误都会给客户造成不良印象。

4. 真实瞬间

真实瞬间是指快递服务过程中客户与企业进行服务接触的过程。这个过程是一个特定的时间和地点,是企业向客户展示自己服务质量的时机。真实瞬间是服务质量展示的有限时机。一旦时机过去,服务交易结束,企业也就无法改变客户对服务质量的感知;如果在这一瞬间服务质量出了问题,也就无法进行补救。真实瞬间是服务质量构成的特殊因素,是有形产品质量所不包含的因素。

三、快递客户服务质量的基本属性

1. 可感知性

服务质量的可感知性是指服务产品的"有形部分"可以被顾客所感知。尽管从本质讲，服务产品并不是某种实物，而是一个行为过程，具有无形性的特征，但是顾客可以借助有形的、可视的部分去感受服务质量的基本水准。一方面，这些可视的部分提供了有关服务质量的有形线索；另一方面，它们又直接影响到顾客对服务质量的感知程度。

2. 可靠性

服务质量的可靠性是指企业确准无误地完成自己的承诺服务。许多以优质服务著称的企业都是通过"可靠"的服务来建立自己的声誉的。可靠性实际上是要求企业避免在服务过程中出现差错，因为服务差错给企业带来的不仅是直接意义上的损失，而且意味着可能会失去大量的潜在顾客。

3. 反应性

反应性是指服务企业随时准备为顾客提供快捷、有效的服务。企业能否及时而有效地满足顾客的要求，体现了企业经营的指导思想，即是否把顾客利益放在第一位，一切以满足顾客需求为出发点。服务效率的高低是服务质量的一种具体表现，它将直接影响到顾客对服务质量的评价。有研究表明，在服务传递过程中，顾客等候服务的时间是影响服务企业形象以及顾客满意度的一个重要因素。所以，服务企业应通过尽可能地缩短顾客等候时间、提高服务传递效率来优化企业的服务质量。

4. 保证性

保证性是指服务人员的友好态度和胜任工作的能力，它能增强顾客对企业服务质量的信心和安全感。礼貌、友好、和蔼的服务态度是顾客与服务人员进一步交往与沟通的基础，而服务人员高超的专业技能则是服务质量的可靠保证。前者给顾客带来可信任感，后者则给顾客带来享受服务的安全感。很显然，二者缺一不可。在服务产品不断推陈出新的今天，服务人员更应该努力提高自身的专业能力和知识水平。

5. 移情性

移情性是指企业要真诚地关心顾客，了解他们的实际需要，并予以满足。它要求服务人员站在顾客的角度，想顾客所想、急顾客所急。汽车大王福特曾经说过："如果我有什么成功的秘诀，那就是不从自己的立场看事物，而从别人的立场看事物。"

四、快递客户服务质量体系

按照全面质量管理的思想，快递客户服务质量管理体系应当具备以下要素。

1. 管理者的意识和职责

虽然管理者常提到客户服务质量的重要性，然而客户服务质量中的"客户服务"在绝大多数企业里仍处于从属的地位，更多的是与核心产品相结合，成为产品的附加值。这说明客户服务质量体系的落实，首先还是来自于企业管理者的意识和责任，即管理者应该对质量管理体系给与高度的重视，制订落实计划，确定责任和目标，不断地持续改进。

2. 质量管理体系结构

质量管理体系结构是进行客户服务质量管理的基本框架。在这个框架下，应当明确质量管理的层级关系及各部门的目标、职责和权限等,通过组织结构的形式将管理中的各个环节、各种资源协调起来,使其相互配合、相互协调,成为一个完整的质量管理体系。具体包括组织结构、过程和文件体系三个部分。

(1)组织结构

组织结构是指企业为行使其职能而按照某种方式建立的职责、权限及其相互关系。它是形式质量管理职能的一个组织管理框架。其重点是将组织的质量方针、目标层层展开成多级的职能,再转化分解到各级,形成各级的质量职责和权限。

(2)过程

快递客户服务的所有工作都是通过服务过程来完成的。因此,可以认为每个服务过程都有输入、过程和输出。输出是过程的结果。对于快递企业来讲,过程的输出就是无形的客户服务。每个快递企业都有其独特的过程网络,服务企业的质量管理就是通过对服务企业内部各种过程进行管理来实现的。

(3)文件体系

文件体系一般分为四个层次,通常被称为金字塔形。第一层次为质量手册,是企业质量管理的纲领性文件。第二层次是程序文件,是整个质量管理体系的主体,对质量手册起支撑作用,也是最常使用的文件。第三层次是作业文件,也称为作业指导书,是对程序文件未详细描述的要求的补充文件,也是作业中最直接的指导性规定。第四层次是质量记录,是企业从事活动的证据。

3.质量管理指标及评估

一般来说,质量评价指标可以分为两类:定性指标和定量指标。定性指标主要包括能力KPI、技巧KPI、客户满意度KPI等;定量指标包括服务水平KPI、业务创新性KPI、业务经济性KPI等。不同快递企业的客户服务中心,会有不同的质量评价体系。成本控制型的客服中心更关注定量指标,注重提高人员的使用率。客户体验型的客服中心考虑更多的不是每天要接多少电话,而是每个电话接听的客户满意度与客户感受。利润创造型的客服中心从表面上看,与成本控制型所使用的指标比差不多,即5%的定性指标和95%的定量指标,但二者在内部指标比的选择上存在很大差异,利润创造型的客服中心最终要盈利、要创造价值。

质量评估手段基本上有两大类:内部检测和外部评价。内部检测又可分为定性指标和定量指标,定性指标主要包括现场巡视、在线监听、录音抽测、书面考核、角色扮演等;定量指标则是指报表分析。外部评价有同业标杆,比如企业通过调研公司来了解同行业竞争对手的服务水平,或者通过行业评比来获得一些奖项或评比指标。

4.控制流程

由于环境的不稳定性,计划执行的情况与期望目标会有一定差异。控制流程就是要使执行情况与预期目标保持一致,确保实施情况和标准相吻合。当测评结果超出允许范围时,应分析原因并及时采取纠正措施。

5.资源要素

(1)信息资源

服务质量体系有赖于服务质量信息系统的支持。对信息资源的投资,同对其他物质资源的投资一样,目的都是为了提高和加强服务企业的竞争优势。以高质量服务著称的组织通常善于把握客户的想法,并能对来自客户的质量反馈信息加以处理,使之成为质量控制和改进的依据。

(2) 人力资源

人是服务企业最重要的资源,几乎所有的服务都是由服务企业的员工来提供的。能否实施有效的质量管理,人的因素具有决定性。管理好服务体系中的人力资源必须做到三点,即安排合适的岗位、制订激励制度、进行及时的培训。

(3) 物质资源

所有服务企业提供客户服务,建立完善的服务质量体系都要对基础设施及设备建设投入大量的资金。这些基础设施及设备包括:基本的装修和服务工具、有关客户的信息系统、管理的通信网络、备用物资的储备等。

以上五个方面是构建快递服务质量体系所必需的要素。快递企业应当充分认识到质量管理在快递服务管理中的重要性,通过维护客户的利益使客户满意来达到改进企业质量的目的。

总之,客户服务质量是客户心目中的一种切实感受。客户服务质量管理是一个科学的过程,更是一门综合的企业管理艺术。客户服务质量的提升是所有企业永远追求的目标。

[参考资料]

某快递企业的呼叫中心应用

某速运是一家经营国际、国内快递业务及报关、报检等业务的大型快递公司。其服务网络已经涵盖了香港及大陆全境,而且业务正在不断拓展中。现下设有深圳区客服、上海区客服、广州区客服、北京区客服等 10 多个区客服。

某速运希望通过建设呼叫中心达到以下目的:受理客户的接单请求、提供查单服务、进行客户信息管理,从而提高企业经营效率并降低成本;使呼叫中心不仅是该速运的业务接入平台,更是企业的生产系统,对利润的产生有直接的贡献。

在没有使用 HollyC6 呼叫中心解决方案改造其系统前,区客服只能简单地接入电话,没有完善的呼叫中心功能,话务量承受能力小、接通率低,也没有统一的服务窗口和后台,统计功能只能靠手工实现。而将 HollyC6 呼叫中心用于系统建设后,其对该速运的企业营运产生了极大的促进作用,主要体现在以下几个方面。

(1) 提高话务量承受量及接通率:话务承接量由以前的 4 万次/d 提高到 7 万次/d,接通率提高到了 97%,从而大大提升了呼叫中心的利润产出。

(2) 具备完善的呼叫中心应用:良好的语音导航服务提高了服务质量;由 IVR 提供的自助下单、自助查单服务,节省了人工成本;电话接入后可自动定位客户,提高了坐席的工作效率;可实现客户自动索取传真,节省了人工成本并提高了服务质量;坐席可在线发送传真,实现无纸发送传真,节省了时间并降低营运成本;增加了外拨调查问卷系统从而提高了客户满意度。

(3) 实现统一的服务窗口和后台应用:通过电话、传真、电子邮件、语音留言等多种渠道为客户提供统一的服务;知识管理系统(HollyKM)的应用使坐席代表准确而快速地回答电话咨询遇到的各类问题。

(4) 拥有丰富的 CRM 功能:实现了旨在提升客户满意度的服务,如投诉、咨询等工单闭环流转服务;实现了业务数据和呼叫中心营运数据的统计分析,直观地为管理人员服务,如提供话务实时监控系统的话务量、监控坐席的服务质量等,从而通过不断优化服务提高客户满意度。

从整体上来说,HollyC6 呼叫中心减少了公司在信息处理和客户服务方面的人工投入,降低了营运成本、提高了生产率及服务质量,使得呼叫中心真正由成本中心转换成利润中心,成为真正意义上的低投入高产出的企业生产系统。

第八章 快递业务财务结算管理

第一节 快递业务财务结算管理概述

财务结算管理在快递业务结算管理中处于核心地位,是快递业务管理的重点和难点。快递企业财务管理的总目标是兼顾企业利润最大化和财务状况最优化。利润最大化是指企业经营期间利润最大。企业财务状况最优化是指财务结构合理,企业价值最大。所谓财务结构合理是指企业内部资产与负债之间,以及资产、负债内部各项目的分布结构合理。根据快递企业业务特点,本章将重点阐述成本管理和网络结算管理。

一、快递业务财务结算管理的目标

1. 核算、控制、降低快递服务成本

成本是快递企业管理的关键,成本的高低往往直接决定了快递企业的生存与发展。在提供同等水平的快递服务的前提下,成本的高低是快递企业的核心竞争力。成本控制对每个企业而言都是管理的重点之一,快递企业尤其如此。

从财务管理角度来看,要控制成本、降低成本,首先要核算成本,在核算出快递服务成本后,与同行进行比较,从自身进行挖潜,找出控制成本的关键控制点,然后在财务管理上给出指导,制订不断控制成本、降低成本的措施。所以快递企业财务管理的目标之一就是核算、控制、降低快递服务成本。

2. 加强资金管理,使企业有稳健的资金链

稳健的资金链是快递企业赖以生存和发展的根本。快递企业在扩张时一定要注意资金链的安全。快递企业扩张有自营网络模式、加盟网络模式、自营和加盟混合的网络模式三种。其中自营网络模式对资金链的稳健性要求很高。如果快递企业不考虑资金实际状况,盲目扩张自营网络,导致资金链断裂,对快递企业而言具有巨大的经营风险。财务管理一定要在支持快递企业发展的同时,加强资金链管理,使企业有稳健的资金链。快递企业应建立资金结算中心,使全部资金集中管理,统筹规划使用。

3. 加强应收账款管理,控制资金风险

近年来,很多快递企业应收账款较高,严重影响了企业的资金周转,加大了企业的经营风险。这与企业缺乏对应收账款管理有很大关系,形成这种状况的原因主要有以下两个方面。

(1)应收账款管理的责任部门不明确

不少快递企业有大量的应收账款对不上、收不回,一个主要原因是没有明确由哪个部门来管理应收账款,没有建立起相应的管理办法,缺少必要的内部控制。

(2)未对应收账款按风险程度进行信用管理

目前大多数快递企业都不对应收账款进行风险评价,没有建立一套完善的赊销制度,对形成的逾期应收账款能否收回、收回多少没有底数。应收账款占销售收入的比重过大,长期不能

收回,必然会使企业资金周转发生困难,资金的流动性下降,甚至陷入财务危机。

快递企业财务管理应尽可能减少应收账款的发生。对月结客户产生的应收账款应加强催收,加强资费结算管理,减少坏账的风险。因此,加强应收账款管理,控制资金风险也是快递企业财务管理的目标之一。

4. 加强网络结算中心管理,使资金结算更加安全、快捷、方便

快递企业网络覆盖面广,针对自营网络模式,一般实行资金统一管理,集中使用;针对加盟网络模式,物料费、资费、中转费等费用结算要做到安全、快捷、方便。快递企业一般建立网络结算中心来完成内部结算和外部结算。内部结算分为内部资金结算、分公司资金结算。外部结算分为面向服务商的结算、面向代理商的结算和面向加盟商的结算。快递企业财务管理一定要加强网络结算中心管理,从而安全、快捷、方便地完成资金结算。

二、快递业务财务结算管理的基本制度

1. 投资、融资管理制度

快递企业投资主要有固定资产投资和股权投资两种方式。固定资产投资包括购买车辆、飞机,修建分拨中心等;股权投资包括投资相关企业、企业并购等。快递企业融资主要有银行贷款和证券投资等方式。银行贷款和证券投资各有利弊,由企业根据实际情况采用,有的快递企业还要策划上市等。快递企业财务管理要建立严格的投资制度和融资制度。投资、融资时要经过严格的程序、科学的论证,从而确定合理的资本结构,降低投融资风险。

2. 现金管理制度

快递企业应严格按国务院颁发的《现金管理暂行条例》规定的范围使用现金,不得随意扩大现金使用范围。业务部门必须根据财务规定使用现金,不准公款私存,不准私设"小金库",严禁"收不入账"和"坐支现金"行为发生。收取的快递资费中的现金,有条件的必须当天送交财务,由出纳当天存银行。出纳人员必须做到"日清月结",不得以借据、白条、实物或其他不符合财务制度的凭证抵充库存现金。库存现金超过限额,应及时送存银行。提取、运送现金要两人以上同行。保管现金要有安全措施,禁止用铁皮柜、木柜存放现金,防止被盗丢失。正常开支借用的现金,必须明确用途、数额并经单位领导核准后方可办理。

3. 资费结算制度

资费结算采用网络结算中心统一结算。现金由收派员收取,解送财务,再由出纳以最短时间送存银行。转账支票、汇票由出纳当天送存银行入账,特殊情况应不迟于第二天交银行入账。预存资费,按月对账,按月催存。多级结算功能包括中转费结算、到付款结算、企业银行结算等方面。

4. 采购管理制度

快递企业的物料,如运单、快递袋、封箱胶带、包装箱等由采购部门招标采购,实行统一管理。零星低值易耗品采购,800元以内的采用现金付款,然后进行报销。

快递企业财务管理制度应对集中招标采购的物资建立集中采购物资名录,以企业采购部门统一采购为主,零星采购为辅。

5. 报销管理制度

快递企业财务制度应对差旅费报销、采购物品报销、招待费报销等有严格的规定。如出差交通工具的选择标准、住宿费的标准、出差补助的标准、招待费的标准、报销的程序等。出差应有经审批的报告,发票有经办、有验收,凭证有领导签字,财务方能受理。

三、快递业务财务结算管理的核心内容

快递业务财务结算管理的核心内容是资金管理和成本管理，具体就是通过资金运用管理使企业拥有合理的资本结构，通过资金结算管理使企业拥有稳健的资金链；通过成本管理使快递企业不断降低快递服务成本，增强企业核心竞争力，实现快递企业利润最大化。

第二节 成本管理

成本管理是快递业务财务结算管理的重要组成部分。所谓成本管理，是企业利用财务部门核算的各种成本资料，预定成本限额，按限额开支成本，以实际成本和成本限额比较来衡量经营活动的成绩和效果，并找出产生差异的原因，采取措施消除不利差异，以提高工作效率，实现甚至超过预期的成本限额的一种管理手段。

一、成本管理的目的

快递营运成本核算的基本目的，是要促进快递企业加强快递营运管理，提升管理水平，创新快递营运技术，提高快递营运效益。具体来说，快递营运成本核算的目的体现在以下几个方面：

①通过对快递营运成本的全面核算，弄清快递营运成本的大小，从而提高企业内部对快递营运成本控制重要性的认识。

②通过对某一具体快递营运活动的成本核算，弄清其中存在的问题，为快递营运管理提供依据。

③对不同的快递营运部门核算，计算各快递营运部门的成本，评价其各自的业绩。

④通过对某一快递营运设备或机械（如单台运输汽车）的成本核算，弄清其消耗情况，谋求提高设备效率、降低快递营运成本的途径。

⑤通过对每个客户快递营运成本的分解核算，为快递营运服务收费水平的制订以及有效的客户管理提供决策依据。

⑥通过对某一成本项目的计算，确定本期快递营运成本与上年同期成本的差异，查明成本超支、节约的原因，并予以改进。

二、成本管理的对象

快递营运成本管理的对象应依据快递营运成本计算的目的及企业快递营运活动的特点予以决定。一般来说，快递营运成本核算的对象有如下几种。

（1）以某种快递作业为对象

以某个快递作业环节为对象，即以收派、运输、分拣、封发等快递作业流程为对象进行核算。这种核算方式对于加强每个快递作业环节的成本管理，提高每个环节作业水平，具有重要的意义。

（2）以某一快递营运部门为对象

以某一快递营运部门，如分拨中心、收派部门、运输部门、客户服务部门等作为快递营运成本的管理对象。这种核算方式有利于促进快递营运部门重视和加强成本管理，便于部门成本控制。

(3)以某一大客户为对象

这种核算方式对于加强大客户管理、制订个性化且有竞争力的大客户资费价格很有必要。特别对于为大客户提供快递服务的企业,应核算出为其提供个性化服务时所发生的成本。

(4)以某一快递服务为对象

快递企业在进行快递营运成本核算时,以某种快递服务作为核算对象,核算出该服务的平均成本,据此可进一步掌握各快递服务的盈亏水平。

(5)以某一片区为对象

以某一片区为对象,计算在该片区组织收派、操作所花费的快递营运成本。利用这种核算方式可掌握各个片区的快递营运成本开支情况,以便进行重点管理。

(6)以某一快递设备或工具为对象

以某一快递营运设备或工具为对象,从而改进设备管理,如以某一运输车辆为对象进行计算。

(7)以全部快递业务活动为对象

以企业全部快递业务活动为对象,核算并确定企业为组织快递业务活动所花费的全部快递营运成本。

三、成本管理的方法

目前,国内外快递企业对成本管理主要采用核算法和控制法。

(一)核算方法

做好成本管理,首先要做好成本核算。快递企业的成本核算主要有运输成本核算、物料成本核算、人工成本核算、其他成本核算等。

1. 运输成本核算

快递企业的运输成本主要有航空运输成本、公路运输成本以及铁路运输成本。其中,航空运输成本和铁路运输成本一般以航空运单和铁路托运单上显示的费用为准。公路运输中外包车辆的运输成本以包车支出费用为准。自营车辆运输成本按下述方法核算。

(1)直接人工的归集与分配

快递企业直接人工成本中的工资,每月根据工资结算表进行汇总与分配。对于有固定车辆的驾驶员和助手的工资,直接计入各自成本计算对象的成本;对于没有固定车辆的驾驶员和助手的工资以及后备驾驶员和助手的工资,则需按一定标准(一般为车辆的车日)分配计入各成本计算对象的成本,计算方法如下:

$$\text{每一车日的工资分配额} = \frac{\text{应分配的驾驶员及助手工资总额}}{\text{各车辆总车日}} \qquad (8\text{-}1)$$

$$\text{营运车辆应分配的工资额} = \text{每一车日的工资分配额} \times \text{营运车辆总车日} \qquad (8\text{-}2)$$

(2)直接材料的归集与分配

①燃料。对于燃料消耗,企业应根据燃料领用凭证进行汇总与分配。但必须注意的是,在燃料采用满油箱制的情况下,车辆当月加油数就是当月耗用数;在燃料采用盘存制的情况下,当月燃料耗用数应按式(8-3)确定:

$$\text{当月耗用数} = \text{月初车辆存油数} + \text{本月领用数} - \text{月末车辆存油数} \qquad (8\text{-}3)$$

②轮胎。营运车辆领用轮胎内胎、垫带以及轮胎零星修补费等,一般根据轮胎领用汇总表及有关凭证,按实际数直接计入各成本计算对象的成本。至于领用外胎,其成本差异也直接计

入各成本计算对象的成本,而其计划成本如何计入各成本计算对象的成本,则有不同的处理方法。当采用外胎价值一次摊销计入成本的办法时,应根据"轮胎发出汇总表"进行归集与分配;发生外胎翻新费时,根据付款凭证直接(或通过待摊费用)计入各成本计算对象的成本。当采用按行驶轮胎公里预提轮胎费用摊入成本的办法时,其成本(包括废胎里程超、亏的费用调整)应根据"轮胎摊提费计算表"进行归集与分配;轮胎翻新费包括在摊提率之内计算的,发生翻新费时,实际翻新费用与计划翻新费用的差额,根据记账凭证所附原始凭证进行调整,计入各成本计算对象的成本;轮胎翻新费用不包括在摊提率之内计算的,发生的轮胎翻新费直接计入相应成本计算对象的成本。

(3)其他直接费用的归集与分配

①保养维修费。快递企业车辆的各级保养和维修作业,分别由车队保修班和企业所属保养场(保修厂)进行。由车队保修班进行的各级保修和小修理的费用,包括车队保修工人的工资及职工福利费、行车耗用的机油费以及保修车辆耗用的燃料、润料和备品配件等费用,一般可以根据各项凭证汇总,全部直接计入各成本计算对象的成本。对于保修发生的共同性费用,可按营运车日比例分配计入各车队运输成本。由保养场(保修厂)进行的保修费用主要是大修理所发生的费用,视同辅助生产费用,通过"辅助营运费用"二级账户进行归集与分配。

必须注意的是,由于营运车辆大修理产生的费用一般数额较大,修理的间隔期也较长,为均衡损益一般采用预提的办法。即根据大修理费计提额预提时借记"主营业务成本—运输支出"账户,贷记"预提费用"账户。发生差异时,同样要进行调整,前者大于后者为超支,应调增大修理费计提额和运输成本;反之则为节约,应予调减。

②折旧费。快递企业计提固定资产折旧,可以采用平均年限法、工作量法、双倍余额递减法、年数总和法,但车辆的固定资产折旧一般采用工作量法计提。当采用工作量法时,由于外胎费用核算有两种不同的方法,所以车辆折旧的计算也有两种方法。如采用外胎价值一次摊销计入成本的方法计提折旧时,外胎价值不必从车辆原值中扣减;如采用按行驶轮胎公里预提外胎费用摊入成本的方法,则计算折旧时,外胎价值就应从车辆原值中扣减,否则会出现重复摊提的现象。

③养路费。运输企业向公路管理部门缴纳的车辆养路费,一般按货车吨位数计算缴纳。因此,企业缴纳的车辆养路费可以根据缴款凭证直接计入各成本计算对象的成本及有关费用。

④其他费用。营运车辆发生的直接费用,除保养修理费、折旧费、养路费外,还包括其他几项有关费用,内容比较复杂,但费用发生时同样可以根据费用凭证直接计入各成本计算对象的成本。

营运车辆的公路运输管理费,一般按运输收入的规定比例计算缴纳。因此,企业缴纳的车管费可以根据交款凭证直接计入各类运输成本。

营运车辆在营运过程中因种种行车事故所发生的修理费、救援和善后费用,以及支付外单位人员的医药费、丧葬费、抚恤费、生活费等支出,在扣除向保险公司收回的赔偿收入及事故对方或过失人的赔偿款后,净损失也可根据付款、收款凭证直接计入各类运输成本。如果行车事故较为严重复杂,处理时间较长,可在发生各项支出时通过"其他应收款—暂付事故赔款"账户核算,然后逐月将已发生事故净损失转入各该类运输成本。对于当年不能结案的事故,年终时可按估计净损失数预提转入运输成本;在结案的年底,再将预提损失数与实际损失数的差额调整至当年的有关运输成本。

车辆牌照和检验费、车船使用税、洗车费、过桥费、轮渡费、驾驶员途中宿费、行车杂费等费用发生时都可以根据付款凭证直接计入各类运输成本。此外,领用随车工具及其他低值易耗品,也可以根据领用凭证,一次或分摊计入各类运输成本。

(4)营运间接费用的归集与分配

运输企业所属基层营运单位(如车队、车站、车场)在组织与管理营运过程中所发生的不能直接计入成本计算对象的各种间接费用,应通过"制造费用—营运间接费用"账户进行核算。企业如实行公司和站、队两级核算体制,"营运间接费用"账户应按基层营运单位设置明细账,并按费用项目进行明细核算;如实行公司集中核算体制,可不分单位设置明细账,而直接按费用项目进行明细核算。

2. 物料成本核算

物料成本核算应首先列出快递服务耗用的物料清单,包括品名、规格、数量等信息,然后按照先进先出法进行核算。先进先出法是以先购入的物料先发出的假设为前提,对发出物料进行计价核算的一种方法。

3. 人工成本核算

人工成本核算内容由快递企业工资汇总表(公路运输的驾驶员、后备驾驶员及其助手除外,因为已在运输成本中核算)中的工资应发总额,企业缴交的社会保险、工伤保险等费用及14%的福利费用构成。

4. 其他成本核算

其他成本包括差旅费用、招待费用、固定资产折旧费用(车辆除外)等。差旅费用按凭证累计核算;招待费用需先设定限额,然后累计总额,以实际支出和计划限额比较来进行控制。固定资产折旧费用按企业固定的方法计提,一经确定,不能改变。

快递业务成本核算的出发点和归宿点是为快递业务成本管理服务。因此,它不完全拘泥于现行财务成本核算的规章制度的约束,也有着自己的特殊性。所以,快递业务成本核算的方式为:以会计核算为主,统计核算为辅。其基本特征是:以货币计量为主,适当辅以快件计量、工时计量及其他指标。在具体核算时,可根据实际情况灵活处理。

(二)控制方法

快递业务成本包括运输成本、物料成本、人工成本和其他成本。成本控制方法分别如下。

1. 运输成本控制

运输成本是快递业务成本中占比最大的一部分,一般占全部快递业务成本的50%以上。因此,对运输成本进行合理控制是快递成本控制的重点。运输成本控制的目标是在完成相同快递业务的前提下,使总运输成本最低,且保证运输的及时性、安全性。由于不同组织运输方式的运输成本构成各不相同,因此需根据不同的情况分别进行控制。

(1)自营运输方式的运输成本控制

自营运输方式运输成本的内容主要包括车辆折旧费、燃油费、路桥费、运输杂费等。影响自营方式运输成本的因素主要有快件业务量、运输距离、运输工具等。根据自营运输的特点,主要可采用以下几种方法进行控制。

①合理选择运输工具,是指根据快件业务量、运输距离和时效要求进行选择,即能采用陆路运输的,不采用航空运输;能用小车运输的,不用大车运输,以实现运输工具的最大利用率。

②合理设计运输路线,可实现运输距离最短化,从而降低车辆油耗,节约运输费用。

③提高车辆满载率,是充分利用运力、实现运输成果最大产出率的最佳办法。

④降低车辆空驶里程,即合理计划、组织运输,最大限度减少车辆空驶里程。

(2)第三方承运的运输费用控制

第三方承运的运输费用主要是承运价格和运杂费,承运价格又可分为变动价格和不变动价格。根据第三方承运的特点,主要可以采用以下几种方法进行控制。

①优选承运商,即在选用承运商时,选择同样时效而价格最低的承运商。

②合理选择运输方式,即在快件量达到一定程度时,选择包租方式;快件量少时则尽量选择托运方式。

③提高包租舱位的利用率,包括两方面:一方面是提高舱位空间的装载量,要求合理填装、码放快件,尽量充分利用空间。另一方面是在快件量少时,通过各种方法调配快件填舱,减少舱位的浪费。

2.人工成本控制

快递企业属于劳动密集型企业,人工成本也是快递业务的主要成本。对人工费用的控制方法如下。

(1)优化作业方法及搬运装卸线路,提高劳动生产率

作业方法的优劣决定了劳动生产率的高低,因此应对劳动生产率低的环节进行优化改进,提高劳动生产率。搬运装卸是快递作业中劳动力消耗最多的一项工作,对搬运装卸线路进行合理设计和优化,缩短搬运距离是节省劳动力、提高劳动生产率的有效措施。

(2)合理排班,减少劳动力浪费

在排班时必须根据快件量合理调配人员,减少在快件量大时人员大量加班的情况,同时也要避免在快件量少时大量人员待岗的情况。

(3)提高作业的自动化、机械化程度

提高作业的自动化、机械化程度,可以提高劳动生产率,减少固定业务量人工费用支出。

3.物料成本控制

物料是指快递作业中必须用到的封签、运单、标签、包装袋、包装材料等。物料是与快件量直接相关的易消耗品,日常消耗量大,应严格加强对其费用的管理和控制。主要的控制措施如下:

①建立物料库存管理制度,制订物料的领用规范,严格控制使用数量。

②各使用部门应按需要时间提出使用数量计划,交主管部门购置。

③要加强包装用品规格质量的验收和管理,注意包装用品的回收利用。

④在保证快件于运输、装卸等过程中质量不受损失的前提下,适当采用一些包装借用品,选择质好价廉的包装材料,节约费用开支。

⑤要加速包装物料周转,延长使用年限和使用次数,克服浪费现象。

4.其他成本控制

其他成本控制采用定额控制法。如差旅费和招待费用先设定限额,以实际支出和计划限额比较来进行控制。

第三节 网络结算管理

快递企业一般都设立财务结算中心,负责网络结算工作。自营网络型快递企业财务结算中心,主要完成总公司与分公司之间、各分公司之间、分公司对客户、分公司对代理和分公司对承运人的财务结算工作。加盟网络型快递企业财务结算中心,主要完成总公司与加盟商之间、

各加盟商之间、加盟商对客户和加盟商对承运人的财务结算工作。随着快递网络的不断发展，业务量不断增加，快递企业下属各分公司、各加盟商、各代理商和大客户对财务结算时效要求越来越高。网络结算管理是快递企业财务管理的重点和难点，按照快递企业结算对象分类可分为内部结算管理和外部结算管理。

一、内部结算管理

内部结算主要面向企业内部，总公司与分公司之间、各分公司之间、分公司对客户的财务结算都称为内部结算。内部结算管理的重点是统一收支管理，保证资金链安全；加强分公司结算管理，确保资费结算安全、快捷，保证能及时准确地考核分公司的经营业绩，为快递企业对分公司管理提供依据。

1. 统一收支管理

财务收支两条线的管理工作应在快递企业统一领导下进行，由财务结算中心对各项收支实行统一管理。依法多渠道筹措资金，并按预算管理的要求合理使用资金，努力增收节支，提高资金使用效率。分公司收入全部上缴财务结算中心，支出由分公司报告给网络管理中心，网络管理中心给出初步处理意见，一定额度以内由网络管理中心批准即可，超过一定额度必须上报总经理办公会，特大额度须报公司董事会批准，由财务结算中心统一拨付。财务结算中心负责向各分公司派驻财务人员，负责资金结算事宜，分公司应为财务人员工作提供方便，但不能干预其工作。

2. 分公司结算管理

分公司结算管理的重点是确保网点快递资费安全，如现金、转账支票、银行汇票等，及时上缴财务入账。月结客户资信资料先报公司业务部门审批备案，然后再由财务结算中心办理开户，存入费用保证金，设定系统账号，即可开展业务。分公司结算原则上不能产生应收账款，如果发生应收账款，应做好催收工作，确保及时入账。分公司物料申领和使用情况统一报网络管理中心和财务结算中心办理。分公司支出，如人员工资、水电费、招待费、差旅费、会务费等，统一由财务结算中心根据相关文件和批件办理。如人员工资由企业核定工资总额，水电费、招待费、差旅费、会务费等核定使行限额，超额冲减工资费用。节约则有节约额相应比例的奖励，奖励费用由分公司负责人支配。各分公司之间的资费清算统一由财务结算中心根据系统资料进行电子结算。

分公司在对外支付款项前，必须事先向结算中心提出资金计划和预算，结算中心依据资金支付计划和预算向分公司的账户内拨入款项，分公司再对外支付款项。而分公司与客户发生交易后，通常由分公司直接向客户提出收款请求，客户把款项打入分公司收入账户；分公司也可以向结算中心提出收款要求，由结算中心统一办理向客户托收、催款、收款等业务。其基本业务流程如下：

①根据应用架构，集团公司设立外部账号，分公司在指定的协议行设立分账号——收入专户和支出专户。

②分公司在预算内安排资金支出，但各项支出须经预置审批流程审批，当日收入存入外部银行收入专户，由协议银行定时上划至结算中心外部账户，根据上划的单据在结算中心协同生成内部往来记账通知单，同期增加结算中心外部存款和分公司在结算中心账户的存款。

③分公司独立处理对外收付，定期从银行获得对账单，与收入专户及支出专户对账；定期从结算中心获得对账单，与内部账户对账。

二、外部结算管理

外部结算主要面向企业外部,如服务商、代理商和加盟商。外部结算管理的重点是与服务商、代理商结算时要做到安全、准确、及时。

1. 服务商结算管理

与服务商结算主要包括运费结算、物料费用结算、快递资费结算,费用结算以支出结算为主。在结算时要充分利用结算协议,结算协议必须经网络管理中心审批转财务结算中心备案,由财务结算中心按照结算协议付款。付款时务必采用有利于己方的结算方式,如采用转账支票或银行汇票等。

2. 代理商结算管理

与代理商结算主要包括开设代理账号、费用预存、按月对账结算、费用不足时随时催款并限制收件进入快递网络。前期的代理协议由业务部门处理,签订代理协议后,协议副本转财务结算中心备案,代理价格、折扣等相关信息在结算系统中正确设置。

代理商结算管理的要点,是严格按照代理协议将代理价格、折扣等相关信息在结算系统中正确设置。同时,监督代理商是否按照协议预存足够的费用,随时监控其剩余费用情况。当剩余费用达到规定限度时,应及时通知代理商将其补足,并在系统中进行设定,限制其收件进入快递网络。

3. 加盟商结算管理

与加盟商结算主要包括快递企业与加盟商之间的物料费结算、中转费结算、派送费结算。其中,物料费结算为收入结算,有些快递企业物料费收入较高;中转费结算和派送费结算则既有收入结算,也有支出结算。利用加盟商中转或派送快件,要支出中转费或派送费;快递企业为加盟商中转或派送快件,要收取中转费或派送费。

加盟商结算管理的重点,是执行先收物料费再发物料,在加盟商交付加盟费并预存费用后,按月对账结算中转费和派送费。如果收支相抵为正,则扣取一定费用,并通知加盟商补足预存费用。如果收支相抵为负,且数额较大,则将收支相抵费用转账付给加盟商;若数额较小,征得加盟商同意可补充预存费用,节省财务结算成本。

网络结算管理是快递企业财务管理的特色,也是财务管理的关键,应根据快递企业财务结算实际情况,优化和完善网络结算管理制度,做好结算管理工作,节省财务结算成本,不断提升快递服务水平和企业经营效益。

第九章 快递企业人力资源管理

第一节 快递企业人力资源管理概述

除了土地、石油、木材、矿藏等天然资源外,人力资源无疑已成为企业的"第二大利润源"。在经济全球化的市场竞争中,企业人力资源利用的状况和管理水平,已成为一个企业能否立足和长远发展的关键因素。

一、快递企业人才现状

随着我国快递行业迅猛发展,其在服务设施、营业站点、网络体系和信息技术等方面均已取得了长足进步。四大国际快递巨头的进驻、中国邮政系统的市场化、民营快递企业的壮大,加剧了快递行业的市场竞争,促进了行业整体管理的规范化和专业化。此外,信息技术在快递行业中的广泛应用,对快递企业用人提出了更高的要求,专业快递人才缺乏的问题日益凸显。

1. 我国快递企业人才缺口大

根据权威机构预测,目前我国快递人才缺口约为50万,其中最为紧缺的是快递市场销售类和业务操作类人才,如快递销售大客户经理、高级销售顾问、区域电话行销主管、区域分析师、快递操作员等。此外,在我国高等院校及职业院校中,目前开设快递专业的学校凤毛麟角,从源头上造成了快递专业人才供给的不足。

2. 我国快递企业人员素质偏低

目前,我国快递企业从业人员素质普遍偏低,即使在快递行业发展较快并且相对领先的地区,如北京、深圳、上海等地,具有大专以上学历的快递类专业教育背景的人才也不足整体从业人员的19%,国内其他地区的比例则更低。快递企业人员素质低下不仅会降低服务质量,还会严重影响快递企业的整体竞争力,甚至危害企业的生存与发展。如有些员工只注重完成收、派件任务,而不注重服务态度、沟通技巧和服务过程,这样不利于企业开拓新客户,巩固老客户。此外,人员素质偏低还可能会给企业造成重大损失,如我国快递企业中员工携款或携贵重物品逃跑的事件偶有发生,导致客户投诉和客户流失。

二、快递企业人力资源管理的现状

快递行业市场竞争激烈,已形成外资企业、国有企业、民营企业同台竞技的多元化市场,因而其人力资源管理的水平也良莠不齐。

外资快递企业发展较早,良好的企业文化、具有竞争力的薪酬待遇和较好的业务发展平台,吸引了大量优秀的快递人才。其完善的绩效管理体系和丰富的人力资源管理经验,已形成了全面规范的人力资源管理制度。

国有快递企业不仅有专业院校定向培养人才的渠道,并且在体制上实现了政企分离,逐步走向市场化,管理比较规范。但其用人制度比较僵化,企业内部缺乏有效的监督激励机制,难以调动员工的积极性和创造性。因此,国有快递企业的人力资源管理仍需要一个较长的改革过程。

民营快递企业的人力资源管理虽然具有用人制度比较灵活、培训和考核日渐完善、薪酬和福利大幅提高等特点,但通过权威机构对一些中小型的快递企业调研后发现,其人力资源管理还存在以下问题:缺乏有效的员工职业发展规划,员工的流失率较高;员工招聘渠道比较单一,一些企业还以内部员工介绍为主;缺乏系统、科学的员工培训和考核机制;员工薪酬组成设计较为简单;企业文化氛围不够浓厚等。当然,民营快递企业也正在加快改革,不断提高人力资源管理水平。

三、快递企业人力资源管理的内容

和所有的企业一样,快递企业人力资源管理也包括以下七大基本模块:人力资源规划、员工行为规范管理、员工招聘管理、员工培训管理、绩效考核管理、薪酬福利管理、员工关系及企业文化构建。但考虑到快递行业的特点,本章将主要对前五个模块进行介绍。

1. 人力资源规划

人力资源规划是企业从战略发展高度和发展目标出发,根据其内外环境的变化,预测企业未来发展对人力资源的需求,对公司进行的全方位的规划,包括组织结构规划、战略发展规划、制度规划、工作岗位分析与设计、员工职业生涯发展、费用规划等活动过程。

2. 员工行为规范管理

快递企业作业人员是快递企业与客户接触的第一界面,也是快递企业的服务窗口和品牌。因此,对快递企业从业人员的素质要求、行为规范、工作排班、人事考勤、现场监督等管理也是快递企业人力资源管理的基本工作内容。

3. 员工招聘管理

快递企业属于劳动力密集型企业,由于新业务的开拓、服务网络的建设,需要大量的站点作业员、收派员、客服代表等一线操作人员,一般占到快递企业总人数的80%左右。因此,通过人员招聘,实现快递企业发展对人员的基本需求,是人力资源部门的首要职责。

4. 员工培训管理

快递行业属劳动密集型和技术密集型相结合的产业,在快递从业人员中,75%~85%的人员都在从事操作岗位的工作。随着快递信息技术的发展以及快递服务质量要求的增多,对快递操作人员的素质要求也在迅速提高。因此,快递企业应对现有员工,特别是一线操作人员进行有针对性的培训。这样既缓解了快递人才严重缺乏的状况,也给企业的可持续发展铺平了道路。对许多传统模式下的快递工作人员,企业首先应利用他们多年从事本职工作的实践经验,从一线培养基层的现代快递管理人才。另外,企业可以对员工进行在职快递从业资格认证培训。必要时,还可以把一些有培养前途的员工送出去培训一段时间,接受正规的快递职业教育。

5. 绩效考核管理

尽管四大国际快递企业有着完善的绩效考核管理体系,如TNT公司的标杆管理法、DHL公司的平衡计分法等,然而大多数的民营快递企业对员工的绩效考核与评估,主要还是基于企业既定的目标,以任务下达后所完成的工作量来衡量。其方式多为员工对上司命令的执行和服从。这种考核方式主要是考核即时工作效率,存在考核不公平、不公开、不公正的现象,容易造成员工不满,导致员工流失严重。

因此，快递企业必须构筑公平、科学、合理的绩效考核体系，并根据绩效考核的结果，设计薪酬福利体系与员工激励机制，进而使员工变被动工作为积极的主动行为，提高工作效率和工作质量。

6. 薪酬福利管理

薪酬是劳动者劳动价值的价格体现，其实质是劳动者向用人单位让渡自身劳动力使用权之后得到的回报和补偿。薪酬不仅包括劳动者的劳动工资，还包括奖金、福利、津贴与补贴、股权等。

在进行薪酬福利设计时，人力资源部门一般先进行同一地区相同行业的薪酬水平调查，再结合本企业在行业中的位置来确定适合企业的基本薪酬水平，并配套相应的福利及激励政策、薪酬福利体系培训等。同时，还可结合员工反馈及国家相关政策、经济等因素，对薪酬福利不断进行调整。

合理、公平、竞争的薪酬福利制度，不仅能够满足基本的劳动补偿功能，还可以起到激励员工，增强企业文化和提升团队凝聚力的作用。

例如，Z公司是国内大型的民营快递企业，在薪酬分配方面，采用平衡计分法，把分值变成钱，把权职作为百分比。这样评定下来，员工工资的落差虽然很大，有的每月800元，有的每年50万。但员工之间并没有发生激烈的碰撞，因为他们看到了能力和职责的差距所在，所以不会产生不满情绪。

7. 员工关系及企业文化构建

由于快递行业在我国尚属新兴行业，人员构成也非常复杂，他们往往来自不同行业、不同专业，具有不同的教育背景。因此，建设先进的企业文化和经营理念就显得格外重要。在加强快递企业文化建设时，可运用各种有效的激励手段，创造和谐健康的工作氛围，给予员工更多的人文关怀，增强员工对企业的认可度和团队凝聚力。这些措施不仅是降低员工流失率、提高工作效率的重要手段，也是快递企业人力资源部及企业负责人必须重视的一项任务。

第二节 人力资源规划

人力资源规划是指将企业未来的经营战略目标，从企业整体超前和量化的角度，通过收集、预测、分析，制订出企业人力资源管理的各项具体目标的管理过程。这些具体目标包括战略规划目标、组织规划目标、制度规划目标、人员需求规划目标、费用规划目标等方面，而本节主要从人员需求规划目标的角度作简要阐述。

一、岗位分析

岗位分析是指对企业中某一特定工作或职务的设立目的、工作任务或职责、权利、隶属关系、工作关系、任职资格等内容进行收集、整理、分析、评价并对其作出明确规定的工作过程。所以，岗位分析至少包括两个部分，即工作说明和任职资格说明。

1. 工作说明

工作说明是通过职位说明书（也称职务说明书、岗位说明书）来完成的，内容包括职务名称、职位隶属关系、工作目标、工作责任等方面。它是通过职位描述把直接的实践经验归纳上升为书面形式，使之成为指导性的管理文件。

下面以客户服务经理的岗位来说明职位说明书的结构和格式，见图9-1。

> **职务名称**：客户服务部经理
> **直接上级**：公司董事总经理、副总经理。
> **直接下级**：重要客户主管、客户关系主管、客服培训主管。
> **间接下属**：客户协调员、客服代表、查询员、接单员、前台接待员等。
> **内部关系**：本公司各部门、各营业中心经理、国际网络机构的客户服务部门。
> **外部关系**：客户、通信设备供应商、广告商、律师事务所等。
> **工作目标**：
> (1)利用现有的人财物资源,有计划、有组织地为公司内部及外部客户,提供满意的标准化服务。
> (2)有效地控制、监管和引导整个服务过程,以保证服务标准的贯彻执行。
> (3)保持和维系良好的客户关系,确保公司的预期市场份额,推动公司利润的同比增长。
> **工作责任**：
> (1)督导、培训和激励全体客户服务人员,不断提升工作质量和服务水平。
> (2)参与公司客户服务及市场开发相关策略的制订、修订与执行。
> (3)组织新项目的推广与实施,把超前和超值服务目标落到实处。
> (4)与相关部门和人员及时沟通最新服务信息,确保服务工作主动。

图 9-1　某快递企业的职位说明书

2. 任职资格说明

任职资格说明是对从事这一职务人员所必须具备的基本条件和素质作具体要求的描述文件,是有效招聘的前提和基础。

下面以某快递公司的客户服务代表、客户服务部经理岗位为例,说明任职资格说明书包含的内容要求,见图 9-2。

> (一)客户服务代表任职条件
> (1)英语大专或相关学历,良好的英语听说读写能力,流利的普通话。
> (2)熟悉 Windows 软件操作,两年以上客户服务经验。
> (3)良好的沟通、谈判能力和交际能力。
> (4)良好的解决争端和应对突发事件的能力。
> (5)良好的心理素质和面对压力的承受能力。
> (6)在开展销售引导时,具有超凡的执著和热忱。
> (7)强烈的责任感和团队意识,能够并愿意在公休日加班或值班。
> (二)客户服务部经理任职条件
> (1)大学本科毕业,良好的英语"听、说、读、写"能力,熟练使用 MS Office 及 Netscape。
> (2)三年以上服务业管理经验,熟悉快递产品、服务与流程,了解高科技通信系统。
> (3)在调研、协调、培训、激励等方面,具备优秀的组织才干。
> (4)具备良好的人际沟通技巧,能做到书面与口头的清晰表达。
> (5)因工作需要,能够并愿意经常出差。

图 9-2　某快递企业的任职资格说明书

二、人员盘点

在对企业各项市场指标、财务指标、库存指标进行有效盘点的同时,人力资源部门也需要对企业现有人员及工作状况进行定期盘点,包括盘点出人员的缺编、超编以及是否符合职务资格要求等情况。更为全面和复杂的人员盘点,还包括员工能力与任务达成情况、员工职业生涯规划与企业发展切合度、员工的行为方式与企业文化结合度等。盘点结果应及时通报部门经理,使其深入了解该统计结果的可持续性以及造成人员波动的主要原因,从而合理安排人员。

三、人员需求的预测

企业人员的需求预测,是根据人员盘点的结果和企业发展的要求,对企业将来某个时期内所需员工的数量和质量进行预测,进而确定企业人员需求的计划方案。引起人员需求变动的因素很多,具体归纳如下:

①企业战略发展的需要。这些需要包括业务转型、经营网点增减、市场份额扩大、战略调整等。

②企业业务量或工作量增长的需要。业务量的增长来自外在客户订单数量的增长,而工作量的增长则可能是来自内部由于工作规范或工作细化或操作难度增大而引发的工作量的增长(如有大单和小单的区别)。

③企业外派、调职、长期学习、休假(如产假、年假)的需要。

④企业拟辞退、退休、伤残、解雇、离职人员等因素。

以上因素,都会导致企业人员需求的变动,这就需要人力资源部及时掌握信息,提早进行人员需求的预测,编制计划,避免影响企业正常运转情况的出现。

用人部门有人员需求时,应向人力资源部门提交正式的《人员需求表》,经人力资源部审核,报企业负责人审核同意后,方可转入人员招聘程序。《人员需求表》应体现的内容包括:所需人员的部门、职位;工作内容、责任、授权情况;所需人数以及何种录用方式;人员基本要求(年龄、性别等);要求的学历、经验;希望的技能、专长;其他需要说明的内容等。

四、人员供给计划

人员供给计划,也叫人员补充计划,是人员需求计划的对策性计划。它主要阐述了人员供给的方式(外部供给、内部调整),各方式实施的政策,实施所需的时间、费用及可能达到的效果等。人力资源部门需要根据人员需求的情况,确定用何种途径在多长时间内解决人员需求的问题。对于不同的职位和不同的紧迫程度,解决的方式可能不一样。常用方式的特点如下:

①社会招聘。其选择面较广,可以招到合适的人才,但周期比较长。

②从人力资源外包公司进行人员借调。某些基层岗位或数量需求比较大的岗位可采用这种方式,如保安员、计算机维护员等。这种方式的风险较小,容易管理,但适合的岗位也相对较少。

③内部调配。有些短期需求可以从内部其他部门进行调配,或者安排阶段实习生完成;也可通过猎头公司或者内部员工晋升的方式进行补充。高端岗位需求,需要慎重选择。

④建立人才资料库。对于紧缺的岗位,企业应该有意识地进行人才储备,建立企业的后备人才资料库,以应对紧急需求。

企业员工的供求平衡是企业人力资源管理追求的一个目标。它不仅是指员工需求数量与供给数量上的平衡,更重要的是指员工素质、能力、类别等在供需结构上的平衡。另外,企业必须分析员工的潜力,从数量上排除人浮于事的人力浪费现象,从质量上提高员工的素质,充分发挥现有员工的工作潜能。

五、人力成本计划

理论上,现代企业应该把员工看成企业的资源,通过人才去实现企业发展的目标,然而在许多中小型企业里,人力成本仍然是企业主要的成本之一。在金融危机和业务量不断减少的影响下,企业的管理者们不得不重新计划和评估自身的人力成本投入产出比、人力成本占总成本的比例等,从而制订合理的用人成本目标和预算。

人力成本的计算主要包括以下步骤:

第一步,根据企业发展目标,确定需要的人员结构和岗位定编需求。

第二步,根据市场调查,确定同一地区相同行业各岗位结构的基本薪酬水平。

第三步,分析基本的薪酬框架,即在基本薪酬的基础上,考虑每个员工的办公设备购置、培训进修安排、保险缴纳、不同时段的奖励等福利支出。

第四步,根据薪酬基本框架和人员岗位定编需求,确定企业在当前年度的人力成本预算。

最后,根据政府指导意见和经济发展趋势等,对当前年度的人力成本预算结果进行修订,得到企业后一阶段(即下一年度)的预测结果。

第三节 员工行为规范管理

员工行为在一定程度上代表了一个快递企业的形象,反映了快递企业的企业文化及服务理念,也是高质量快递服务的最基本要求。因此,对快递企业员工的素质要求、行为规范、工作排班、人事考勤、现场监督等管理也是快递企业人力资源管理的基本工作内容。

一、快递企业人员行为规范

(一)快递企业人员基本素质要求

快递企业人员,不管是操作一线的收派员、仓管员,还是内部客户服务部门或呼叫中心人员,都应具备以下基本素质。

1. 职业道德修养

诚实严谨、恪尽职守的工作态度和廉洁奉公、公道正派的道德品质。

2. 生理及心理要求

体形、相貌、仪表等条件良好;旺盛的精力、清醒的头脑、敏捷的注意力和思维力、良好的记忆力;广泛的兴趣,开朗和善的性格;自信豁达的风度,宽宏大度的气量。

3. 岗位基本能力

广博的知识素养和人际沟通的基本知识;良好的语言表达能力(包括普通话、英语、所在地方言)。

4. 业务专业素质

一般快递业务知识、商品知识、国际国内地理知识、计算机应用能力和顾客投诉处理的业务流程知识。

(二)快递收派人员仪容仪表

1. 仪容仪表标准化

收派人员仪容仪表的标准化应符合当地大众的文化传统和审美观,要求做到整洁、美观、大方,让客户有一种亲切感、信任感。切忌穿戴怪异、肮脏邋遢,让客户产生厌恶感。

收派人员的仪容仪表标准化一般包括以下几方面的要求。

(1)装扮的标准:包括发型的要求、饰品的佩戴要求、化妆的要求等。

(2)着装的标准:包括工服的要求、服饰的搭配、工牌的佩戴等。

(3)卫生要求:要求整洁、干净、无异味等。

(4)表情要求:面部表情是指人的目光和神态,一般要求为精神饱满、面带微笑等。

某快递企业制订的收派人员的标准化仪容仪表见图 9-3、图 9-4。

面部:自然、有亲和力的微笑;面部时刻保持清爽干净,无汗渍、油污等不洁之物;眼睛明亮,眼角无污物。

口齿:保持清洁和口气清新。
胡须:经常剃须,不蓄须。

胸牌:别在工作服左胸LOGO的上方,位置居中。

上装:扣子系到第二粒处,领口整齐外翻,下摆扎在裤子内。

身体:勤洗澡,无异味,严禁文身。

皮带:深色系皮带,腰带上不挂钥匙及饰物。

手:保持干净,指甲短而整齐,指甲内保持清洁。

下装:着深色长裤,长短肥瘦要适宜,裤口自然下垂、不挽起。

鞋袜:深色皮鞋或休闲鞋,配深色袜子。鞋面保持清洁,不穿球鞋、老头鞋,不穿带钉鞋、露脚趾凉鞋及拖鞋。

图 9-3　男员工形象规范

头发:发型整齐大方,不染黄色等颜色,长发扎起或盘起。

面部:清爽干净,妆容整洁清新,不浓妆艳抹。眼睛明亮,笑容自然。

口齿:保持清洁和口气清新。

胸牌:别在工作服左胸LOGO的上方,位置居中。

上装:扣子系到第二粒处,领口整齐外翻,下摆放在裤外或裙外。

身体:无文身和文身贴纸,不使用气味浓烈的香水。

手:保持干净,指甲修剪整齐,不涂艳色指甲油。

下装:着深色裤装或裙装,不穿超短裙。

饰物:不佩戴过大或张扬的耳环、戒指、手镯、项链、腰带等。

鞋袜:赤脚穿凉鞋时趾甲不涂过于怪异的颜色,比如黑色、蓝色、绿色等;鞋的色彩、款式与服装搭配协调,不穿拖鞋或拖式凉鞋。

图 9-4　女员工形象规范

2.行为举止标准化

行为举止标准化包括站姿、行姿、坐姿、手势、表情等形体语言的规范,要求收派人员在客户面前表现出文明、稳重,让客户放心、信赖。如某快递企业制订的收派人员行为举止标准化要求,具体要求如下。

(1)立姿要求

双脚自然分开,挺胸抬头,目光平视,面带微笑,双手自然下垂、贴于大腿两侧裤线处,站立过久可以稍息、但双腿不可叉开过大或频繁变换姿势。

(2)行姿要求

身体稍前倾,步伐要稍快,下巴微抬,眼睛自然目视前方,行走线路基本在一条直线上,遵循右侧通行的交通规则。

(3)手势要求

注意动作幅度不要过大;在顾客询问事情时,不要挠头或摆手势;当班暂时无业务时两手应自然下垂,不要随意乱动,手势要适度。

(4)坐姿要求

上身自然挺直、稍前倾,不可太僵直;双腿平行,不可叉开过大,两手自然平放于膝盖上。正式场合时要坐到座位的三分之二处,交谈时身体稍前倾,不可背靠座位。

(5)目光要求

要求坦然、亲切、友好、和善。

在工作中还有一些注意事项,如与客户交谈时,不能双手插袋或交叉胸前;任何情况下都不能坐在桌子上;不能坐在椅子上跷着二郎腿、左右摇晃等。

3.服务用语标准化

服务用语标准化包括基本的语言规范和标准用语。

(1)语言规范

语言规范是指在与客户沟通时,应有良好的态度、表情,使用恰当的语言和表达方式。具体要求如下。

①与客户谈话时必须站立,并保持一定间隔,目光注视对方面部,表情自然、面带微笑,心态平和。

②不能使用"不知道"等否定语,应积极、婉转地回答问题。

③不能使用不文明、不礼貌的用语。

(2)标准用语

标准用语是指快递企业为达到标准服务质量,对收派人员、客户服务人员制订的一套标准服务用语。具体要求如下。

①到达客户处:您好!××先生(小姐),我是×××公司的速递员×××,请问您要发的货物准备好了吗?

②货物不符合要求时:对不起!××先生(小姐),根据航空公司管理相关规定,您所发的物品是航空违禁品。所以,很抱歉,无法为您提供相关服务。建议您委托国内有危险品和禁运品运输资格的公司来承运您的货物。

③超范围服务时:很抱歉,××先生(小姐),目前您所选择到达的地方还无法做到1d到门,建议您选择2~4d到门产品。

收派人员形象及行为标准的制订,能够体现出快递企业的快递服务专业程度和服务质量,是快递收派管理中人员管理的基本手段。

(三)快递企业人员行为规范

1.基本规范

①遵守国家的法律、法规。

②遵守企业的规章制度,严守纪律,服从领导,不越权行事。
③部门之间、员工之间应相互尊重,团结合作,构建和谐氛围。
④顾大局、识大体,自觉维护企业的声誉和权益。
⑤准时上下班,对所担负的工作应争取时效,不拖延、不积压。
⑥服从上级指挥,如有不同意见,应婉转相告或以书面陈述,一经上级主管决定,应立即遵照执行。
⑦尽忠职守,保守企业商业秘密和工作秘密,妥善保管企业文件及内部资料。
⑧爱护企业财物,不浪费,不化公为私。
⑨注意自身品德修养,戒除不良嗜好。
⑩一切从企业利益出发,做好本职工作,切忌因个人原因影响工作。

2. 操作规范
①严格按照作业流程、作业顺序操作,不得减少或跨越流程作业。
②严格遵守操作规范和工作守则,认真、细致、规范操作。
③正确选择、使用工具和设备,严格遵守安全操作规范,充分利用设备中所提供的安全装置。
④当操作具有潜在危险的工具或设备时,不要和其他人员闲聊。
⑤工作时间严守工作岗位,专心工作,不串岗、不闲聊,不准打私人电话。
⑥工作中严禁打闹或恶作剧。
⑦工作时若意外受伤应立即通知部门主管或人力资源部。
⑧发现有不安全的设备或足以导致意外伤害的设施时,应立即上报有关人员或部门,及早预防。
⑨操作过程使用的各类单据,应按规定位置摆放,及时整理归档,不得随意丢弃、乱摆乱放。
⑩操作过程发生或发现异常情况时,应及时反馈上报,并对异常情况进行记录,不得越权擅自处理。

3. 其他规范
①文明办公,保持环境整洁、有序。
②爱护环境,不随地吐痰,乱扔杂物、纸屑、烟头。
③爱护办公设施。办公设施在固定位置摆放,如有移动应及时复位。办公桌面要求整洁,不摆放与办公无关的用品。
④下班后要整理办公桌面,各类文件归类摆放整齐。最后离开办公室的员工,应关闭窗户,检查电脑、电灯、电扇、空调等用电设备的电源是否关好,确认无遗留问题后,锁好门,方可离去。
⑤厉行节约,节约用电、用水、用油等。办公用品费用核算到人,打印纸尽可能双面使用。
⑥因事请假,按规定办理请假手续,事后及时销假。短时间离开公司外出办事,应向部门负责人请假说明。

(四)快递企业人员考勤管理

考勤是对作业人员工作时间的记录,是作业管理工作的基础,也是计发工资奖金、劳保福利的主要依据。考勤管理的主要内容如下。

(1)出勤登记
出勤登记是指对作业人员的上下班情况进行记录。主要的记录方法有:打卡制度、签到制度、点名制度。目前快递企业普遍使用的是打卡制度,但是由于快递现场作业的特殊性,很多企业还同时使用集中点名制度。

(2) 工作制度

我国法定的工作制度为每周5d,每天8h工作制度。但由于快递作业的特殊性,作业人员基本上无法实现这一工作制度,因此,很多快递企业采用了每周40h的工作制度。上班天数及每天的上班时间根据实际的班次安排及工作需要制订,一般为6d工作制,每周的工作时间超过40h的计为加班。

(3) 出勤时间

出勤时间包括上班时间点和工作时间长度,根据每个班次的具体要求而定。

(4) 加班管理制度

一般来说,每天工作时间超过8h或每周超过40h的计为加班。加班制度包括加班的申请规定、加班计算方法和加工工资的计算规定。

(5) 迟到、旷工管理制度

迟到、旷工管理制度是指针对迟到、旷工行为制订的一系列惩罚管理办法。迟到、旷工行为是与工作纪律性相关的重要问题,必须严肃、严格地进行管理。

(6) 请假、休假管理制度

请假、休假管理制度包括请假的申请规定、审批流程、各种休假的具体规定等。

[参考资料]

某企业的考勤管理制度(节选)
第一节 考勤制度

1. 考勤实行打卡制度,工卡作为出勤记录的载体。公司除总裁、副总裁、部门总监、大区总经理、分公司(总)经理执行弹性工作制度外,其余员工一律上下班打卡。

2. 公司实行每周5d,每天8h工作制度,每周六、日为休息日。因公司业务需要,员工有义务在节假日有偿加班。公休日加班工资为基本工资的200%,法定节日为基本工资的300%。

3. 正常出勤时间为8:00~17:00或8:30~17:30(一个公司只能选择一种),12:00~13:00为午餐时间。

4. 员工迟到在10min内的计迟到1次,迟到时间超过10min或月累计迟到3次者按旷工1d处理,累计5次迟到者按旷工2d处理。

5. 因公外出而超过下班时间者,由主管领导签字,确认出勤;下班不打卡者,累计3次按旷工1d处理。

6. 不得以任何理由替他人打卡,违者予以100元的经济处罚。

第二节 请假制度

1. 员工因故不能按时出勤者,必须提前请假,并填写《员工请假审批表》;特殊情况不能填写者,可电话请假,事后补办请假手续。凡享有年假的员工可以抵休年假。

2. 正常假期以外的请假者,每天扣除出勤日平均工资,拿提成工资的员工可以不扣。

3. 因病住院者,7d之内(含7d)发给其基本工资(按公司当地分布的标准)和职位工资;从第八天起到一个月的,按基本工资和职位工资的50%发给工资;超过一个月的,停发所有工资和补贴。

4. 旷工1d者,扣除当天工资;旷工2d者,除经济处罚外,作降级处理。

5. 员工请假后,由直属上级安排他人暂代其工作。

二、快递企业人员岗位排班

(一)岗位排班的重要性

快递企业人员的岗位排班,是一项非常重要而又高难度的工作。同样的作业人员,排班不同,可能会有完全不同的工作效果。为此,有些企业还专门购买了相关软件,甚至配备了专职的排班师。

合理的排班是指在对部门员工和业务量充分掌握的基础上,进行系统的数据统计、预测、分析、计算、优化等工作,最后达到满足数据指标要求、员工基本满意、符合实际业务需求等多方面要求。

(二)岗位排班的原则

岗位排班一般应遵循以下原则。

1. 动态性

动态性是指每次排好一周或一月的班次表,不可以在次周或次月进行简单的套用或循环使用,而应该体现出动态变换的过程。市场上的客户需求和快递服务内容都在随时变化,且客服中心和处理中心在24h服务中有不同业务高峰期,因此,岗位排班要不断进行动态变化,才能适应企业发展的需要。

2. 科学性

科学性是指岗位排班必须建立在科学统计和分析的基础上。下面以客户服务部客服代表的排班为例说明。

首先进行话务分析。在排班前,需要了解业务的发展趋势、业务的规律特征,将原始数据导入相关软件后进行相关的计算工作,利用系统进行多维数据分析。如业务的固有特征时规律、周规律、月规律,客户群特性和使用习惯分析,故障的影响等。

然后进行话务预测。完成数据分析工作后,需要对话务量进行预测,话务预测的正确与否直接关系到整个排班的效率。此外,人力资源的利用情况也会直接影响到排班。

根据话务预测结果,需确定客服中心需要达到的排班目标和效果,即以节省人员为主还是以拓展业务为主。另外,还需根据客服中心的实际情况和业务发展方向,确定是以快速拓展为主,还是以平稳营运为主。若属前者,则客服代表的数量及排班的班次需要留有余地;若属后者,人员的安排最好相对紧凑。

3. 人性化

根据业务需要,结合员工生理特征进行针对性排班,在掌控员工的生理兴奋期、平滑期和疲劳期的情况下,使得班次更有规律性,更符合员工生理特征需要。合理安排员工的休息、吃饭、节假日家庭团聚是做好人性化排班的关键。

在排班的时候也需要关心员工的习惯、休息并兼顾他们的需求。如个别员工因家庭情况或自身特殊原因,对排班有特殊要求的可以提前申请,在不影响整体排班的基础上,尽可能地满足员工的合理要求。

4. 应急性

操作岗位排班还应坚持应急性原则,以应对各种紧急情况。如台风、暴雨等天气变化,业务量突增,服务重大事故处理,员工突然生病或急事告假等。

(三)操作人员排班

由于快递服务的特点,使得快件作业的时间规律性强、劳动时间跨度长,有时甚至是24h作业。因此,需要对操作人员进行合理的排班和组织,既要能满足各个时间段的操作需求,又要保障作业高峰期的作业质量,同时,还要考虑员工的身体状况、作息规律,让员工有充分的休息时间,把员工的工作状态调整到最佳状况。具体排班过程如下。

1. 操作量分析

操作量分析是指按时间段对作业中心各个岗位的平均操作量分别统计,制作操作量分析表(表9-1)。

操作量分析   表9-1

时间段 \ 岗位	进站接收(kg)	分拣(票)	查验(件)	信息处理(票)	集装(票)	出站装运(kg)
0:00~1:00	3 000	1 600	2 800	2 200	1 200	3 850
1:00~2:00	2 500	1 400	1 900	2 100	1 600	4 050
2:00~3:00	1 200	800	600	1 350	960	3 150
3:00~4:00	0	500	0	0	800	0
4:00~5:00	0	0	0	0	0	0
5:00~6:00	0	0	0	0	0	0
6:00~7:00	0	0	0	1 800	0	2 200
7:00~8:00	800	0	0	600	0	4 330
8:00~9:00	500	320	200	280	0	0
9:00~10:00	1 450	260	475	1 100	350	1 080
10:00~11:00	100	110	330	600	280	880
11:00~12:00	2 200	600	440	800	660	1 500
12:00~13:00	300	90	400	100	0	0
13:00~14:00	0	40	80	0	130	0
14:00~15:00	0	0	0	0	0	0
15:00~16:00	900	0	0	300	0	0
16:00~17:00	2 300	360	220	700	0	0
17:00~18:00	1 140	640	860	710	0	1 100
18:00~19:00	200	0	0	100	0	0
19:00~20:00	400	0	0	80	400	0
20:00~21:00	2 200	75	110	800	200	800
21:00~22:00	3 500	340	400	1 600	200	1 300
22:00~23:00	5 600	1 745	2 200	2 600	1 800	3 200
23:00~24:00	4 950	1 800	2 750	3 200	2 100	5 800

从表9-1可以分析出操作量在各个时间段的分布规律以及各个时间段的作业需求。

2. 个人作业能力分析

个人作业能力是指在同一作业条件下,一个人在单位时间内完成的作业量。一般根据以往的作业情况进行计算,也可以专门安排测算任务进行测试。如分拣能力的计算公式为:

个人分拣能力(票/h)＝测算任务的作业量÷作业人数÷完成任务用时　　(9-1)

为了保证测算结果能比较客观、准确地反映个人作业能力,应采用多个任务,在不同时间段进行测试,最后对所有的测算加以筛选,排除没有代表性的数值,再通过加权平均算法得出最后的值。影响个人作业能力的主要因素有作业环境、作业方式、作业工具及个人的业务熟练程度。当某一条件有变动时,应对其重新计算。企业需要定期对个人作业能力进行测算,并将其编制成表(表9-2)。

个 人 作 业 能 力　　　　　　　　　　表9-2

项目＼岗位	进站接收(kg/h)	分拣(票/h)	查验(件/h)	信息处理(票/h)	集装(票/h)	出站装运(kg/h)
个人作业速度	600	130	220	320	240	1 100

3.各个时间段的人员需求计算

作业人员数＝该时间段的作业量÷个人作业能力÷要求完成用时　　(9-2)

以表9-1和表9-2中的数据为例,将各个时间段、各个岗位的人员需求数编制成表,结果见表9-3。

作 业 人 数 需 求　　　　　　　　　　表9-3

时间段＼岗位	进站接收(人)	分拣(人)	查验(人)	信息处理(人)	集装(人)	出站装运(人)
0:00～1:00	5	12	13	7	5	4
1:00～2:00	4	11	9	7	7	4
2:00～3:00	2	6	3	4	4	3
3:00～4:00	0	4	0	0	3	0
4:00～5:00	0	0	0	0	0	0
5:00～6:00	0	0	0	0	0	0
6:00～7:00	0	0	0	6	0	2
7:00～8:00	1	0	0	2	0	4
8:00～9:00	1	2	1	1	0	0
9:00～10:00	2	2	2	3	1	1
10:00～11:00	0	1	2	2	1	1
11:00～12:00	4	5	2	3	3	1
12:00～13:00	1	1	2	0	0	0
13:00～14:00	0	0	0	0	1	0
14:00～15:00	0	0	0	0	0	0
15:00～16:00	2	0	0	1	0	0
16:00～17:00	4	3	1	2	0	0
17:00～18:00	2	5	4	2	0	1
18:00～19:00	0	0	0	0	0	0
19:00～20:00	1	0	0	0	2	0
20:00～21:00	4	1	1	3	1	1
21:00～22:00	6	3	2	5	1	1
22:00～23:00	9	13	10	8	8	3
23:00～24:00	8	14	13	10	9	5

4. 班次排定

班次的排定要根据作业时间的需求、不同时间段作业量的需求，以及员工作息习惯、劳动强度、劳动保障规定等因素综合确定。班次排定的步骤具体如下。

(1)根据作业时间的要求，确定需要班次的数量

如需24h作业的，一般至少要分三个班次；作业时间超过8h的，一般要分为两个班次。

(2)根据作业量以及作业量的时间分布情况，确定各个班次的工作任务

一般来说，在分配任务时，尽可能地对每个班次的工作量进行平均分配，但实际应用中很难做到这一点。因此，快递企业在实际应用中使用了分主次班的方式。主班的作业时间主要是作业高峰期，任务量多、劳动强度大，但一般作业时间较短；次班又称为值班，任务量少、劳动强度小，但作业时间长。主次班之间一般采用轮班制来平衡每个人的作业量。

(3)确定每个班次的作业时间及上下班时间

每个班次的所有作业任务的时间跨度就是该班次的作业时间。制订上下班时间时需考虑两个班次之间的交接时间，一般来说，上班时间是在第一任务开始时间的基础上提前30min或1h；下班时间是在最后一个任务完成时间的基础上推迟30min或1h。

(4)确定每个班次人员数

①计算该班次所分配的各个任务的各岗位人员需求量；

②从计算结果中取每个岗位的最大值；

③根据各个岗位的协同作业情况，对结果进行优化；

④最终得出该班所需的各个岗位的人员数以及总人数；

(5)人员定班

根据计算得出的每个班次所需的各岗位人员数，合理对作业人员进行分班，并制作排班表。

[参考资料]

某企业某月份的排班表，如表9-4所示。

多 班 次 排 班　　　　表9-4

日期 姓名	1	2	3	4	5	6	7	8	9	10	11	12	13	14	15	16	17	18	19	20	21	22	23	24	25	26	27	28	29	30
	一	二	三	四	五	六	日	一	二	三	四	五	六	日	一	二	三	四	五	六	日	一	二	三	四	五	六	日	一	二
×××																														
×××		Q	Q	Q	Q	Q	Q		Q	Q	Q	Q	Q	Q		Q	Q	Q	Q	Q	Q		Q	Q	Q	Q	Q	Q		Q	Q
×××		C1	C1	C1	C1	C1		C1	C1	C1	C1	C1	C1		C1	C1	C1	C1	C1	C1		C1	C1	C1	C1	C1	C1		C1	C1
×××		C3	C3	C3	C3	C3	C1	C3	C3	C3	C3	C3	C3	C1	C3	C3	C3	C3	C3	C3	C1	C3	C3	C3	C3	C1	C3	C3	C3	C3
×××		B1	B1	B1	B1	G	B2		B1	B1	B1	B1	G	B2		B1	B1	B1	B1	G	B2		B1	B1	B1	B1	G	B2	B1	B1
×××		休	F	F	F	F	F	休	休	F	F	F	F	F	休	休	F	F	F	F	F	休	休	F	F	F	F	F	休	F
×××		C2	C2	C2	C2	C2		C2	C2	C2	C2	C2	C2		C2	C2	C2	C2	C2	C2		C2	C2	C2	C2	C2	C2		C2	C2

续上表

日期\姓名	1一	2二	3三	4四	5五	6六	7日	8一	9二	10三	11四	12五	13六	14日	15一	16二	17三	18四	19五	20六	21日	22一	23二	24三	25四	26五	27六	28日	29一	30二
×××	G	G	G	G	休	G	C1加	G	G	G	G	休	G	C1加	G	G	G	G	休	G	C1加	G	G	G	G	休	G	C1加	G	G
×××	F		G	G	G	休	F			G	G	G	休	F			G	G	G	休	F			G	G	G	休	F		
×××	F	F	休	A	A	G	休	A	休	F	F	休	A	E1	休	A	A	休	F	F	E2	F	F	休	A	A	G	休	A	休
×××	休	A	A	休	F	F	E2	F	F	休	A	A	G	休	A	休	F	F	休	A	E1	休	A	A	休	F	F	E2	F	F
×××	A	休	F	F	休	A	E1	休	A	A	休	F	F	E2	F	F	休	A	A	G	休	A	休	F	F	休	A	E1	休	A
×××	C1	D1	D1	D1	C1			D1	D1	D1	C1	D1	D1	C1		D1	D1	D1	C1	D1		D1	D1	D1	C1	C1	C1		D1	
×××	C1	C1	C1	C1	C1	C1	C1	C1	C1	C1		C1	C1	C1	C1	C1	C1	C1	C1	C1		C1	C1	C1	C1	C1	C1			C1
×××	B2	B2	B2	B2	B2			C1	B2	B2	B2	B2			C1	B2	B2	B2	B2			C1	B2	B2	B2	B2			C1	B2
×××	D2	D2	D2	D2	D2		D2	D2	D2	D2	D2	D2		D2	D2	D2	D2	D2	D2		D2	D2	D2	D2	D2	D2		D2	D2	

A班:05:00~14:00　　C2班:08:30~15:00　　E1班:05:00~13:00　　B1班:11:00~15:00 20:00~22:00　　D2班:9:00~14:00
B班:08:30~17:30　　D班:07:30~13:00　　E2班:13:00~21:00　　B2班:11:00~15:00 19:00~21:00　　G班:08:00~14:00
C1班:08:00~15:00　　D1班:11:00~18:00　　F班:17:00~24:00　　C3班:12:00~15:00 20:00~22:00　　Q班:8:30~12:30

注:凡周五数据组同事可在15:00接班,周六操作组同事在14:00接班。

(四)岗位交班管理

现场交接过程中现场人员的变动较大,所以,现场交接工作非常重要。为使交接过程中正常工作(如接通率、呼出效率、员工利用率、服务质量等)不受到太大影响,管理者必须做到使交接过程有序、有计划、平稳。具体应做好如下方面的工作:

①现场交接过程中,需要交班主管与接班主管密切配合,实现现场交接平稳过渡。

②无论是进入现场接班的还是已经交班的坐席代表,在现场都要遵守现场工作秩序,尽快进入工作状态。

③进行实时话务监控,以保证平稳交接。

④禁止一切不必要的逗留,避免打闹与大声交谈。

⑤人员调动应该有全场的安排计划,避免见缝插针式的坐席代表安排。

⑥将异常或重要的交接事项及时记录于交接班日常管理记录本中,并建立交接班应急处理机制。

(五)轮班方法

轮班方法是指为避免作业人员长时间晚间作业,平衡各个班次的劳动强度、作业量,按一定频率对作业人员进行各个班次的轮换。制订轮班方法的步骤如下：

①确定轮班周期。轮班周期一般为一周、两周或一个月，可以根据作业人员的身体状况、劳动强度、作息规律等进行调整。

②确定每次轮班的人数及顺序。在每个班次人员相同的情况下，可以简单地按班次进行轮换，确定轮换顺序。如果各个班次的人数不一样，则需要分批轮班，分批轮班需要确定每次轮班的人数、轮班批数及各个批次的轮班顺序。

③制订详细排班表。详细排班表是指以月份为周期，将作业人员每天所上的班次详细列出。

三、快递企业操作人员现场调配及监管

现场调配及监管是指在作业过程中，通过对作业人员的合理配置、调动、指挥、监督，维持作业现场的秩序，以提高作业效率。

（一）作业现场调配内容

①根据作业需要对各岗位、每个作业人员进行工作任务分配及每个任务时间进度安排。

②协调各环节作业进度以及作业衔接情况，使现场作业流畅进行。

③组织各岗位协同作业，达到现场作业同步进行，实现高效作业。

④在特殊或紧急情况下，充分调动现场一切可供调用的人员，进行集中作业，保障作业任务能及时完成。

（二）作业现场监管内容

(1) 现场秩序监督

现场秩序监督包括：作业人员的在岗情况检查，快件和工具摆放的合理性、规范性检查，各岗位协调情况检查等。要求作业现场井然有序，各环节协调一致地进行作业。

(2) 作业规范化监督

作业规范化监督包括：作业工具及设备使用规范、操作动作规范、快件码放规范等方面的监督。一般采用巡视的方式，一旦发现有不规范行为，应及时制止，防范意外事故发生。

(3) 作业人员监督

作业人员的工作态度、积极性是影响作业质量的关键因素。现场监管人员应采用各种方法充分调动现场作业人员的积极性，提高其作业效率；对现场存在的消极因素及时予以批评教育，并加强对相关人员的监督管理。

(4) 作业进度监督

现场监管人员应定时检查各环节进度情况，及时发现进度滞后的作业环节，并采取措施加快进度，确保各环节按时完成任务，避免因某一环节滞后而影响整体作业进度的情况发生。

(5) 异常及突发事件的预防及处理

现场监管人员应定时对各环节的作业情况、各种设备的安全状况等方面进行全面检查，及时发现安全隐患及现场出现的异常情况，并进行处理。

(6) 现场清理及交接管理

作业完毕后，应对作业现场的清理、打扫，单证的整理，工作交接等方面的完成情况进行检查。

第四节　员工招聘管理

员工招聘是指按照企业的经营战略、人力资源规划等要求，将高素质、适合企业发展要求的人员招进企业。将合适的人员放在合适的岗位，为有人员需求的岗位招聘到合适的人员是企业成败的关键。员工招聘是人力资源管理的重要环节，越来越受到企业的重视。

一、员工招聘原则

员工招聘是一项非常复杂和困难的工作，一方面是优秀人才比较短缺，特别是适合快递企业的某些岗位的优秀人才更为稀缺。另一方面，甄别人才相对困难，了解业务员的一项操作水平可能需要几小时甚至几天，了解一个部门主管则至少需要几周，而对于企业经营者，往往需要几年才能对其作出较全面、准确的评价。

快递企业的员工招聘应本着"用人所长、避其所短、讲求业绩、挖掘潜力"的宗旨，以"公开招聘、内部优先、全面考核、择优录用"为原则，从德、能、勤、智、体等方面，对应聘人员进行公正、客观、合适、全方位的评估。

二、员工招聘流程

因各快递企业的经营性质、规模、制度要求等大同小异，其员工招聘的流程主要包括以下几个步骤。

1. 员工招聘的前期准备

(1) 招聘需求的提出

各用人部门根据实际业务需要，提出本部门的人员需求计划，包括需求岗位名称、需求数量、计划上岗时间等，由人力资源部门汇总，经过分析并核查后形成企业整体的有效招聘需求。

(2) 招聘渠道和方式的选择

一般招聘的渠道主要有以下几个方面：互联网、报纸、专业/行业杂志、人才中介机构、现场招聘会、校园招聘会、猎头公司、其他（如内部员工介绍或内部晋升通道）等。

不同规模的企业、不同性质的岗位，可以选择不同的招聘渠道。主要是考虑招聘信息发布的费用、信息的覆盖范围及人群素质、招聘时效等。

(3) 招聘计划和预算的制订

根据整体有效招聘需求和合适的招聘渠道，人力资源部门制订出较详细的招聘计划表，以及预算所需要的费用，报请领导批准后方可实施招聘。

2. 员工招聘的实施

(1) 发布招聘信息

招聘信息的发布，可以让求职者得知企业的招聘计划，并从信息中初步判断自己是否符合任职要求，能否接受企业的聘用条件，以起到自动筛选的效果。

如某快递公司发布的招聘信息，见图9-5。

(2) 初步测试和甄选应聘人员

根据收集到的应聘人员简历或相应信息，结合企业对该岗位的从业素质要求，进行初步的筛选，录入员、客服代表等岗位还可先期进行必要的岗位素质测试，进而确定出符合要求的可以面试的人员名单。

> 收派员任职资格：
> (1)五官端正，品德高尚；
> (2)一年以上相关工作经验，普通话标准；
> (3)身体强壮，吃苦耐劳；
> (4)工作地点在沈阳市，根据个人住址及公司需要分配具体地点；
> (5)工资待遇包括3部分，保底(950元/月)+提成+保险。

图9-5 某快递企业的招聘信息表

(3)人员面试

面试是企业招聘人员的核心环节，也是人员选拔的基本方法。它是在特定时间、特定地点进行，有预先设计的目标和程序，通过主试者与被试者双向面对面地观察、交谈等双向沟通的一种招聘方式。

面试过程中，主要从几个方面来考核被面试者，包括：仪表风度/个人修养、专业知识/技术特长、行业/岗位相关工作经验、管理能力/技能、语言表达/英语能力、管理理念/逻辑思维、人际交往/自我控制能力、企业文化认同感、综合分析能力、反应能力/发展潜质等。可根据不同岗位和不同要求，全部或者部分选择以上方面，设置不同的占分权重和评分标准，对面试者进行评分，以分数达到一定程度为选用标准。

除了以上方面，还要了解被面试者如果在满足以上条件的情况下，能够进入企业的可能性，包括薪资期望与企业标准的差距、工作地点是否可以接受、其他方面能否满足等。

此外，面试过程还会设置笔试、口试、专业测试，高层管理岗位还需总经理面谈，以进一步确定符合公司发展的综合人才。

(4)人员资格审查

员工的教育背景、品格、职业道德等是影响快递服务质量的重要因素，因此，在员工入职前应对这些方面进行严格的审查。审查的内容包括：上一家单位的离职证明、相关学历证件的检验证明、户籍及身份证明、计生证明、有无其他不良记录(如违法记录、法轮功记录等)。

由于民营快递企业人力资源管理中存在员工诚信度不够的问题，如有些站点的主管携款逃匿、收派员丢失快件后不愿承担赔偿而逃匿、有些收派员收了贵重的货物或代收款后逃匿等情况。但是《劳动法》又规定用人单位不得以任何方式收取各种押金或进行其他担保。因此，快递企业更应重视员工入职之前的资质审查环节。

实际工作中，快递企业也非常重视员工诚信度的问题，并采用了一些特殊的方法防范此类风险。如重要的岗位(如部门经理以上的岗位)，需要人力资源部门致电拟录用人员的上一家就职单位，以了解和核实员工的履历真实性；出纳岗位由内部员工介绍或比较信任的人员担任等。但这些方法并不能完全有效地规避风险。

(5)初步录用

在企业作出初步录用决定后，可与被录用人进行沟通和确认，并详细介绍人员入职后的岗位、待遇、工作条件等相关情况。

(6)录用前的其他准备

员工入职前还需进行其他一些准备，如进行体检或提供近半年的健康证明、工作证件的照片准备、相应银行的工资卡办理等事项。

(7)签订劳动合同

被录用员工正式入职时，双方需要签订正规的《劳动合同》，有些岗位还要签订《保密协议》

等,以明确双方的权利和义务。

3.员工试用

经资质审查合格的人员,在人力资源部门填写《新员工录用审批表》,拟订薪酬标准,待审批后,进入新员工的试用阶段。这个环节无论是对企业还是对新员工,都是一个非常重要的过程,双方会进行深入了解,甚至彼此考验。只有双方在相互认同的情况下,才会顺利进入正式签约阶段。

由于试用期是企业与员工双方了解的一个过程,一些认知上的问题便显得格外重要。新员工往往在这个时候建立对企业的印象,如果企业不够重视试用员工的权益,试用员工可能不会将全力投入到工作中,自然对企业的向心力就比较低,双方就会产生分歧。

因此,若企业在此阶段没有足够的认识,导致试用期员工流失,则意味着前功尽弃,甚至可能影响到用人部门的工作进度。这种情况下不仅需要重新投入大量人力、物力、财力进行招聘,而且在此期间企业的人员和工作安排将不得不重新调整,对工作计划的开展极为不利。

(1)试用期管理

对员工进行试用期管理,应注意以下几个方面。

①为新员工投入必要的入职培训,让新员工掌握企业的概况、业务范围和规模、企业的经营理念和企业文化、规章制度,避免新员工对企业的认识不足。

②一视同仁,不要对试用期员工有不公平待遇或轻视行为,如企业全体会议,一般不将试用期员工列入与会范围;节假日过节费无新员工的份额;对于重要方案或项目,试用期员工无发言权等。

③将新员工安排在其最擅长和适合的位置上,提供正常的办公设备和环境等,避免随意放置或名义上的"轮岗实习"。

④给予新员工适当激励机会,只要新员工能符合管理者的期望,或者在工作效率、创新方面有特别的表现,应该给予适当的激励,甚至包括提前转正使用。

⑤随时掌握新员工的思想动态,要与新员工多交流沟通,了解新员工的实际困难和想法,尽可能地帮助和辅导新员工度过试用期,体现企业的人文关怀。

(2)试用期考核

为准确把握新进员工的专业能力、技术水平、职业素养以及思想动态,需要对试用人员进行试用期的考核。通过考核,以评估新员工的学习能力、适应能力、发展潜力等。

试用期考核,首先要明确考核的形式和方法,对新员工予以充分的重视;其次,考核的内容要与试用过程的工作或学习内容相吻合;最后,考核的评分要公正客观,结果要反馈给被考核者。

考核的结果分为合格、基本合格、不合格。对于考核合格的员工,可通知试用期员工填写《转正申请表》,经部门经理和人力资源部签字确认后,按用工合同转为正式员工。对于考核不合格的员工,视为不胜任岗位要求,可据此与新员工沟通,进行辞退处理。对于考核基本合格的员工,可以适当延长试用期。

第五节　员工培训管理

员工培训管理是一项重要的人力资源工作。它既是企业对员工的一项人力资源投资,可让企业获取高质量、高素质的人力资源,也是一种有效的对员工的激励方式,让员工感受到自己在专业上的成长和进步,因此,越来越受到企业和员工的欢迎。

一、员工培训意义

员工培训的意义在于两方面。一方面,企业培训有利于企业人力资源素质的提高。企业的发展首先应依赖于具有创造力的高素质员工,这些员工是企业长期生存并得以发展的根本。另一方面,企业培训有利于加强企业自身对外部环境的适应性。市场的开拓、科技的进步、社会价值观念和新思维方式的不断出现,都需要员工和企业与时俱进,而企业培训可以保持员工对于外界环境的警觉和敏锐的反应,进而使得企业在环境变化之前做好准备和应对措施,始终处于市场的领先地位。

二、员工培训原则

员工培训,应该坚持"全员培训、全过程培训"的原则。所谓全员培训,不是指每次培训所有员工都要参与,而是指企业应该将所有员工纳入到培训的范畴体系中。所谓全过程培训,是指企业在整个发展过程中都必须进行员工培训,而不是阶段性的或者偶尔的行为。

三、员工培训类型

根据实施培训人员分类,员工培训可分为企业内部培训和外部培训。若实施培训的是企业内人员,一般可视为企业内部培训;若实施培训的是外请人员,则可视为企业外部培训。其中,内部培训又分为新员工入职培训和一般内部培训;外部培训主要是培训者为委托外部机构或人员的培训。

1. 内部培训

依靠公司内部讲师的力量,最大限度地利用公司内部资源,加强内部的沟通与交流,在企业内形成互帮互助的学习氛围,以丰富员工的业余学习生活。内部培训主要是在企业内部以讲座、研讨会、交流会的形式进行。培训内容涉及企业技术类、市场类、管理类的多个方面及员工感兴趣的业余知识、信息等。

新员工入职培训是指为协助新进人员尽快适应新的工作环境,顺利进入工作状况而进行的培训,一般为周期性的内部授课方式。培训内容分为常规类和业务类,可根据不同的任职岗位进行不同选择。

常规类培训内容包括企业发展史、企业文化、企业基本制度、各部门职能、产品/业务介绍与市场状况等。业务类则包括操作部、客服部、市场部的岗位设计与工作流程,适合企业要求的标准作业规范和技巧,项目管理流程与优化训练等。

2. 外部培训

依靠企业外部专家力量,提升从业人员在本职工作上所应具备的专业知识、技能技巧,以增进各项工作的完成质量,提高工作效率。培训形式包括参加外部公开课、交流研讨会,或请外部讲师来企业授课等。

根据培训的内容,这类培训又可以分为如下三类:

(1)常规实用性培训,如专业技术知识、销售技巧、管理方法、领导技能、经营理念等培训。

(2)适合高层领导的培训,如企业战略性、发展性、经营决策等培训。

(3)职业生涯发展的培训,如MBA、专业技术认证、高级物流师等培训。

四、员工培训管理步骤

员工培训是企业给予员工发展的一项福利或投资计划。如果执行得好,会收到预想的投资效果;反之,不仅浪费了企业的财力、物力,而且会增加员工的负担从而引发不满,因此,对员工培训应进行严格的管理。

1. 确定培训需求

除了新员工的入职培训是必需的常规培训外,人力资源部还需要对其他的培训需求进行调查。调查内容包括:培训必要性、培训内容、培训对象、培训方式等。经过问卷设计、信息收集后,对这些调查结果进行论证和分析,最后确定有效的培训需求。

2. 制订培训标准

根据受训人员现有能力水平、所需培训内容的多少和难易程度等,确定合理的培训时间、能够胜任该培训的机构或人员、培训预期应该达到的效果、与之相应的培训成本等,并可以将一些常规培训制订为制度化的培训标准。

3. 拟订培训计划

按照不同培训类型,应拟订不同的培训计划。常规类的、员工发展类的培训计划可由人力资源部门完成,业务技能提升类的培训计划则可由业务部门主要牵头,人力资源部辅助完成。

培训计划中至少要列明培训的对象、培训的内容、培训需要的时间、培训的方式、培训的费用、培训的考核与效果评估等几个方面。

4. 准备与实施培训计划

培训准备包括培训场地设施的确认、受训人员或机构的确认、培训课程或资料的确认、培训人员工作的临时调整等方面。

培训实施包括培训进度的正常进行、受训人员的考勤记录、培训过程的互动与配合、培训费用的控制等方面。

5. 评估与反馈培训效果

培训效果的评估包括受训人员对培训内容的接受程度、培训者的水平和内训质量,以及受训者在培训之后一段时间内有无明显的行为表现变化、业务技能或素质提高、操作效率或准确性提高、工作业绩提高等。培训效果的反馈是指将培训结果进行记录,并反馈给培训组织者和受训者,便于大家及时总结经验,提出下次培训实施的改善意见。

[参考资料]

某快递公司的人员培训

某快递公司率先在北京成立了"香山人才讲习所",培训过程必须脱产,所有员工每年至少要接受培训1~2次。该公司充分利用每一次召开经理会、员工会、早点名会、业务专题会的时间,对员工进行适时培训,拿出1~2个疑难问题进行案例分析,不断提高员工的专业技能水平。该公司不仅组织员工到优秀企业参观学习,还选派工作成绩突出、有培养前途的员工,赴国外机构参加训练和学习,以开阔视野、增长知识。

今年,为避开恶性价格竞争的怪圈,该公司从年初开始实施人才结构高端化战略。据人力资源总监熊先生介绍,该公司采用了"培训、外聘和激励"三管齐下的方式,来全面提升旗下员工的综合素质。

在培训方面,该公司所有经理必须参加其与北京某大学商学院合作开设的研究生班,学习与国外接轨的现代化物流经营与管理课程。考核合格者会被提升至重要城市的分公司任职,对于取得突出成绩的经理,该公司为其配发专用本田轿车。

该公司还将旗下员工分为两类,并因材施教,一类是知识素养普遍较好的管理型员工,一类是文化水平较低而业务素质优秀的基层员工。第一类员工多是该公司刚刚吸收进来的本科学历以上的毕业生,为激励这类员工,该公司采取了为其解决进城户口等多种措施。

（资料来源：http://www.chinahrd.net/zhi_sk/jt_page.asp?articleid=106672）

第六节 绩效考核与员工激励

绩效管理是管理者与员工持续不断的双向沟通的过程,是人力资源管理的重要组成部分。在这个过程中,管理者和员工就工作目标达成一致,管理者作为员工的辅导员、教练,帮助员工不断提高能力,最终使员工达到绩效目标的要求,获得自身能力的提升,最大限度地激发员工的潜能。

一、绩效考核

绩效考核是绩效管理系统中最核心的环节。

1. 绩效考核的含义

绩效考核是指企业在一定时期内,针对每个员工所承担的工作,根据人力资源管理的需要,应用各种科学的定性与定量的方法,对员工的工作结果及影响员工工作结果的行为进行综合考量评估的过程。

2. 绩效考核的原则

人员的绩效考核首先要遵循SMART原则。其中,明确性(Specific)是指绩效考核要切中特定目标,不能笼统;衡量性(Measurable)是指绩效指标是数量化或者行为化的,验证这些绩效指标的数据或者信息是可以获得的;可接受性(Acceptable)是指绩效指标在付出努力的情况下是可以实现的;实际性(Realistic)是指绩效指标是实实在在的,可以证明和观察;时限性(Timed)是指要注重完成绩效指标的特定期限。

3. 绩效考核的流程

某快递企业的绩效考核流程如图9-6所示。

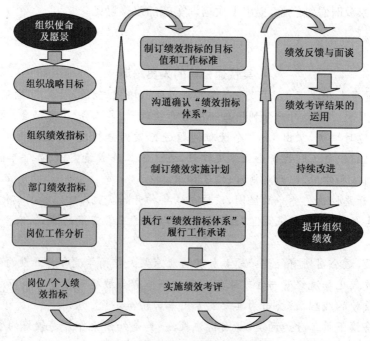

图9-6 某快递企业的绩效考核流程图

二、绩效考核的方法

绩效考核的方法有很多,比较常用的有以下几种:"德能勤绩"考核法、等级评价法、目标管理法、关键绩效指标考核法、360度绩效反馈法、平衡计分卡等。由于"德能勤绩"考核法、等级评价法比较简单和传统,适合行政及事业单位考核;而平衡计分卡虽然很新颖,但将指标分解到财务、客户、经营过程、学习与成长四个方面时难度较大,所以只有较少企业在采用。故在此主要介绍目标管理法、关键绩效指标考核法、360度绩效反馈法三种考核方法。

1. 目标管理法

目标管理法,即考核双方在充分沟通的基础上,共同制订目标,共同评估目标的完成情况。所以,它是以结果为导向的,管理的过程是将考核目标逐步分解的过程。比如,公司先制订出公司层面的管理目标,如财务指标、市场规模指标等;然后,将这些指标再分解到各个对应的部门;之后,各部门再分解到对应的员工岗位上。

目标管理法改变了过去主管监督下属工作的传统方式,取而代之的是主管与下属共同协商具体的工作目标,事先设立绩效衡量标准,并且放手让下属努力去达成既定目标。这种双方协商一个彼此认可的绩效衡量标准的模式,自然会形成目标管理与自我控制的机制。

目标管理法可以形成有效的员工激励,使各级主管及成员都明确各自的任务,从而达到成员的自我管理和组织的有效管理效果。然而,目标管理法更强调短期目标的完成,缺乏长期目标的分解和实施;而且需要管理人员对员工进行较长时间的引导培训,既定的目标很难因为各种外部因素进行动态调整。

2. 关键绩效指标考核法

关键绩效指标,即完成某项任务、胜任某个岗位所具备的决定性因素,是基于岗位职责而设定并与员工工作任务密切相关的衡量标准,体现了各岗位的工作重点。进行考核时,从每个岗位的考核指标中选取3~5个与员工本阶段工作密切相关的重要指标,以此为标准,对员工进行绩效考核。

关键绩效指标考核法一般不能单独使用,在目前快递企业考核方法中,有的企业将关键绩效指标考核法和目标管理法相结合,有的企业将关键绩效指标考核法和平衡计分卡相结合。虽然也有企业单独使用关键指标考核法,但其在单独使用时,衡量的是员工的能力与素质,而不是工作业绩,在做综合评价的时候也能起到一定的作用,适合年度的或阶段性的员工能力素质考评,而不适合于短期目标实现情况的考核。

表9-5是快递企业各部门的一些考核指标,仅供参考。

某快递企业的部门考核指标　　　　　　　　　　　表9-5

部门名称	考核指标
人力资源部	员工主动辞职率、六个月内新员工保持率、员工满意度、内部管理职位任命占总体管理职位任命百分比、员工劳动效率、缺勤率
客户服务部	客户投诉率、客户满意度、客户忠诚度、主动行动赢取订单率、事件及时处理率(可分24h内、48h内)
市场业务部	新老客户拜访量、业务利润率、销售业绩报告、市场信息掌握、建设性意见提出量、客户账款回收率
营运操作部	收派件及时率、收派件准确率、货件完好率、订单外包率、二次派送率

3. 360度绩效考核法

360度考核法又称为全方位考核法,指通过员工的主管、同事、下属、顾客和员工自身等不同主体的反馈来评价员工绩效。360度考核法是基于90度考核、180度考核、270度考核而发展起来的。

所谓90度考核,是指在实施考核的过程中仅仅表现为考核者对被考核者的单方向考核,即上级对下级的考核。这种考核是传统意义上的考核,有时会因为考核者对被考核者的主观印象等造成考核不公。

所谓180度考核,是指除基层员工外,主管及以上的被考核人,在他们考核下级员工的时候,下级员工也要对其进行考核,实际上是被考核者本人的自我考评。

所谓270度考核,是指被考核人不仅接受所在的部门的上下级考核,还要接受其他相关部门的考核。如仓储部员工,还要接受运输部和客户服务部的考核。

所谓360度考核打破了由上级考核下属的传统考核制度,可以避免传统考核中考核者极易发生的"光环效应"、"居中趋势"、"偏紧或偏松"、"个人偏见"和"考核盲点"等现象,可以反映出不同考核者对于同一被考核者的不同看法,较为全面的反馈信息有助于被考核者多方面能力的提升。360度考核法也是员工参与管理的一种方式,在一定程度上增加了其自主性和自我控制能力,有利于员工积极性、忠诚度和满意度的提高,更能体现出员工的自我价值。

三、快递企业人员绩效考核

1. 快递企业人员绩效考核目的

对操作人员实施绩效考核,不仅可以全面、客观地评估操作人员的工作质量,还可以加强部门经理与快递企业代表之间的沟通和交流,及时发现和纠正问题,提高部门工作效率。

从部门经理角度来说,通过绩效考核,部门经理可以及时了解部门员工的目标实现情况、工作表现、能力、工作效率等;及时了解下属对企业、管理人员及周围环境、同事的看法和期望;解决因内部问题给部门员工造成的压力;及时肯定下属的工作能力和成就,给他们以继续服务的信心;给下属解释和说明其工作成果的机会,同时使其明确企业和部门的发展目标;与下属共同探讨服务人员的培训需求及行动计划,及时挽留可能流失的人员。

从快递企业代表角度而言,通过绩效考核,操作人员可以对自己的工作绩效和服务目标的实现有一个综合、全面的认识(如360度测评);获得反映自身工作状况和发展的意见和建议及说明困难或解释误会的机会;及时从上级获知自身差距,得到改进的方法,提高绩效;了解自己在企业中的发展前景和成长机会;在对自身有影响的工作评估过程中获得参与感和成就感。

2. 快递企业人员绩效考核实施

绩效考核必须坚持严格、公平、客观的原则。绩效考核的实施,首先需要建立合理科学的绩效考核指标;然后在考核的过程中做好日常记录,随时与快递企业人员进行沟通,查漏补缺,提高工作水平和速度;最后还要将考核的结果及时反馈给被考核人员。在此过程中,绩效考核指标的设立至关重要,一般包括客户满意度、工作态度、工作协调与管理、工作效果等方面。表9-6为某快递公司的客服管理员绩效考核表。

某快递公司客服管理员绩效考核　　　　　　表9-6

工作职责	绩效标准	分值	完成情况
客户满意度	①一个月内客户投诉不超过5次(对公司)； ②一个月内没有在承诺的期限内解决客户投诉,次数不超过1次(对本人)； ③95%以上的客户对服务中以下方面感到满意： a.客户服务人员能迅速到达； b.客户服务人员能正确解决所有问题； c.客户服务人员所产生的业绩让客户满意	30	
工作协调	①正确理解工作内容制订适当的工作计划； ②与领导和同事及时沟通,使工作顺利进行	10	
工作能力	①能给予新员工完善专业的培训； ②能解决下属的各种问题； ③能解决客户(顾客)所遇到的问题	30	
管理能力	①能按时按量完成任务； ②拥有胜任工作的知识技能； ③能够了解公司的发展方向、部门的目标和自己的角色	20	
工作效果	①正确理解工作的目的,努力取得好成绩； ②工作方法正确,时间和费用安排合理、有效	10	

四、快递企业员工激励

员工激励,是绩效管理中对绩效考评结果的运用,也是对薪酬福利体系的补充和修正。合理有效的激励机制是提高员工满意度、增强员工忠诚度,留住人才必不可少的要素。

1. 员工激励的概念

所谓激励,是指运用各种方式激发人行为动机的心理过程。因为人的行为是由动机支配的,而人的动机是由人的需要引起的。员工激励,就是人力资源的管理者,对员工个体的某些需要进行了解和研究,运用恰当的方式对其积极的行为表现进行激发和调动,抑制和处罚其消极的行为过错,进而促使企业组织目标的更好实现。

2. 员工激励的原则

快递企业的员工激励应遵循以下基本原则。

第一,应统筹兼顾、分而治之,即在形成快递工作人员整体激励机制的同时,针对不同岗位建立有针对性的激励制度。整体激励机制的建立应首先执行按岗进人,做到人尽其才,才尽其用。另外,公平公正的竞争性薪酬福利计划、科学适用的绩效考核、有针对性的持续不断的培训、清晰的职业发展道路、规范化的管理、多样化的工作设计、良好的企业文化等,能够为快递人员创造内部发展空间,满足其职业生涯不断延伸、向上发展的需求。

第二,对快递高级管理人才与快递一线操作人员进行需求调研,合理制订不同的激励政策,采用不同的激励组合方法。对高层次快递管理者,可在一般薪酬福利的基础上结合股票期权等激励手段,使之形成与组织长期合作的伙伴关系,减少员工的流动性。对一般快递操作人员而言,通过充分的授权,根据其完成规定任务目标、履行岗位职责等的不同情况给予奖励,并在薪酬和奖金上反映出来。

3. 员工激励的方法

员工的激励,分为正面激励和负面激励。正面激励即给予员工个体奖金及提成、晋升、荣誉等,负面激励即对员工个体进行处罚、处分、辞退等。

(1)正面激励

正面激励员工主要有以下方式。

①奖金及提成。奖金及提成属于物质奖励或者直接式奖励,也是大多数基层员工比较喜欢的一种方式。奖金激励对象可以是全体员工;而提成激励则主要是针对市场业务人员、收派员、企业管理人员。提成激励首先给定员工一个合适的工作目标,当其超额完成工作目标时,企业明确给予相应的物质或精神奖励,所以,提成激励也属于目标激励。

②荣誉。荣誉奖励属于精神奖励,是对员工劳动态度和贡献予以的奖励,如会议表彰、荣誉证书、光荣榜、企业内外媒体上的宣传报道等。

③晋升。根据马斯洛的需求原理,企业对员工管理的认识上升了几个阶段,即"雇佣人——经济人——社会人——管理人——自我实现人",因此,对于具有一定管理能力、做出一定工作成绩的老员工可以采用晋升的激励方式,以满足其对职业发展的需要。

然而,做好晋升激励,还需要注意以下方面。

第一,因人而异。虽然说"不想当元帅的士兵不是好士兵",但事实上不是所有的员工都适合晋升,要根据员工的综合潜能和意愿来确定。如有些员工虽然业务能力很强,但人际沟通能力很差,升为主管后不能有效地与下属沟通,导致无法完成工作任务。

第二,充分授权,权责相符。对于享受晋升的员工,企业应该给予该岗位应有的职权,而不是保留一部分,造成员工无法开展工作。另一方面,在充分授权后,需要员工明确权利和责任是对等的,必须慎重对待自己的行为决策,并对结果承担责任。

第三,合理评价。对新晋升员工在新岗位上的工作业绩、进度报告或项目计划等给予认真合理的评价,不应停留在晋升前的印象和感觉中,找出值得肯定和不足的方面,并把评价的结果反馈给本人。

④参与管理。现代人力资源管理的实践经验和研究表明,现代的员工都有参与管理的要求和愿望,创造和提供一切机会让员工参与管理是调动他们积极性的有效方法。毫无疑问,很少有人参与商讨和自己有关的行为而不受激励的。因此,让员工恰当地参与管理,既能激励员工,又能为企业的成功获得有价值的信息。通过参与,员工形成对企业的归属感、认同感,可以进一步满足其自尊和自我价值实现的需要。

员工参与管理的基本形式有:授权管理、信息参与、股权参与等。授权管理,即企业给员工一定的用以参与管理、作出决策的权力,如在任务安排、完成进度、工作方法等方面的授权。信息参与,是指将来自企业内外部的短期规划、业务调整、竞争对手情况等信息即时传递给员工,使之作为决策参考,从而提高决策的有效性。股权参与,即是以员工获得企业股权的形式给予其一定的经济权利,使其能参与企业决策、分享利润,并承担经营风险,从而更大限度地实现员工自身利益与企业利益的一致。

⑤其他。以上几种方法是快递企业常用的正面激励方法,除此之外,还有目标激励、示范激励、尊重激励、关心激励、竞争激励、信息激励等。企业可以根据实际情况,灵活运用其中的一种或几种,以达到最好的激励效果。

(2)负面激励

负面激励员工,是对员工某种行为的约束或惩罚。具体来讲,是对犯有过失、错误、违反企业规章制度、贻误工作、损坏设备设施、给企业造成经济损失、败坏企业声誉的员工或部门,给予警告、经济处罚、降职甚至辞退的处罚管理。

每位员工都会有对荣誉的追求。由于违反规章制度,员工会受到公开的否定性的评价,对其无疑是一种精神上的打击和惩罚。因此,企业的处罚制度和处罚执行一定要遵循合法、科学、客观、适当、慎重的原则。

负面激励员工主要有以下方式。

①经济惩罚。经济处罚是指在违反公司管理制度后扣除该员工一定比例的奖金或工资的处罚方法。如员工未能出满全勤,扣除其全勤奖;员工损毁了企业或客户的财物,需要自行赔偿;因个人失职造成企业业务损失的,扣除一定的奖金。

经济处罚并不适合于所有失误和过错。有些严重的过失行为,除进行经济处罚外,必须配合其他的处罚方式。

②处分。处分包括通报批评、警告、撤职、降职。对于受到撤职处分的职工,必要的时候,可以同时降低其工资级别。

③辞退。美国通用总裁韦尔奇用一个形象的比喻道出了人员管理的真谛:"你要勤于给花草施肥浇水,如果它们茁壮成长,你会有一个美丽的花园;如果它们不成材,就把它们剪掉,这就是管理需要做的事情。"

除了以上的处罚方式外,企业还可采取通报批评、严重警告等方式。对于初次犯错且情节较轻的员工,应当掌握"以批评教育为主,处罚为辅"的方针。对于有违法行为的员工,不要停留在企业内部的处罚或辞退阶段,而应当移送法律机关处理。

参考文献

[1] 国家邮政局职业技能鉴定指导中心. 快递业务员(初级):快件收派. 北京:人民交通出版社,2009.

[2] 国家邮政局职业技能鉴定指导中心. 快递业务员(初级):快件处理. 北京:人民交通出版社,2009.

[3] 李力谋,乔桑. 快递实务. 北京:中国商务出版社,2005.

[4] 郑彬. 物流客户服务. 北京:高等教育出版社,2007.

[5] 徐家骅,沈珺. 物流运输管理实务. 北京:清华大学出版社,2006.

[6] 顾沉珠. 人力资源管理实务. 上海:复旦大学出版社,2005.

[7] http://www.shenmeshi.com/Education/Education_20071227152110_2.html.

[8] http://www.icmichina.cn/viewtopic_101_3475.html.

[9] http://www.ytsafety.gov.cn/viewnews.jsp?newsID=7519.

[10] http://www.hbsafety.cn/article/12/241/393/200703/22401.shtml.

[11] 白士贞,宋杨. 物流企业质量管理. 北京:中国物资出版社,2006.

[12] 吴清一,陈梅君,任豪祥. 物流管理(中级). 北京:中国物资出版社,2003.

[13] 鞠颂东,物流资源的整合与共享. 北京:社会科学文献出版社,2007.

[14] 吴清一,陈梅君,任豪祥. 物流系统工程(高级). 北京:中国物资出版社,2003.

[15] 宋红超. 联邦快递. 北京:对外经济贸易大学出版社,2007.

[16] 王铁牛. 计时管理在国内快递服务中的应用[J]. 物流科技,2010(2):98-100.